JOSÉ LUIZ SIGNORINI
Centro de Práticas Esportivas da Universidade de S. Paulo
(CEPEUSP)

SÉRGIO LUÍS SIGNORINI
The International College of Applied Nutrition
Orthomolecular Medical Society
(EUA)

ATIVIDADE FÍSICA E RADICAIS LIVRES

Aspectos biológicos, químicos, fisiopatológicos e preventivos

Ícone editora

Produção e Capa:
Anízio de Oliveira
Diagramação
Rosicler Freitas Teodoro
Foto da Capa:
Detalhes de mitocôndria em tecido muscular
(cauda de girino) M. E. 64.224x.
(*Gentileza de Maria Christina Gaviolle FMVZ-USP*)
Texto Final e Revisão:
Adalberto de Oliveira Couto

Dados Internacionais de Catalogação na Publicação (CIP)
(Câmara Brasileira do Livro, SP, Brasil)

Signorini, José Luiz/ Sérgio Luis Signorini
    Atividade física e radicais livres: aspectos biológicos,
químicos, fisiopatológicos e preventivos/ José Signorini.
— São Paulo: Ícone Editora, 1995.

Bibliografia
ISBN 85-274-0260-2

    1. Esportes — Aspectos fisiológicos 2. Medicina es-
portiva 3. Oxigênio — Efeito fisiológico 4. Radicais livres (Química) 5. Terapia ortomolecular I. Título.

93-25555   CDD-612.01524

Índice para catálogo sistemático:

1. Radicais livres: Bioquímica: Fisiologia humana:
Ciências médicas: 612.01524

Todos os direitos reservados pela,

ÍCONE EDITORA LTDA
Rua das Palmeiras, 213 — Santa Cecília
CEP 01226-010 — São Paulo — SP
Tel.: (011) 826-9510/663095

Prefácio da Segunda Edição

Quando nos propusemos a escrever este livro, há dois anos, o interesse que havia por informações sobre radicais livres era muito grande, e, até então, a bibliografia nacional carecia de fontes que tratassem do assunto, de modo abrangente, profundo e informativo ao mesmo tempo.

Atividades Físicas e Radicais Livres, apesar de ser um texto técnico em sua essência, também pautou-se pela característica do tom informativo em seus diversos capítulos, divulgando os conhecimentos mais recentes acerca das espécies radicais livres, bem como suas bases bioquímicas, delineadas já há algumas décadas.

Para esta segunda edição, preparamos dois novos capítulos, pois a tamanha evolução das pesquisas mundiais sobre radicais livres já possibilitou nova visão e entendimento sobre uma série de questões. Uma delas diz respeito à patogenia e tratamento da doença de Parkinson (com enfoques anti-radicais livres); a outra, sobre uma categoria de medicamentos de uso no tratamento de males cardiovasculares: os chamados "antagonistas do cálcio", que, igualmente, apresentam mecanismos protetores contra as espécies radicais.

Aos poucos, as evidências teóricas, sobre as implicações dos radicais livres na patogenia de muitas doenças e a possibilidade de se preveni-las ou curá-las, vão sendo ratificadas na prática. E o papel da divulgação científica nesse contexto é separar o "joio do trigo", levando ao leitor as perspectivas sempre bem fundamentadas.

Nas sucessivas edições que este livro provavelmente terá, traremos sempre as novidades na área. E não serão poucas, com certeza!

Os Autores

Índice

Apresentação

O presente livro, que tem como discussão central o envolvimento dos radicais livres em uma infinidade de situações — dentre as quais é destacada a atividade física — vem, em momento oportuno, trazer a lume um assunto de grande interesse, pois acha-se estreitamente relacionado com saúde e longevidade.

Fez-se necessário dar ao tema um enfoque de caráter mais amplo, tendo em vista a grande abrangência que assume, na atualidade, o assunto dos radicais livres. Assim, incontáveis condições, desde os distúrbios de caráter genético, associados ou não a variáveis ambientais, ou fatores ambientais isoladamente, até os casos de iatrogênese, têm, todas, estreita relação com a presença do oxigênio na intimidade celular.

Atualmente, esse elemento da patogenia de muitas moléstias já pode ser combatido de modo eficaz, sendo que tais conhecimentos acham-se muito bem consolidados por um ramo específico da ciência, a Medicina Ortomolecular, cujas bases foram estabelecidas pelo químico norte-americano Linus Pauling.

Como não poderia deixar de ser, no mundo esportivo, sua importância é inegável, e as pesquisas têm-se avolumado bastante nos últimos tempos, trazendo contribuições palpáveis no tocante à prevenção e terapêutica dos efeitos dos radicais livres. O conhecimento bioquímico nessa área vem, assim, propiciar progressos formidáveis ao desempenho atlético, fazendo do esporte uma atividade cada vez mais científica e sofisticada.

Diferentemente dos intentos ilegais configurados no *doping,* os procedimentos ortomoleculares aplicados à metodologia do treinamento e/ou execução de provas esportivas não se caracterizam como tal, sendo aquisições lídimas postas ao serviço do aperfeiçoamento atlético em todos os níveis. É de se supor que tais conhecimentos sejam ferramentas sensatamente manipuladas sempre em prol de ideais maiores.

No contexto nacional, a bibliografia referente a radicais livres ainda é escassa, sendo igualmente poucos os núcleos de pesquisa envolvidos intensivamente nesse aspecto da bioquímica médica. As implicações biológicas e fisiopatológicas dos radicais livres não constituem, contudo, noções recentes, muito embora sejam desconhecidas e mesmo desconsideradas por muitos, do ponto de vista clínico e terapêutico.

Esta obra não teve a pretensão de esgotar o assunto, muito menos a de ser um guia receituário para muitos males. Constitui, isto sim, uma síntese dos modernos conhecimentos acerca do bioquimismo do oxigênio, procurando elucidar suas extensas consequências na intimidade dos tecidos.

Além dos aspectos biológicos e químicos, foi dada atenção especial aos meios preventivos e terapêuticos contra as ações de tais espécies ativas do oxigênio, mesmo porque esse aspecto não poderia, de forma alguma, ser menos enfático.

Foram discutidas as ações antioxidantes de vários compostos, dentre os quais destacamos as vitaminas com notórias propriedades *scavengers* (varredoras) como o são a vitamina E, a C, a A, seus aparentados da grande família dos carotenos e carotenóides, e os flavonóides.

No final de cada capítulo foi sugerida uma variada bibliografia, o que constitui um apoio desejável para maiores aprofundamentos no assunto. Esperamos, assim, que este texto se constitua em boa leitura e motivação tanto àqueles que labutam na área da pesquisa como a outros que buscam uma referência mais ampla sobre radicais livres.

J. L. Signorini

1

Introdução ao Estudo
dos Radicais Livres

A maior compreensão sobre a origem e ação dos radicais livres no âmago da matéria viva tem proporcionado um peculiar enfoque sobre os meios terapêuticos e/ou preventivos, no que diz respeito a um grande leque de moléstias.

No processo respiratório tem-se, sempre, seja em maior ou menor escala, a formação de espécies intermediárias instáveis do oxigênio — são os chamados radicais livres do oxigênio (RLO) ou oxirradicais.

O metabolismo dos seres aerobiontes — aqueles que se valem do oxigênio molecular, O_2, como agente oxidante na energética celular — está, assim, de posse de um paradoxo vital: a imprescindibilidade do O_2 para a manutenção da vida e, por outro lado, sua potencial toxicidade, diante de vias oxidativas defectíveis no processo respiratório. A idéia de toxicidade do oxigênio tem encontrado ainda alguma resistência, devido à noção concreta de sua importância vital e também por existir, até há bem pouco tempo, certa incompreensibilidade quanto a seus efeitos oxidativos fora do processo normal da energética aeróbica.

Sob condições normais, mecanismos bioquímicos especiais, tanto endógenos quanto exógenos, acham-se prontos a neutralizar tais espécies instáveis do O_2, que, de outro modo, promoveriam extensos danos em toda a arquitetura celular. Constituições várias do metabolismo propiciam, em graus diferentes, a ação deletéria dos radicais livres nos tecidos, seja no que cabe à maior produção destes ou a uma ineficiência na sua neutralização, ou ambas as situações.

Desse modo, distúrbios genéticos, de caráter recessivo autossômico (*e.g.*, progeria, pangeria, doença de Wilson), predisposições hereditárias somadas a fatores ambientais (*e.g.*, enfisema pulmonar pela deficiência da enzima alfa-l-antiprotease) ou simplesmente a atuação exacerbada destes últimos são elementos que conduzem a uma hiperativação da gênese e patologia dos radicais livres. Essa área de estudo está delimitada dentro da moderna metodologia da Medicina Ortomolecular.

No campo da Medicina Esportiva e das avançadas concepções de treinamento, hoje em dia impostas a grande parte das modalidades esportivas, tem-se buscado também uma maior compreensão dos fenômenos biomecânicos e bioquímicos envolvidos no esforço físico. Tal atitude tem redundado numa melhor adequação tanto das técnicas envolvidas no condicionamento atlético como nos fundamentos nutrológicos postos à serviço da melhor *performance*.

É, mais especificamente, nesse último aspecto, que a metodologia ortomolecular da Nutrição presta seu papel, hoje em dia inquestionável, dentro de uma fundamentação científica já bastante consolidada. É oportuno salientar que o enfoque ortomolecular, nesse caso, não assume nenhuma conotação com o *doping* esportivo. Todavia, aos olhos da legislação esportiva vigente, regulamentada pelo Comitê Olímpico Internacional (COI), muitas pendências, sem dúvida, haverão de existir.

No tocante ao capítulo dos radicais livres do oxigênio (RLO), hoje sabe-se que sua geração no curso do exercício físico ocorre de modo bastante aumentado. A sua geração e patogenicidade estão implicadas não somente ao esforço físico em si como também a inúmeras variáveis, culminando num somatório tanto de fatores intrínsecos, do próprio indivíduo, quanto ambientais.

Nesse sentido, é possível, com uma orientação adequada, intervir de modo incisivo em tais variáveis, buscando inibir a formação dos oxirradicais ou neutralizá-los tão logo sejam gerados. Com os conhecimentos da fisiopatologia dos oxirradicais, e a extensão de seus danos cumulativos aos tecidos, a prevenção antioxidante torna-se uma imposição a todo programa de treinamento dirigido, em qualquer dimensão e em qualquer faixa etária que ele compreenda.

Modernamente, de posse de tais conhecimentos no campo da fisiologia esportiva e da bioquímica, tem-se tornado disponível um vasto arsenal antioxidante, cuja eficácia e segurança estão sobejamente comprovadas. A Medicina Ortomolecular encerra hoje conhecimentos bastante extensos acerca das ações *oxidant scavengers* das vitaminas E, C e A, o seu principal precursor, o beta-caroteno, e toda a família dos carotenóides, além de elementos como o zinco, o selênio e inúmeras outras substâncias como o ácido fólico (vitamina B_8), glutationa, acetilcisteína etc., que serão discutidas neste livro.

No controle dos fatores ambientais, temos ainda o auxílio das diretrizes da Fotobiologia, ciência que se ocupa do estudo das radiações não-ionizantes (a maior parte do espectro eletromagnético) e sua interação com a matéria viva. Desse modo, as implicações das radiações ultravioleta, tanto no processo de envelhecimento cutâneo como no desencadeamento de afecções malignas da pele (epiteliomas, melanoma), oriundas da geração aumentada de RL ao nível dérmico, podem ser bastante minimizadas na observância de certos cuidados.

Assim, na prática das atividades físicas e esportivas, o efeito dos radicais livres, tanto no aspecto interno quanto externo, pode ser eficazmente combatido. Não só as formulações dermatológicas especiais, contendo os chamados filtros solares (substâncias tópicas parcial ou totalmente impermeáveis aos raios UV), como, igualmente, os *scavengers* de uso interno exibem um bom desempenho no combate aos radicais livres.

O envelhecimento cutâneo acelerado, por exemplo, pela exposição prolongada ao sol (fotoenvelhecimento ou actinossenescência), é uma condição que deve ser levada em conta desde a infância, uma vez que o poder deletério das radiações UV tem um efeito cumulativo durante a vida. A orientação da população jovem, cujo interesse por um bronzeado atraente é maior, também é medida importante no tocante à prevenção de moléstias graves futuras.

O naturalismo, hoje abrangendo inúmeras tendências, dentre as quais a opção por uma alimentação mais pura, com menos aditivos químicos, constitui uma aquisição muito positiva para o controle dos males oriundos da ação de radicais livres. A presença de poluentes no ar, água e alimentos é um fator que propicia a geração muito aumentada dessas espécies ativas do O_2 no organismo.

A isso pode-se somar, também, o caso da chamada "poluição particular" do tabagismo (que de particular mesmo pouco caracteriza), um fator imensamente gerador de radicais livres. O fumo tem, na verdade, uma fisiopatogenia bastante complexa, tanto pelos extensos efeitos metabólicos sistêmicos que acarreta, como também, em nível pulmonar, pela geração de radicais livres, que inativam mecanismos protetores responsáveis pelo resguardo da histologia alveolar e intersticial.

Nesse caso, tem-se como exemplo a alfa-l-antiprotease, uma enzima que inativa proteases liberadas pelos fagócitos no pulmão; a geração de radicais livres pelo fumo inativa essa antienzima, propiciando livre ação às proteases. Tanto as infecções respiratórias como a presença de partículas estranhas à luz pulmonar desencadeiam o recrutamento maciço de macrófagos e neutrófilos nesse local.

As enzimas hidrolíticas são liberadas quando ocorre o rompimento da própria célula fagocitária (fagocitólise), com derramamento de seu conteúdo lisossômico. Em condições normais, a antiprotease inativa tais enzimas, como a elastase, colagenase, catepsina e também a plasmina (esta, do plasma).

A reparação dos danos à trama conjuntiva é empreendida pela lisil-oxidase, enzima esta que catalisa a síntese da elastina; porém, também ela é inativada pelos radicais livres. Desse modo, vê-se que os danos histológicos ao pulmão do fumante cursam por mecanismos diversos, ambos, no entanto, oriundos de um mesmo substrato etiológico.

O mecanismo de englobamento de partículas executado por macrófagos e neutrófilos — a fagocitose — desencadeia a geração de enorme quantidade de espécimes radicais, cuja finalidade é atacar e destruir o material estranho (bactérias, fungos, partículas orgânicas e minerais etc.) já encerrado no interior do fagócito (na vesícula fagocitária ou fagossomo). O ataque por radicais livres se processa, contudo, também fora do fagócito.

A produção de radicais livres pelo fagócito frente a uma infecção grave ou no processo crônico do hábito de fumar dá-se de modo desenfreado, explosivo. Como o metabolismo do fagócito acha-se, em tal circunstância, muito elevado e esse mecanismo origina espécies ativas do oxigênio, o agente oxidante da respiração, deu-se a ele a denominação de "explosão respiratória".

Na "explosão respiratória", seja no território pulmonar ou não, como há uma hiperprodução de radicais livres, os sistemas encarregados de inativá-los entram em colapso, o que redunda em lesões extensas pela oxidação e degradação de moléculas estruturais e dinâmicas da célula. Os radicais livres são, assim, espécies citotóxicas, e os danos que provocam são cumulativos, estando, portanto, implicados na gênese e/ou agravamento de processos degenerativos crônicos.

Tal é o caso do enfisema pulmonar, da bronquite crônica e da asma, que são nosologias agrupadas numa entidade mais abrangente: a Limitação Crônica do Fluxo Aéreo (LCFA) ou Doença Pulmonar Obstrutiva Crônica (DPOC). Outras condições compreendem a aterosclerose, doença de Parkinson, envelhecimento cutâneo etc.

O desencadeamento de moléstias pelo próprio procedimento terapêutico também constitui uma condição bastante comum e denomina-se *iatropatogenia* (*iatros* = o que é relativo à medicina). Nesse contexto, os efeitos dos radicais livres no organismo podem ser também freqüentemente aumentados, quando do tratamento farmacológico por determinadas drogas. Muitas delas têm a propriedade de ativar a geração de radicais livres, sendo exemplos as drogas antimaláricas derivadas da aminoquinoleína e certos antibióticos antineoplásicos (utilizados no tratamento de tumores malignos).

Outra categoria de iatropatogênese é a que ocorre nos procedimentos de oxigenoterapia, mais intimamente relacionada aos radicais livres de oxigênio por fornecer, de forma intensiva, o substrato básico de sua geração. Inúmeras condições exigem-na e o seu procedimento deve ser acompanhado de alguns cuidados que possibilitam anular os efeitos colaterais.

Assim, o uso deste gás condiciona sempre a administração concomitante dos agentes varredores em doses elevadas. O uso dos *scavengers* vitamínicos tem grande valor, por serem seguros e também atuarem no reequilíbrio metabólico do organismo. A administração do O_2 por tempo prolongado, mesmo com umidificação adequada, provoca irritação das vias aéreas por desenvolver, em nível broncopulmonar, a peroxidação lipídica de membranas.

Em recém-nascidos prematuros que apresentam insuficiência respiratória por imaturidade pulmonar, a oxigenoterapia é necessária, porém muitas vezes agrava o quadro, ocasionando a chamada displasia broncopulmonar. Para o lado ocular existe o risco bastante elevado de se lesar a retina: ocorre nesta intensa peroxidação lipídica, o que pode levar à cegueira permanente. É válido observar que os níveis tissulares de vitaminas — notadamente as *scavengers* — nesses pacientes são muito insatisfatórios.

Igualmente, no adulto portador de limitação crônica do fluxo aéreo, é freqüente a necessidade de administração do O_2, que constitui medida salvadora nas crises de insuficiência respiratória grave. Contudo, sem o apoio adequado dos agentes *scavengers,* os danos à histoarquitetura pulmonar podem evoluir ainda mais, acentuando o quadro de insuficiência respiratória.

As patologias por radicais livres, em seu início, constituem condições que podem ser controladas satisfatoriamente, porém não há como eliminar a causa primária, ou seja, o substrato básico que dá origem aos radicais livres. Isso pelo fato de o oxigênio ser um elemento essencialíssimo à vida aeróbica. Os organismos que assim o utilizam têm necessariamente de conviver com os inevitáveis desvios bioquímicos do oxigênio.

A Natureza, porém, teve de se valer de um agente oxidante tão poderoso quanto o é o oxigênio. O alto rendimento energético da respiração só é possível pela intervenção dele. No entanto, estratégias especiais de proteção foram oferecidas aos seres aerobiontes, que conseguem tolerá-lo magnificamente. Esse controle sobre a reatividade do O_2 é exercido mais eficazmente por uma enzima da cadeia respiratória mitocondrial, a citocromo-oxidase, que consegue reduzi-lo tetraeletronicamente — ou seja, numa reação de uma só etapa, com 4 elétrons e 4 prótons, ela reduz os dois átomos do oxigênio molecular, O_2.

Porém, como o processo de oxidação na mitocôndria é muito dinâmico, a citocromo-oxidase não consegue conduzir o mecanismo redutivo a todas as moléculas que adentram no espaço interno da célula. Cerca de 5% de todo o O_2 que nela permeia são, assim, desviados de sua rota enzimática principal e acabam sendo reduzidos monoeletronicamente, originando as espécies ativas do oxigênio (EAO). A partir daí, o trabalho compete aos agentes *scavengers*, que, na medida do possível, dão conta de neutralizá-las.

No organismo treinado, por seu lado, existe, sem dúvida, um limiar maior à fadiga e um restabelecimento mais rápido desta após a execução de tarefas extenuantes. Isso configura um aumento da resistência geral e é imputado ao bioquimismo mais ágil da célula, especialmente no tocante a sua capacidade energética.

O aparato mitocondrial, que responde mais eficazmente às sobrecargas de solicitação, tem assim de lidar com um volume oxidativo maior, ou seja, ele metaboliza uma maior quantidade de substratos com maiores teores de oxigênio. Isso pode até comprometer o rendimento máximo (com declínio mais rápido da resistência), se falhar o sistema *scavenger,* pois tem-se em tais circunstâncias aumentada, também, a produção de espécies ativas do O_2.

A vitamina E, especialmente, que detém o caráter de varredor lipossolúvel, pode, por isso, exercer sua ação no compartimento membranário da mitocôndria, resguardando eficazmente sua funcionalidade. Em níveis adequados, que satisfaçam as exigências de solicitações oxidativas maiores, a vitamina E influi decisivamente no aumento de resistência do organismo.

Em atletas de fundo e meio-fundo, cujo desenvolvimento da capacidade aeróbica constitui um fator determinante do desempenho, o treinamento por si só não proporciona a evolução máxima do potencial aeróbico. O aumento de resistência, definido como a elevação do limiar à fadiga e que possibilita a manutenção de um rendimento satisfatório por mais tempo, está também na dependência de outras variáveis.

O fator fundamental desse processo é o próprio aumento da resistência oxidativa na mitocôndria, traduzida pela sua capacidade de manter a funcionalidade ideal em condições de metabolismo mais intenso. O desgaste dos componentes de sua estrutura (por peroxidação lipídica das membranas) é que irá condicionar o declínio produtivo desta organela, considerada a "central energética" da célula. A integridade de sua estrutura e função demanda, nesses casos, um maior aporte das substâncias *scavengers*. Só assim é possível o desenvolvimento do potencial aeróbico máximo, ou seja, a mais alta capacidade de resistência física.

Por radical livre entende-se uma espécie química, átomo ou molécula, em cujo orbital externo existe um elétron ímpar ou desemparelhado. Isso faz com que sua reatividade seja muito grande, e, desse modo, o radical livre procura avidamente combinações com a matéria circundante, processo esse que se dá de forma aleatória. Nos tecidos vivos, qualquer molécula orgânica pode ser atacada por tais espécies.

Pela sua elevada reatividade, um radical livre tem uma existência muito fugaz: ele é formado, combina-se e se aniquila numa fração de tempo muito pequena — em milésimos de segundo. Nesse tempo, contudo, é possível a interferência de substâncias que os inativam antes que promovam reações indesejáveis na matéria viva. Existe na célula um extenso aparato inativador, constituído pelos varredores de radicais livres ou *oxidant scavengers*, que são hábeis em reagir prontamente com essas espécies, tornando-as inócuas.

Das espécies comumente citadas como radicais livres — peróxido de hidrogênio, ânion superóxido, oxigênio *singlet* e hidroxila — apenas o ânion superóxido (O_2^-) e a hidroxila ($OH^{\cdot}$) possuem uma real estrutura de radical livre, com um elétron desemparelhado na camada de valência. As demais são consideradas espécies intermediárias, que, por mecanismos de reação diferentes, originam os radicais.

Todas elas são, contudo, passíveis de inativação no organismo, o que é feito com a participação de um vasto grupo de substâncias, compreendendo enzimas, substâncias vitamínicas e minerais. O sistema enzimático, implicado na atividade *scavenger,* é dito *endógeno*; as substâncias vitamínicas, minerais e de outra natureza são, por sua vez, denominadas varredores *exógenos*.

As vitaminas e minerais, pelo caráter essencial que possuem, compõem uma parte do sistema *scavenger* que é decisivamente influenciada pela dieta. O fornecimento de tais elementos, feito através de alimentos de origem vegetal, animal ou pela suplementação concentrada artificial, são os meios que podem ser orientados no sentido de aumentar a capacidade antioxidante do organismo. Esse procedimento assume hoje não só um caráter profilático como também terapêutico.

Todo o espectro vitamínico assume, direta ou indiretamente, um valioso papel na atividade antioxidante, tendo maior ênfase aquelas com ações *scavengers* mais intensas, como é o caso das vitaminas E, C, A, do beta-caroteno e outras moléculas aparentadas, os carotenóides.

Um fato curioso e bastante valioso do sistema *scavenger* é a extrema cooperação entre os seus componentes. Como vários deles constituem sistemas redox, a atividade de um é adjuvada pela do outro. Na atividade de redução de uma espécie radical livre, o próprio varredor sofre oxidação, e para ser regenerado necessita da intervenção de outro agente redutor.

A vitamina C (ácido ascórbico), por exemplo, pode regenerar a vitamina E, originando o ácido dehidroascórbico (forma oxidada). Este pode ser regenerado pelo sistema enzimático da glutationa, que, por sua vez, exige o NADPH como cofator, no fornecimento de hidrogênios. O sistema é, assim, estreitamente interligado, tanto entre os componentes do sistema exógeno, como entre este e o sistema enzimático.

Os componentes do sistema enzimático, por seu turno, que constituem 3 enzimas — a superóxido-dismutase (inativadora do ânion superóxido), a glutationa-peroxidase (inativadora dos peróxidos lipídicos e do peróxido de hidrogênio) e a catalase (inativadora do peróxido de hidrogênio) —, também trabalham com intensa cooperação entre si. Como as espécies ativas do oxigênio, tanto os radicais quanto as intermediárias, são interconversíveis, por vários mecanismos de reação, a inativação enzimática de uma delas tem repercussões extensas, facilitando o trabalho de catálise de outra enzima.

O ácido fólico (vitamina B_8) desenvolve um mecanismo também interessante na inibição da síntese de oxirradicais. Em doses que se situam bem acima daquelas para as necessidades vitamínicas (acima de 10 miligramas) — a sua padronização é comumente feita em microgramas, e as necessidades mínimas diárias se situam ao redor de 400 mcg —, o ácido fólico exerce um bloqueio sobre a enzima xantina-oxidase (XO). Essa enzima, nos processos de isquemia seguidos de reperfusão, é a responsável pela grande produção de espécies ativas do O_2.

A verdadeira patogenia dos distúrbios isquêmicos parece residir, paradoxalmente, no ato da reperfusão (reoxigenação) e não na isquemia (hipóxia) propriamente. Na isquemia, a XO sofre ativação, e, na reoxigenação do tecido afetado, passa a atuar sobre a hipoxantina, também formada no período isquêmico. Esse processo enzimático origina, além do ácido úrico, espécies ativas do oxigênio, como o ânion superóxido ($O_2^{\bullet-}$) e o peróxido de hidrogênio (H_2O_2). Tanto o ácido fólico quanto o alopurinol (droga uricosúrica) podem corrigir esse processo e restringir os danos isquêmicos tissulares.

Na solicitação física intensa e prolongada, tais drogas poderiam ser empregadas também com intuito profilático, como complemento aos demais agentes *scavengers*, uma vez que — mesmo no organismo treinado — existe sempre a possibilidade de algum território tecidual sofrer déficit temporário de O_2, com repercussões histológicas por ação dos radicais livres. Isso pode ocorrer com maior possibilidade ao músculo cardíaco, onde um infartamento, por mais restrito que seja, sempre acarreta comprometimentos ulteriores em sua funcionalidade. O coração é um dos órgãos mais ricos em xantina-desidrogenase (XD), a precursora da xantina-oxidase (XO).

Atualmente, também os componentes enzimáticos, como a superóxido-dismutase, já são disponíveis sinteticamente, tornando possível a sua suplementação exógena. Pelo fato de a atividade de uma substância *scavenger* ser grandemente influenciada pela presença de outros componentes (atividade cooperativa), o reforço suplementar não só tem a propriedade de aumentar a capacidade intrínseca de varredura de cada um dos elementos como também amplificar a ação global.

As demais vitaminas — além da E, C e A — que não se acham implicadas tão diretamente na ação *scavenger* detém, também, um precioso papel contra os efeitos danosos dos radicais livres. Participando como cofatores enzimáticos ou então modulando diretamente ações metabólicas pelos mecanismos bioquímicos da célula, elas podem recompor os danos provocados por radicais livres, dado o caráter citotóxico destes. Tais nutrientes podem assegurar assim um certo grau de reparação celular, recompondo estruturas afetadas pelas ações de espécies radicais que escapem ao controle das substâncias *scavengers*. As vitaminas varredoras são igualmente pródigas nas ações de reparação tecidual.

A vitamina E, por exemplo, desempenha importante função na manutenção dos tecidos mesodermais (músculos, sistema cardiovascular, tecidos conjuntivos, tecido hematopoiético, gônadas etc.); atua igualmente na síntese dos ácidos nucléicos e dos hormônios hipofisários (gonadotrofinas, ACTH, TSH etc.). A vitamina C participa da formação do colágeno e demais fibras do tecido conjuntivo (elastina e reticulina); promove também, pela ativação do fibroblasto, a síntese da substância fundamental amorfa (mucoproteínas), que preenche os espaços entre as células e as fibras do tecido conjuntivo.

Já a vitamina A é moduladora da celularidade em uma ampla variedade de tecidos, não somente os de origem ectodermal (epitélios cutâneo, bucal e nasal, hipófise, ouvido interno, cristalino ocular etc.), mas também os de origem endodermal (epitélios de revestimento do tubo digestivo, respiratório, do ouvido médio etc.). Tais vitaminas conseguem, assim, promover a euplasia de tais tecidos, ou seja, manter a celularidade em seu nível de organização ideal.

O conhecimento das extensas implicações dos radicais livres nos mecanismos bioquímicos e fisiológicos tem proporcionado novas possibilidades terapêuticas e preventivas para um vasto número de patologias. Uma melhor elucidação sobre os mecanismos etiopatogenéticos dos radicais livres ainda trará, sem dúvida, contribuições bastante significativas na promoção da saúde e no controle do próprio envelhecimento.

Referências

Bulkey, G. B., The role of Oxygen Free Radical in Human Diseases, *Surgery, 94:* 407, 1983.

Carrico, C. J. *et al.,* Multiple Organ Failure Syndrome, *Arch. Surg., 121:* 196, 1986.

Cavalieri, E. L., Rogan, E., *Free Radicals in Biology,* vol. 6, edited by W. A. Pryor, cap. 10, Academic Press Inc., Nova York, 1984.

Ciba Foundation Symposia, *Oxygen Free Radicals and Tissue Damage,* Excerpta Medica, Nova York, 1979.

Delmaetro, R. F., An Approach to Free Radical in Medicine and Biology, *Acta Physiol. Scand.* (Supl.), *492:* 153, 1980.

Dikstein, S. (Ed.), *Fundamentals of Cell Pharmacology,* Thomas, Springfield, 1973.

Goldstein, A. *et al., Principles of Drug Action.*, 2ª ed., Wiley-Interscience, Nova York, 1974.

Haliwell, B., Gutteridge, J. M. C., *Free Radicals in Biology and Medicine,* Claredon Press, Oxford, 1986.

Pryor, W. A., *Introduction à la Chimie des Radicaux Libres,* Dunod, 1969.

Sohal, R. S., Allen, R. G., Relationships Between Oxygen Metabolism, Aging and Development, *Advances in Free Radical Biology and Medicine,* vol. 2, p. 117, 1986.

2

No Âmbito da Medicina
Ortomolecular

A medicina ortomolecular é um ramo nascente das ciências médicas, surgida da imposição de se acomodar uma gama imensa de novas concepções e assim constituir-se num objetivo tangível para a orientação e desenvolvimento de pesquisas. Atualmente, a medicina ortomolecular já é soberana de seus objetivos de estudo; não constitui meramente uma via terapêutica alternativa, mas pode-se dizer que ela já assume um perfil de maturidade inegável, uma vez que está assentada, de modo eclético até, nas sólidas bases de inúmeras disciplinas no campo das biociências, tais quais a Farmacologia, Endocrinologia, Nutrologia, Bioquímica etc.

A denominação de medicina *ortomolecular* (do étimo grego *ortos*, que significa reto, direito, normal), foi proposta por Linus Pauling (Nobel de Química, em 1954, e da Paz, em 1962). Sua meta é compreender as interrelações que ocorrem ao nível bioquímico do organismo e aí poder atuar em conformidade com esses próprios mecanismos, harmonizando de maneira global o bioquimismo de células, órgãos e sistemas.

O reequilíbrio metabólico é feito por meio da correção dos mecanismos moleculares fisiológicos, suprindo o organismo com os elementos adequados para essa reordenação bioquímica; em tal contexto, assumem especial destaque as substâncias vitamínicas. Esse enfoque terapêutico está hoje sedimentado numa conceitualização bastante ampla, trazendo contribuições formidáveis para a prevenção e tratamento das patologias originadas pelos radicais livres, entre outras causas.

O caráter ortomolecular de uma dada substância empregada na terapêutica é dado pela sua participação normal em quaisquer compartimentos do organismo. Nesse aspecto, todas as vitaminas, sejam ou não as *oxidant scavengers* (A, E, C, beta-caroteno), os minerais (cromo, zinco, selênio etc.), aminoácidos etc., quando empregados no tratamento de patologias várias são considerados fármacos ortomoleculares, pois são substâncias participantes obrigatórias da constituição da matéria viva. Este conceito está hoje, contudo, mais flexível, pois se admitem substâncias ditas *xenobióticas* (estranhas ao metabolismo normal) na correção ortomolecular do bioquimismo. Como exemplos destas temos a acetilcisteína, o manitol, alopurinol, alginato, pectina etc.

As patologias relacionadas à ação dos radicais livres (RL) podem ser classificadas basicamente em 3 grupos: (1) as de cunho genético, (2) as genético-ambientais, e (3) as ambientais. As do primeiro grupo compreendem os distúrbios recessivos autossômicos, tais como a progeria, a hemocromatose idiopática, a doença de Wilson (degeneração hepatolenticular), possivelmente a doença de Alzheimer etc.; no segundo grupo incluir-se-iam o enfisema pulmonar (por deficiência de alfa-1-antiprotease), câncer, doenças cardiovasculares, parkinsonismo etc.; por último relacionar-se-iam processos de envelhecimento acelerado não vinculados à progeria, certos tipos de câncer — como o pulmonar, brônquico e de pele —, osteoartrite, quimioterapia (pelo uso de drogas antimaláricas, certos antibióticos antineoplásicos etc.), a fibroplasia retrolenticular do recém-nascido etc.

No grupo das moléstias de origem autossômica recessiva, a patogenia por radicais livres dá-se pelo comprometimento que existe nos mecanismos de proteção antioxidante, comumente sistemas enzimáticos ou de transporte. No caso da hemocromatose, em sua forma idiopática (de origem genética), há acúmulo excessivo de ferro nos tecidos, caracterizado clinicamente por pigmentação cutânea, diabetes melitus, hepatomegalia com cirrose e até insuficiência cardíaca. Na doença de Wilson o que ocorre é um acúmulo de cobre, dado existir deficiência de ceruloplasmina. Os íons Fe^{2+} e Cu^{2+} são, como se sabe, promotores da produção aumentada de radicais livres.

A progeria constitui-se num distúrbio genético grave, devido possivelmente a uma falha na codificação para a produção das enzimas *scavengers*, deixando o organismo extremamente vulnerável à ação dos RL. Na criança caracteriza-se pela síndrome de Hutchinson-Gilford; no adulto jovem, pela síndrome de Werner (pangeria). Em ambas as situações, no entanto, o que ocorre é uma grande aceleração no declínio do vigor celular, exteriorizando-se pelos aspectos clínicos característicos da idade avançada, ou seja, por um transtorno multissistêmico, envolvendo comprometimento ósseo (osteoporose), ocular, alterações cutâneas, disfunção multiglandular, complicações vasculares oriundas de processos ateroscleróticos etc.

Já as moléstias de cunho genético-ambiental, tais como os tumores malignos, afecções cardiovasculares (*e.g.*, oclusão coronária, devido a placas ateromatosas), deficiência da enzima alfa-1-antiprotease (aumentando a predisposição ao enfisema pulmonar) e outras condições, originam-se de um somatório de eventos facilitadores da ação dos radicais livres. Tem-se, assim, a superposição do fator genético, que condiciona uma frágil defesa antioxidante (*scavenger*), ao fator ambiental, por exposição aumentada aos nóxios geradores de RL (fumo, poluição atmosférica, tipo de dieta, contaminantes alimentares, infecção, estresse).

No último grupo, cabe aos fatores ambientais, *per se*, a maior participação na geração dos RL, sejam eles correlacionados a fontes exógenas (fumo, radiação UV, excesso de ferro e/ou cobre na dieta) ou endógenas, tais como produção de catecolaminas

(nas condições de estresse), dos eicosanóides (no processo inflamatório) e ativação da enzima xantina-oxidase (no processo de isquemia-reperfusão). Nos processos infecciosos, há, igualmente, grande produção de RL pelos fagócitos; este mecanismo é, no entanto, de utilidade para o organismo, pois aí se tem um processo até certo ponto dirigido especificamente à lise de microorganismos. Uma maior produção de radicais livres pode ocorrer igualmente em situações de tratamento médico (iatrogênese), como no uso do oxigênio em pacientes com DPOC, ou o emprego deste na forma hiperbárica, tratamento antineoplásico com adriamicina, bleomicina etc. A par de todas essas condições, também o exercício físico constitui-se numa condição grandemente favorecedora da geração de radicais livres do oxigênio.

Existem, contudo, grandes possibilidades de intervenção terapêutica em muitas dessas condições: hoje se dispõe de um arsenal antioxidante bastante vasto, inclusive com a obtenção por síntese dos *scavengers* endógenos, tais como a enzima superóxido-dismutase e a glutationa-peroxidase. Muito provavelmente, num futuro próximo, mesmo aqueles distúrbios genéticos de natureza autossômica recessiva poderão ter um controle satisfatório, bloqueando-se sua evolução por uma terapia de reposição dos *scavengers* deficientes.

Dentro do amplo leque terapêutico proposto pela Medicina Ortomolecular, o procedimento mais polemizado tem sido, sem dúvida, a terapia pela quelação. Não constitui ela uma modalidade recente de tratamento, tendo sido originalmente introduzida como procedimento útil em diversos tipos de intoxicação. O termo *quelação* provém do étimo grego *quelatos*, significando "garra de caranguejo"; em termos terapêuticos, é um fármaco que pode aglutinar, complexar, prender determinada substância, formando-se um complexo (quelato) e possibilitando sua eliminação do organismo.

Em intoxicações por metais pesados (ouro, chumbo, mercúrio etc.), o emprego de antídotos queladores é de inestimável utilidade. Tem-se, para tal finalidade, de uso endovenoso ou oral, algumas drogas específicas, que são quelantes clássicos, tendo a capacidade de complexar (quelar) vários tipos de átomos. O quelato, assim, formado, compõe-se de uma ou mais moléculas do quelante, que incorpora um só átomo de determinado metal. Como substâncias quelantes habituais, tem-se, por exemplo, o EDTA (ácido etilenodiamino-tetracético) — denominado também ácido tetracêmico, versênico ou edético — a penicilamina, a desferoxamina, o dimercaprol etc.

O EDTA, sob a forma do sal dissódico, é empregado, EV, nas intoxicações por chumbo, níquel, cádmio, alumínio e zinco, podendo ser usado também para o ferro, o cobre, o manganês, o cromo e o cálcio; já para as intoxicações pelo ouro e mercúrio não é indicado. Na forma dicobáltica é um bom antídoto dos cianetos. A penicilamina (dimetilcisteína) é, VO, um antídoto específico do cobre, sendo utilizada na terapêutica a longo prazo da doença de Wilson e da artrite reumatóide. A desferoxamina, EV, é antídoto mais específico para o ferro (quela também o alumínio), tendo indicação na hemocromatose, por exemplo. O dimercaprol (um álcool primário sulfurado), por sua vez, é, IM, antídoto do arsênio, ouro e mercúrio. Originalmente era utilizado contra os efeitos de um gás de guerra, a Lewisita (um derivado arsenioso).

O que tem motivado exasperadas controvérsias no meio científico é a pretensa utilidade da quelação no tratamento dos distúrbios ateroscleróticos. Como na sua forma dissódica o EDTA é capaz de quelar o cálcio, sugeriu-se que haveria, pela sua administração endovenosa, a possibilidade de se remover o cálcio da placa ateromatosa, fazendo-a regredir e, assim, dinamizar o fluxo sangüíneo arterial. O cálcio do ateroma, no entanto, acha-se presente na forma cristalina de apatita (e não iônica), o que torna inviável sua remoção na forma de quelato.

As ações favoráveis do EDTA nos parâmetros reológicos sangüíneos são mesmo assim evidentes. Seu efeito inibitório sobre a produção da xantina-oxidase diminui a geração do radical livre superóxido e, conseqüentemente, os danos à parede vascular. Com a fosfodiesterase, o efeito parece ser similar ao das xantinas (teofilina, aminofilina); a inibição desta aumenta a concentração do AMP-cíclico (o "segundo mensageiro" de muitas ações hormonais), promovendo vasodilatação.

Na relação entre as enzinas tromboxano-sintetase (plaquetária) e prostaciclina-sintetase (endotelial) parece haver favorecimento da segunda, que, reforçando as ações da prostaciclina, desenvolve, assim, um aditivo efeito vasodilatador. Em níveis que promovam tão-somente discreta hipocalcemia, o EDTA induz picos de secreção do paratormônio (PTH); a ação hormonal deste promove, por sua vez, a síntese nos osteoblastos e fibroblastos do colágeno e do material condromucóide na cartilagem articular. Restabelece-se, assim, sua integridade, pois os radicais livres, especialmente a hidroxila (OH˙), atuam desagregando os complexos péptido-glicanos.

A técnica da quelação endovenosa pelo EDTA requer, entretanto, rígida monitoração, pois ocorre, paralelamente, acentuada depleção de inúmeros oligoelementos, que também são quelatados e eliminados. Tanto a reposição destes quanto a suplementação vitamínica se fazem necessárias; além disso, a infusão de EDTA deve ser bastante lenta, pois, do contrário, a eliminação de quelatos minerais em volume intenso pode provocar lesões renais. A quelação endovenosa é um procedimento que só deve ser realizado por médicos habilitados e em serviços especializados.

Seus efeitos na redução da formação de radicais livres é espetacular; a remoção do excesso dos elementos ferro e cobre é decisiva para isso, uma vez que são eles promotores da proliferação desenfreada de radicais livres, desencadeando, sobretudo, a lipoperoxidação. Além destes, outros metais pesados, quando em níveis aumentados, reagem com o grupo sulfidrílico de muitas enzimas, promovendo sua inibição. Assim, a função de importantes agentes *scavengers*, como a glutationa e glutationa-peroxidase, que possuem grupos sulfurados, pode ser preservada por meio da quelação com o EDTA.

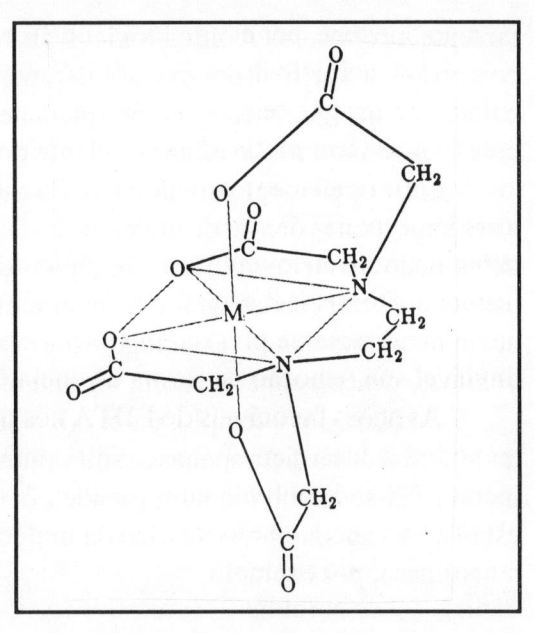

Figura 2.1 —*Quelato formado pelo EDTA (ácido edético, verseno) e um metal. O átomo metálico (M) constitui o centro de coordenação na molécula. Desse modo, aprisionado ao complexo formado, torna-se inócuo e é, então, eliminado do organismo.*

A penicilamina, um produto da degradação da penicilina, é um eficaz quelante do cobre, sendo por isso empregada no tratamento, via oral, da doença de Wilson (degeneração hepatolenticular). Sua utilidade estende-se ainda à cistinúria, uma anomalia congênita e hereditária da função tubular renal, comprometendo a reabsorção principalmente do aminoácido cistina, e no tratamento da artrite reumatóide. A desferoxamina é um quelante específico do ferro, sendo empregada no tratamento da hemossiderose, hemocromatose, intoxicações agudas por ferro etc. Sua administração faz-se por via parenteral (IV, SC, IM). O dimercaprol ou BAL (*British Anti Lewisite*), por sua vez, constitui-se num excelente antídoto nas intoxicações pelo arsênio, mercúrio e outros metais venenosos. É empregado por via intramuscular.

Afora estes, que são considerados quelantes "clássicos" dentro da terapêutica toxicológica, inúmeras outras substâncias prestam-se, com boa eficácia, a finalidades corretivas ortomoleculares, tanto para o combate específico aos radicais livres quanto para o reordenamento bioquímico em múltiplos setores do metabolismo. Como quelantes orais ortomoleculares podemos citar a glutationa, peptídeo formado por 3 resíduos acidoaminados (γ-glutamilcisteinilglicina), metionina, cisteína, acetilcisteína, pectina, ascorbato de cálcio, zinco, selênio e outros.

Os aminoácidos sulfurados (cisteína, metionina) e derivados (glutationa, acetilcisteína), que exibem o grupo -SH livre, atuam como eficazes agentes redutores no organismo — um dos principais agentes redutores nos sistemas biológicos é a glutationa. Essa capacidade redutora torna-os de muito valor como agentes varredores de radicais livres (*oxidant scavengers*), impedindo, assim, oxidações desenfreadas na célula. A par disso, o grupo sulfidrílico livre (-SH) é capaz também de se ligar diretamente a certos metabólitos tóxicos, inativando-os. Uma atividade queladora de tais compostos se verifica, por exemplo, frente a metais pesados. A pectina e o ascorbato de cálcio atuam, igualmente, como quelantes de metais tóxicos (o ascorbato de cálcio constitui-se num muito eficaz quelante do alumínio).

Entre os elementos metálicos e/ou não-metálicos existem certos aspectos que vêm a ser importantes dentro de um enfoque farmacodinâmico, pois a administração de um deles pode afetar o equilíbrio orgânico de outro se as proporções entre ambos não estiverem balanceadas, além de que, em quantidades excedentes, poderá ocasionar acúmulo e toxicidade. O antagonismo existente entre alguns minerais pode, como veremos, desempenhar também um interessante papel terapêutico.

O cobre, por exemplo, é um oligoelemento (*oligo* = pouco, em pequena quantidade), exigido na dieta apenas em diminutas quantidades: cerca de 1 a 2 mg diários. Este metal acha-se envolvido num grande número de sistemas enzimáticos, entre os quais estão o mecanismo biossintético da molécula da hemoglobina, a citocromo-oxidase e a tirosinase, por exemplo.

$$HS\text{-}CH_2\text{-}CH\text{-}COOH \qquad\qquad HS\text{-}CH_2\text{-}CH\text{-}COO\text{-}CH_3$$

$$NH\text{-}C\text{-}CH_3 \qquad\qquad\qquad\qquad NH_2$$

$$O$$

]NAC[**mecisteína**

Figura 2.2 —Aminoácidos sulfurados com ação scavenger. A NAC é a N-acetil-cisteína; a mecisteína é o éster metílico da cisteína. Tais compostos, além da ação mucolítica que apresentam, desenvolvem também ações anti-radicais livres: seja por propiciar a síntese da glutationa, fornecendo o aminoácido cisteína para a reação (são doadores exógenos de cisteína), seja pela ação scavenger direta, propiciada pelo grupo -SH livre. Exibem ainda uma ação quelante em relação a metais tóxicos.

Sua quantidade total normal no organismo humano situa-se entre 100 a 150 mg. Quando, porém, por problemas genéticos (déficit de ceruloplasmina, na doença de Wilson) ou aporte grandemente aumentado na dieta (suplementação excessiva ou intoxicações), os seus teores teciduais aumentam, graves distúrbios orgânicos passam a ocorrer, como elevação da pressão arterial, náuseas, vômitos e envolvimentos neuropsíquicos.

O zinco, por seu lado, constitui-se num metal de baixíssima toxicidade, possibilitando uma variação posológica em sua suplementação bastante flexível. Este elemento tem, na verdade, uma crucial participação na bioquímica celular, sendo por vezes componente integrante da estrutura de enzimas (metaloenzimas), como é o caso da anidrase carbônica, da fosfatase alcalina, algumas desidrogenases etc., ou então como cofator enzimático (não ligado à enzima), atuando com a carnosinase, arginase, histidinase e outras. O zinco promove um notável incremento no anabolismo celular, estimulando a síntese protéica e de moléculas do ácido nucléico (DNA e RNA).

Um de seus principais tropismos é pelo tecido cerebral, onde desempenha um papel ao mesmo tempo trófico e protetor. O zinco apresenta um antagonismo em relação ao cobre, e nas intoxicações por este metal ele pode ser utilizado com bons resultados, corrigindo, assim, perturbações à função cerebral. A ação antagônica do zinco é evidenciada também para outros dois metais: o cádmio e o chumbo.

Vale lembrar que a suplementação de cobre constitui um artifício pouco recomendável, e quando feita deve ser acompanhada sempre pelo zinco. A relação ideal entre ambos nas formulações polivitamínico-minerais deve ser de 1:8 (1 parte de cobre para 8 de zinco), o que faz do zinco, nessa proporção, um guardião do equilíbrio cúprico no organismo, evitando possíveis efeitos tóxicos.

Outro tipo de antagonismo metálico verificado é o que acontece entre altas doses de ferro e o cobre, prejudicando a absorção deste último. Nesse caso, ao contrário do que acontece com o zinco, o antagonismo não se mostra vantajoso para ser aplicado como procedimento ortomolecular, pois o ferro não modula a concentração do cobre nos tecidos (só ao nível de absorção, e pode apresentar efeitos cumulativos tóxicos, sendo ele próprio grande promotor da geração de radicais livres no organismo.

Quanto ao selênio, um elemento não-metálico estreitamente envolvido com a vitamina E na desmobilização dos radicais livres no organismo, também uma ação queladora é evidenciada em relação ao mercúrio. Porém, sua participação fundamental no bioquimismo celular está ligada ao papel que desempenha como cofator da glutationa-peroxidase, enzima esta que possibilita à glutationa desenvolver sua ação redutora. Por isso, na atividade de "varrer" radicais livres, a célula não pode prescindir de um suprimento adequado de selênio.

Contrariamente ao zinco, que possui uma escassa toxicidade (apenas quando ingerido em quantidade muito elevada), o selênio requer cautela quando suplementado na forma concentrada. Comumente, sob a forma de selenito de sódio (Na_2O_3Se), é administrado em dosagens de 25 a 100 microgramas (mcg) diários; doses acima de 200 mcg/dia não são aconselháveis, pois pode haver acúmulo no organismo, com manifestações tóxicas. A suplementação pelo selênio é válida, por exemplo, na intoxicação pelo mercúrio; o selênio forma com este metal um complexo inócuo, facilitando sua eliminação do organismo.

Em certas regiões do globo, a suplementação do selênio faz-se necessária na dieta, uma vez que a composição do solo não apresenta o teor suficiente deste elemento, que permita a sua incorporação nos vegetais e nos rebanhos. Pelo consumo de seus derivados, o homem pode obter todo o selênio de que normalmente precisa. Não, porém, no caso de certas regiões da China, onde sua deficiência no solo é muito acentuada.

Tais localidades foram por muito tempo assoladas por uma curiosa afecção que acometia especialmente crianças, originando distúrbios cardíacos fatais, conhecida como doença de Keshan. Através da suplementação concentrada de selênio (sob a forma de selenito de sódio), o problema desapareceu. Essa é uma rara situação, na qual a administração suplementar de selênio deve ser feita de maneira regular. A suplementação segura de selênio, sem riscos de fenômenos tóxicos, pode ser feita, por exemplo, pela utilização do óleo de germe de trigo, uma fonte igualmente riquíssima em vitamina E — esta, altamente sinérgica com o selênio na ação anti-radicais livres.

As substâncias vitamínicas, por sua vez, dentro do campo da Medicina Ortomolecular, assumem um papel central e diferenciado, uma vez que hoje já se conhecem melhor as bases bioquímicas de suas ações, possibilitando que muitas delas sejam empregadas no tratamento de patologias específicas e não tão-somente na correção dos distúrbios primários originados de sua carência. A Vitaminologia pode mesmo ser vista como a pedra angular da Medicina Ortomolecular, tamanho o número de implicações metabólicas que as vitaminas detêm nos tecidos animais.

Todo o espectro vitamínico tem importância prática no combate aos radicais livres no organismo, e não somente aquelas vitaminas sabidamente possuidoras de uma atividade *oxidant scavenger* bastante específica (A, E e C), sobre as quais discutiremos adiante. É lícito assim considerarmos, pois mesmo não sendo "filtros" específicos de radicais livres, a ação reguladora bioquímica que exercem previne um grande número de reações indesejáveis, passíveis de ocorrer nos caminhos metabólicos da célula. Desse modo, a geração de radicais livres ficaria confinada aos limites toleráveis, ou seja, em níveis previsíveis ao metabolismo normal, sendo, portanto, satisfatoriamente combatidos pelo aparato antioxidante, enzimático (endógeno) e vitamínico (exógeno).

Desvios metabólicos, mesmo brandos, são, como se sabe, condições favorecedoras de danos causados pelos radicais livres, pois além de haver uma formação aumentada dos mesmos, verifica-se um decréscimo da atividade dos agentes "varredores" ou "filtros" de RL. Assim, uma série extensa de fatores estaria implicada em tais condições: estresse emocional, má alimentação, fumo, infecções, atividade física extenuante etc.

Vale mencionar também o caso da particular descompensação metabólica no diabético, originando a cetoacidose. Esta condição, de baixa do pH fisiológico, é grandemente favorecedora da geração de RL, especialmente o radical hidroxila (OH·). Nesses pacientes, é sobremodo importante o apoio terapêutico ortomolecular, tendo em vista tanto a correção dos distúrbios imediatos como também os de cunho tardio, representados pela degenerescência tissular em múltiplos sítios orgânicos.

Dentro do contexto do esporte, a metodologia ortomolecular vem, nos tempos atuais, assumindo um relevante papel auxiliar no condicionamento físico de atletas das mais diversas modalidades, propiciando um elemento de suporte preventivo (e curativo) aos órgãos e tecidos em regime de hipersolicitação. O apoio nutricional ganha, assim, um novo enfoque, novas bases, as quais, se bem empregadas, muito têm a oferecer a qualquer programa de treinamento, e igualmente exercer positivas influências no desempenho físico do atleta, na execução da modalidade esportiva em causa.

Referências

Callingham, B. A., *Biochemical Pharmacology,* John Wiley & Sons Inc., Nova York, 1973.

Cranton, E. M., Frackelton, J. P., Free Radical Pathology in Age Associated Diseases: Treatment with EDTA Chelation, Nutrition and Antioxidants, *J. Holistic Med.,* 6:6-37, 1984.

Haliwell, B., *Age Pigments,* Elsevier, Amsterdã, 1981.

Harper, H. A., *Manual de Química Fisiológica,* Atheneu Editora S.A., São Paulo, 1973.

Roche, *Compêndio de Vitaminas,* F. Hoffmann-La Roche & Cia., Basiléia, 1972.

McCord, J., Metal Chelation Therapy, Oxygen Radicals and Human Disease, *Lancet,* *1*: 143-145, 1985.

Povoa Filho, H., Radicais Livres e Quelação, *F. Médica, gr.* 91: 816, 1985.

_____, Radicais Livres e Patologia Humana, *Med. Pratk., gr.*2: 72, 1988.

Williams, R. J., Kalita, D. K., *A Physicians Handbook on Orthomolecular Medicine,* Pergamon Press, Nova York, 1978.

Wohl, M. G., Goodhart, R. S., *Modern Nutrition in Health and Disease,* Lea & Fabiger, Filadélfia, 1966.

3

Oxigênio — O Oxidante Vital

O surgimento do oxigênio como elemento participante da atmosfera terrestre há aproximadamente 3,7 bilhões de anos, liberado pelas algas verde-azuladas, impôs um dramático e importante reordenamento adaptativo às formas viventes de então frente à presença de um gás muito tóxico, uma vez que seus metabolismos não comportavam ainda os meios adequados para processar reações aeróbicas. Foi preciso um longo "aprendizado bioquímico" até que fosse possível tirar proveito de tal situação, e isto se constituiu mesmo num terreno propício para que se instalasse e evoluísse a exuberante diversidade da biosfera do planeta, tal qual a conhecemos hoje.

Como as radiações solares comportam em seu espectro comprimentos de onda na faixa do ultravioleta, numa atmosfera ainda primitiva a incidência desses raios (notadamente os comprimentos de onda abaixo de 300 nm) era bastante elevada, em níveis intoleráveis a qualquer ser vivo — as formas de vida de então tinham de habitar o meio subaquático, onde as radiações pouco incidiam. Assim, o acúmulo de oxigênio nas camadas mais altas da atmosfera, constituindo um verdadeiro escudo de ozônio (oxigênio triatômico), tornou possível a conquista da superfície terrestre pelas formas ancestrais de vida.

O surgimento do oxigênio, um gás a princípio muito tóxico, possibilitou, posteriormente, o solucionamento de dois grandes entraves à expansão da vida no planeta, quais sejam: (1) o aspecto do rendimento energético, tornado muito mais eficiente pelo processo respiratório, e (2) a melhor impermeabilização da atmosfera, frente às radiações letais.

Nas condições atuais, a taxa do oxigênio atmosférico detém níveis estáveis, pois sua ciclagem é satisfatoriamente controlada pela atividade fotossintética das plantas verdes terrestres (10%) e, sobretudo, pelo fitoplâncton marinho (90%), que absorvem o gás carbônico (CO_2), a principal fonte de carbono em seu metabolismo, e liberam o oxigênio, em sua forma molecular (O_2). Estima-se que, pela fotossíntese, sejam liberadas aproximadamente 400 milhões de toneladas de O_2/ano na atmosfera.

Entretanto, teme-se que a crescente e descontrolada emissão de CO_2, oriunda da atividade industrial e dos escapamentos de veículos automotores, e o acúmulo de gases carbonofluoroclorados (CFCs) na alta atmosfera, possa vir a romper, de modo bastante nefasto, o equilíbrio atmosférico no que tange aos percentuais do oxigênio (a forma triatômica do ozônio) e do gás carbônico, comprometendo todas as relações vitais na biosfera.

Em nossa atmosfera atual, a percentagem de oxigênio molecular (englobando as formas tri e biatômica) situa-se em valores bem próximos de 21%; poderíamos até inferir que seja uma taxa pequena se comparada à do nitrogênio (N_2), que ocupa o primeiro lugar (78%). Contudo, como se trata de um gás comburente, o oxigênio, se presente em taxas superiores — já num índice próximo de 25% — alimentaria freqüentes e extensos incêndios, transformando num grande cinerário a biomassa de florestas e pastagens do planeta.

Desse modo, se tornaria inviável o comportamento cooperativo entre os elementos integrantes de um dado ecossistema, em função das múltiplas e complexas relações existentes. Se, por outro lado, sua taxa fosse inferior — digamos de 15% a 16% —, o fluxo energético não teria uma seqüência tão dinâmica na cadeia alimentar, e, igualmente, não só os animais como também os vegetais pereceriam.

No início, embora ainda em níveis instáveis, os seres viventes necessitaram empreender um treinamento de convivência para se estabelecerem numa atmosfera oxigenada; tal adaptação lhes valia a própria sobrevivência e também a possibilidade de complexação de sua morfologia. Essa experiência trouxe a comprovação de benefícios substanciais sobre as condições anaeróbicas anteriores, uma vez que se valendo do oxigênio como elemento oxidante, na respiração, o rendimento energético sobrepunha-se ao obtido pelo processo anaeróbico, fermentativo.

Se por um lado o metabolismo aeróbico era vantajoso frente a outros mecanismos energéticos (as vias fermentativas) e a evolução das espécies tenha se encarregado de dar preferência a este tipo de metabolismo, por outro, salvaguardas bioquímicas tiveram também de ser implementadas para que as células e tecidos estivessem aptos e protegidos na utilização do oxigênio, evitando-se, assim, oxidações descontroladas. Como o oxigênio é um elemento altamente oxidante, a matéria viva, constituída de elementos orgânicos (carbonados) bastante reativos, está, desse modo, muito suscetível de sofrer reações oxidativas indesejáveis (não delimitadas no âmbito das reações de combustão do processo energético), dada sua apreciável participação na intimidade celular.

Tal qual se nos apresentara naquela visão em macroescala (das conseqüências de projetáveis variações globais do oxigênio na atmosfera), em nível do individual, pequenas variações, para menos ou para mais, na suplência do O_2 podem também significar sérios transtornos metabólicos à célula. Dentro do senso comum, todos compreendem que as condiçoes de hipóxia ou anóxia são geradoras de distúrbios nos tecidos, podendo mesmo provocar a morte do indivíduo ou então legar seqüelas permanentes, especialmente ao território cerebral. Isso é um indicativo claro de que a baixa oferta de oxigênio pode sensibilizar a célula de modo extremado, perturbando todo o seu metabolismo.

O que se afigura de mais difícil aceitação é a idéia de que também o excesso deste gás vital possa ser o promotor de distúrbios nos seres aerobiontes, ou seja, naqueles em que a vida só é possível mediante a interveniência do O_2 nos processos oxidativos celulares (na combustão dos substratos alimentares), sendo o meio fornecedor de energia que apresenta um rendimento em ATPs muitíssimo mais elevado.

A toxicidade do oxigênio não se configura exatamente num poder letal instantâneo, tal qual verificado com outros gases venenosos, paralisantes que são da atividade celular. O oxigênio, quando desviado de suas rotas oxidativas habituais, exerce uma ação desestabilizadora nas estruturas celulares e subcelulares, promovendo um desarranjo em sua citoarquitetura que, no entanto, se instala de forma progressiva e muito lentamente, ou com um envolvimento mais abrupto.

O oxigênio atmosférico livre compõe-se de dois tipos moleculares: O_2 e O_3. O mais comum, e que é utilizado na respiração pelos seres aerobiontes (abundante na troposfera), é o biatômico (O_2), um gás incolor, insípido e inodoro. O ozônio (molécula triatômica, O_3) constitui uma forma alotrópica. Exibe uma coloração azul-clara e odor muito irritante, sendo tóxico mesmo em pequenas quantidades — estando, para nossa sorte, confinado à estratosfera.

O ozônio, na alta atmosfera, sofre freqüentemente decomposição (e posterior regeneração), promovida pelos energéticos raios ultravioleta, pelos óxidos de nitrogênio ou então por átomos como os de cloro, liberados pelos CFCs na estratosfera. Esses átomos livres de cloro possuem elétron desemparelhado na camada de valência, sendo, portanto, radicais livres; o óxido e o dióxido de nitrogênio são igualmente espécies radicais. No ambiente atmosférico, há a necessidade ou de um catalisador ($Cl^{\cdot}$, $NO^{\cdot}$) ou de energia (ΔG) para o desenvolvimento da reação dissociativa.

Em sistemas aquosos, por outro lado, como ocorre nas superfícies úmidas dos seres vivos, especialmente o compartimento mucoso das vias respiratórias, a decomposição do ozônio [$O_3 \Rightarrow O_2 + O$] dá-se de modo espontâneo, originando o oxigênio nascente (elementar), muito reativo e responsável pelo alto poder irritante quando este gás é inalado. O oxigênio atômico comporta-se como um radical livre, promovendo, assim, intensa oxidação às biomoléculas; deriva desse mesmo mecanismo a atividade germicida que apresenta.

O oxigênio molecular constitui 1/5 da composição atmosférica (21%); na forma elementar ocupa 8/9 da composição hídrica e aproximadamente a metade da crosta terrestre (sob a forma de óxidos). Dos isótopos existentes ($^{16}_{8}O$, $^{17}_{8}O$ e $^{18}_{8}O$), o oxigênio-16 é o que predomina, com uma percentagem de aproximadamente 99,70%. A descoberta do oxigênio como elemento participante da composição do ar coube ao químico inglês J. Priestley, em 1774.

O principal óxido do planeta é, sem dúvida, a água (um óxido neutro), encontrada fisicamente sob as formas líquida, sólida e gasosa e ubiquamente dispersa. Exemplos de óxidos sólidos são todos os óxidos metálicos; entre os óxidos gasosos temos o monóxido de carbono (CO), o dióxido de carbono (CO_2), o dióxido de enxofre (SO_2)

etc. Quanto à ligação química, os óxidos metálicos são de caráter iônico, enquanto os óxidos dos elementos não-metálicos são de natureza covalente.

Como se pôde observar, o oxigênio é o principal oxidante existente, isto é, constitui-se no elemento mais eletronegativo em todo composto binário oxigenado (os óxidos). Essa sua elevada eletronegatividade só é suplantada pela do flúor, onde a combinação dos dois elementos não se constitui em óxidos; em tal situação, o oxigênio fica com números de oxidação *positivos*. Os óxidos, no entanto, são, de longe, mais ubíquos: quase todos os elementos químicos (com exceção dos gases nobres) podem combinar-se com o oxigênio, resultando os óxidos.

O fenômeno da oxidação, é bom lembrar, não implica necessariamente a relação com o oxigênio. Conceitualmente, oxidação é quando uma espécie química, interagindo com outra (oxigênio ou outro elemento), tem o seu número de oxidação (nox) aumentado, ou seja, quando ela *perde* elétrons. Já o *ganho* de elétrons, por seu lado, configura o fenômeno da redução (nox negativo). Todo agente oxidante, quando oxida outra espécie, fica, portanto, *reduzido*.

Com tamanha capacidade oxidativa, é compreensível quão superior é o processo respiratório na obtenção de energia, uma vez que a combustão dá-se de forma completa, com aproveitamento máximo dos substratos alimentares. O mesmo não ocorre com a fermentação, onde há um grande dispêndio de substratos para um rendimento energético modesto — além do que há acúmulo de substâncias tóxicas, os subprodutos finais (álcool, ácido láctico, ácido acético etc.), constituindo um impedimento à continuidade e expansão do processo. No processo aeróbico, a formação de substâncias inócuas, como o CO_2 (volatilizável), e a água, não promovem nenhum entrave metabólico.

O curioso nessas transições evolucionárias é que mesmo nos animais superiores, como nos mamíferos (incluindo igualmente o homem), o processo fermentativo não fora totalmente descartado, permanecendo como uma via alternativa e/ou complementar ao processo aeróbico. É o caso das células musculares esqueléticas de mamíferos, que detêm a capacidade de efetuar a fermentação láctica sob atividade extenuante.

Esse mecanismo tem importância por se constituir num *by-pass* na formação de ATPs, com o fito de agilizar a sua suplência, mesmo que isso signifique um rendimento menor. Muitos microorganismos adotam estratégias práticas de sobrevivência, como no caso de certos anaeróbios facultativos (incluindo muitas bactérias e leveduras) que podem alternar o metabolismo aeróbico e o anaeróbico de acordo com as condições ambientais — ou seja, na geração de ATPs eles podem desviar o fluxo de elétrons do oxigênio para outros aceptores disponíveis (nitrato, sulfato, carbonato).

Com esse advento metabólico — de valer-se da respiração na obtenção de energia — os sistemas vivos puderam evoluir e se expandir, aumentando a complexidade das relações orgânicas e criando, assim, um fluxo muito mais ágil e intrincado entre compartimentos com funções distintas. Quanto maior tal complexação, mais ágil também teve de ser a oferta de oxigênio para atender sua crescente demanda. As estratégias evolutivas facultaram, então, a adoção de mecanismos para isso, representados por meios solubilizantes mais adequados, ou seja, de fluidos circulantes mais aptos a carrear o oxigênio. Nesse ponto, o papel dos chamados *pigmentos respiratórios* foi de capital importância, possibilitando a contenção de uma muito maior quantidade de O_2 num volume circulante menor; isso veio a aumentar de modo espetacular a eficiência na oferta do gás aos tecidos.

Exercendo essa função de transportadores de gases respiratórios existe um grande número de moléculas. Algumas acham-se dissolvidas no plasma, outras são compartimentadas em estruturas celulares próprias, os glóbulos sangüíneos. A compartimentação do pigmento oferece uma maior precisão na entrega do O_2 frente a um volume tissular maior, como acontece nos seres mais evoluídos.

Tais pigmentos contêm em sua molécula um ou outro tipo de átomo metálico (em número de um ou mais átomos), que atua como ligante central para o oxigênio. Dependendo do metal presente, o pigmento assume uma coloração própria que, por sua vez, confere ao meio solubilizante a mesma tonalidade.

Nos vertebrados, por exemplo, o pigmento respiratório mais comum é a hemoglobina, que possui o átomo de ferro em sua estrutura e tem coloração vermelho-vivo. Já a hemocianina contém o átomo de cobre, está presente diluída no plasma de crustáceos e tem coloração azul. A clorocruerina contém o átomo de cloro, aparece no plasma de anelídeos e exibe coloração esverdeada. Outros pigmentos existem, e em certas espécies vários pigmentos diferentes, até 4 ou 6, exercem associados a sua função. Os pigmentos respiratórios são constituídos basicamente de uma ou várias cadeias protéicas; cada cadeia possui o seu átomo de metal, que às vezes fica estruturado ao centro de um grupamento prostético — o *heme* (protoporfirina 9), por exemplo, é o grupamento prostético da hemoglobina.

Mamíferos e aves possuem ainda um outro tipo de pigmento, de natureza monomérica (uma só cadeia protéica e um só grupamento heme), que não é carreador (não-circulante), mas sim armazenador do oxigênio no músculo; trata-se, portanto, de um pigmento *fixo*. Sua função, especialmente nos mamíferos mergulhadores (baleias, focas, golfinhos) e aves voadoras de grandes percursos (migratórias), é propiciar uma oferta adicional de O_2, constituindo-se num reservatório emergencial do gás para a continuidade do trabalho muscular em condições de grande solicitação.

Esse mecanismo estratégico tanto propicia um maior rendimento energético como também constitui-se num modo de orientar a destinação adequada do O_2, ou seja, evitar sua presença aleatória nos tecidos, onde poderia, pela sua forte tendência, promover oxidações indesejáveis, desvinculadas do processo da fosforilação oxidativa.

Calcula-se que uma pessoa de porte médio, em repouso, consuma cerca de 1.200 cm^3 de oxigênio/5 minutos — ou isso, numa mínima fração de minuto, se estiver desenvolvendo alguma atividade física mais solicitadora. Aquele valor médio representa os requerimentos em oxigênio tão-somente para manter a funcionalidade do organismo no seu patamar mínimo de exigências energéticas, isto é, no chamado estado basal. Isso denota o quão importante é o papel desempenhado pelos pigmentos respiratórios no transporte de O_2.

Se fizermos uma analogia, considerando-se que a água substituísse o sangue nos vasos, uma pessoa deveria pesar no mínimo 500 kg, sendo que a constituição sólida do organismo teria de ser também muito mais hidratada do que é. Em termos comparativos, o nosso sangue, com seu pigmento transportador (a hemoglobina), pode conter cerca de 60 vezes mais oxigênio do que um igual volume de água.

Talvez muito antes mesmo do que esses sistemas transportadores de O_2 (sistemas abertos ou fechados de circulação com pigmentos) tivessem sido adotados e aprimorados pela linha evolucionária que seguiam grande parte dos seres vivos, uma outra estrutura, de complexidade e especialização admiráveis, já se encontrasse funcionante, para melhor manipular as qualidades oxidantes do O_2: a *mitocôndria*. Esta organela citoplasmática desempenha um papel crucial na energética celular, sendo, a propósito, denominada "central energética" da célula.

Ao conjunto de mitocôndrias de uma célula dá-se o nome de *condrioma*; seu número é variável, dependendo tanto do *status* metabólico intrínseco do tecido — ou seja, da especialização assumida por ele — como da atividade mais ou menos intensa que lhe seja imposta. Em um hepatócito, por exemplo, normalmente há cerca de mil mitocôndrias; num espermatozóide há cerca de 25. Mitocôndrias são organelas existentes em quase todos os tipos de células, exceção feita às bactérias, algas azuis e hemácias maduras.

A capacidade de modular a variação em número, dependendo da atividade do tecido, é devida ao fato de as mitocôndrias disporem de DNA próprio, auto-regulando sua duplicação e síntese de proteínas. Um caso típico é o que ocorre no tecido muscular esquelético em treinamento. Tanto na atividade de força (com aumento volumétrico do músculo) como na atividade de resistência, o que se observa na miofibra é um aumento considerável do número de mitocôndrias, sem que haja, contudo, divisão da própria célula que as contém.

Do ponto de vista evolucionista, conjetura-se que a mitocôndria tenha sido outrora um ser vivo independente (uma bactéria oxidante), de vida livre, e que, por razões adaptativas que ofereciam grandes vantagens à sobrevivência, associou-se, simbioticamente, às células eucarióticas, tornando-se uma organela fundamental destas; essa profícua convivência pode ter-se iniciado há aproximadamente 1,5 bilhão de anos. Analogamente ao caso da mitocôndria, nos vegetais fotossintetizadores a presença dos cloroplastos nas células sugere uma origem semelhante, provavelmente a partir de organismos semelhantes às algas azuis, que estabeleceram, igualmente, uma relação endossimbiótica com a célula hospedeira.

A mitocôndria possui um formato esférico, com um diâmetro de cerca de 1 μm. Uma característica notável de sua membrana interna são os dobramentos em forma de cristas, um arranjo que aumenta consideravelmente a superfície interna; essas cristas podem instalar um grande número de sistemas enzimáticos (aderidos à própria membrana), acomodando aí as "unidades respiratórias" da cadeia de transporte de elétrons ou cadeia respiratória. A matriz mitocondrial é igualmente rica em enzimas solúveis.

A cadeia respiratória constitui-se numa seqüência enzimática (desidrogenase ⇒ flavoproteína ⇒ citocromo b ⇒ citocromo c ⇒ citocromo-oxidase), onde existe uma hierarquia de eletronegatividade: cada componente subseqüente é um oxidante mais forte que o anterior, e o oxigênio aparece no final da seqüência, na última etapa, pois é ele o oxidante mais forte. Desse modo o elétron "caminha" pela seqüência, com acoplamento à síntese de ATP, isto é, a energia liberada pelo elétron é armazenada na ligação pirofosfato terminal da adenosina-trifosfato (ATP).

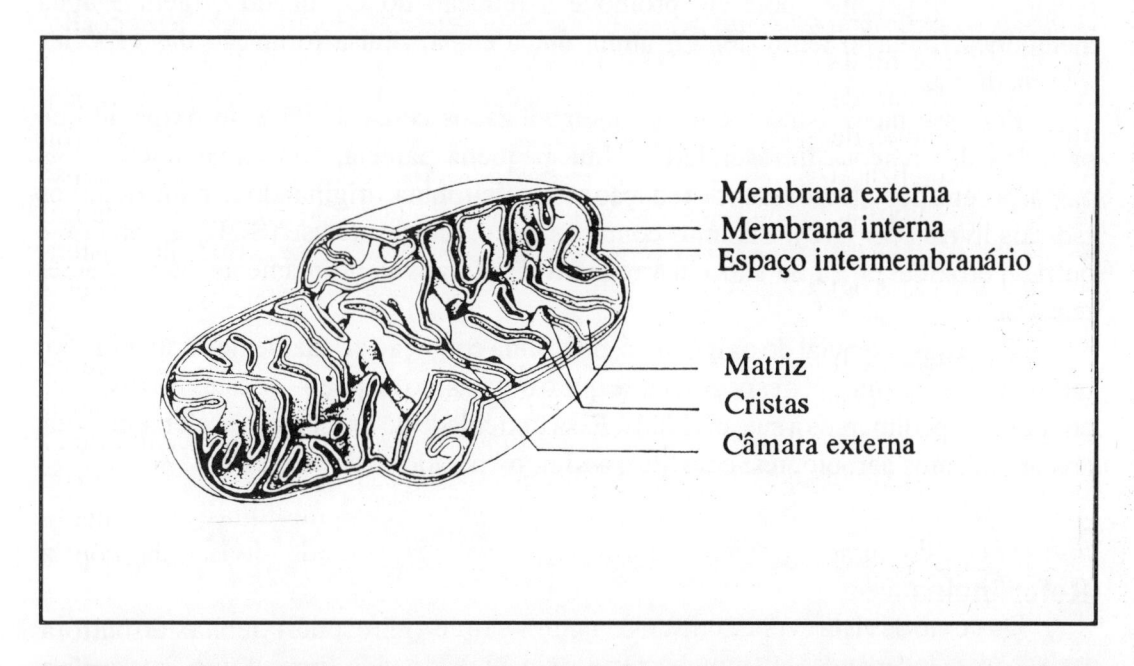

Membrana externa
Membrana interna
Espaço intermembranário

Matriz
Cristas
Câmara externa

Figura 3.1 —Esquema tridimensional de uma mitocôndria, evidenciando a disposição característica da dupla membrana lipoprotéica. As intensas invaginações da membrana interna (preponderantemente protéica) constituem as cristas mitocondriais, cujo significado morfofuncional é o aumento de sua superfície com o fito de acomodar um número muito grande de enzimas, proporcionando uma imensa capacidade oxidativa a esta organela. As cristas comportam enzimas fixas (aderidas à própria membrana) que formam as cadeias respiratórias (unidades de transporte eletrônico), onde a maior parte do O_2 consumido sofre redução tetraeletrônica.

[Modificado de Wilkie, D. The Cytoplasma in Heredity, *1964].*

Esse é um processo contínuo de oxirredução (a chamada fosforilação oxidativa), que tem como aceptor final de elétrons o oxigênio. A união deste com os elétrons provindos da cadeia respiratória, mais os prótons do hidrogênio (que permaneceram em solução) origina a água metabólica. Essa é a função do oxigênio no processo respiratório: atuar como oxidante final, dando continuidade ao fluxo de elétrons pela cadeia respiratória.

Contudo, nem sempre essa rota do oxigênio, da absorção até a oxidação final dos hidrogênios na cadeia respiratória, é fielmente seguida. Em variadas condições, o oxigênio toma sua índole oxidativa de modo intempestivo, promovendo oxidações nefastas às estruturas celulares. Há, nesse caso, formação das chamadas espécies intermediárias do oxigênio ou *radicais livres,* que são extremamente reativas.

Ao final daquela seqüência de oxirreduções, o oxigênio é reduzido pela citocromo-oxidase, um complexo formado pelos citocromos a e a_3, além do cobre. Este último componente enzimático da cadeia respiratória constitui-se efetivamente no mais importante redutor do organismo, pois ele promove a redução do O_2 dando origem à água metabólica (redução tetravalente), numa única etapa, sem a formação das espécies intermediárias.

Por esse mecanismo é que são metabolizados cerca de 95% do oxigênio que participa das reações intracelulares. Uma pequena parcela, aproximadamente 5%, passa, porém, por um processo de redução monoeletrônica, originando os muito reativos radicais livres (O_2^-, $OH^\cdot$). Enzimas como a superóxido-dismutase (SOD), a catalase e outras peroxidases é que são encarregadas de desativar prontamente tais espécies reativas.

O perigo potencial do oxigênio, é, pois, uma condição eficazmente combatida por mecanismos bioquímicos específicos de que o organismo dispõe —se estes não tiverem, contudo, impedimentos à sua atividade. Essa toxicidade do oxigênio, um elemento vital aos organismos aerobiontes, constitui, assim, o "paradoxo do oxigênio".

Referências

Björkman, O., Berry, J., High-efficiency Photosynthesis, *Scientic American, 229:* 80, 1973.

Cotton, F. A., Wilkinson, G., *Advanced Inorganic Chemistry,* Interscience Publishers, Nova York, 1962.

Florkin, M., Mason, H. S. (Eds.), *Comparative Biochemistry,* vol. 2, Academic Press Inc., 1960.

Hayaishi, O. (Ed.), *Molecular Oxygen in Biology,* American Elsevier, Nova York, 1974.

Holland, H. D., The Geologic History of Sea Water, *Geochim. Cosmochim. Acta, 36:* 637-651, 1972.

Kroon, A. M., Saccone, C., *The Biogenesis of Mitochondria,* Academic Press Inc., Nova York, 1974.

Lehninger, A. L., *Bioenergetics,* 2^a ed., W. A. Benjamin Inc., Nova York, 1971.

Ozima, M., *The Earth —Its Birth and Growth,* Cambridge University Press, 1981.

Tedeschi, H., *Cell Physiology: Molecular Dynamics,* Academic Press Inc., Nova York, 1974.

Walker, J. C. G., *Evolution of the Atmosphere,* The MacMillan Publ. Co., 1977.

4

A Energética Celular e a Biogeração de Radicais Livres

A exata compreensão do processo pelo qual as células dos organismos superiores obtêm boa parte de sua energia nos remete ao estudo mais minucioso de uma organela ultra-especializada na respiração aeróbica: a mitocôndria. A mitocôndria é um corpúsculo intracitoplasmático bastante abundante, sendo o principal local de produção de ATP ligado ao consumo, também abundante, de O_2.

Em territórios onde a atividade metabólica é substancialmente mais intensa — *e.g.*, miofibras contráteis do tecido muscular esquelético, células hepáticas etc. — verifica-se uma maior população mitocondrial, que é uma adequação funcional frente à maior demanda energética. Em geral, cerca de 20% do volume citoplasmático é ocupado pelas mitocôndrias.

A estrutura básica da mitocôndria comporta um arranjo muito particular de duas membranas: uma externa, lisa, e outra interna, com intensos dobramentos formando as cristas; estas invadem e se entrecruzam na luz da organela. Disso resulta que a superfície interna da mitocôndria é maior que sua superfície externa, uma característica sobremodo importante na compartimentação metabólica da mesma; a superfície interna pode ser tanto maior quanto mais intensa for a atividade respiratória da célula. O espaço entre as cristas é preenchido por um material semifluido denominado *matriz*, onde acham-se numerosas enzimas (é onde dão-se as reações do ciclo de Krebs).

As membranas, de composição lipoprotéica, diferem estruturalmente também uma da outra, tendo a interna um teor mais elevado em proteínas. É nessa trama de lipídios (fosfolipídios) e proteínas várias que se ancoram os conjuntos enzimáticos da fosforilação oxidativa. Pode-se dizer que a membrana interna da mitocôndria possui, assim, características enzimáticas. As enzimas que compõem a etapa final do processo respiratório não estão, portanto, solúveis e dispersas pela matriz, mas sim firmemente aderidas à membrana interna, nas cristas, sendo que cada conjunto funcional forma uma "unidade respiratória". A membrana interna da mitocôndria é formada por muitos milhares dessas "unidades respiratórias".

A disposição ordenada de tais elementos, formando uma seqüência de eletronegatividade crescente por onde os elétrons "caminham", é denominada *cadeia transportadora de elétrons* ou simplesmente *cadeia respiratória*. Cada componente de uma unidade respiratória, ligado à crista mitocondrial, acha-se muito próximo do componente com o qual ele reage na seqüência de eletronegatividade. O que sucede nesse conjunto é um processo de oxidação-redução acoplado, isto é, ao mesmo tempo que os elétrons "caminham" pela unidade respiratória, reduzindo o elemento seguinte enquanto o anterior se reoxida (oxirredução alternada), num processo espontâneo, dá-se também o fenômeno da fosforilação: a energia do elétron é captada pelo ADP, formando-se, então, o ATP.

O arranjo seqüencial dos componentes que integram uma unidade respiratória começa pelas desidrogenases (tendo como cofator o NADH), enzimas estas que catalisam a oxidação de uma grande variedade de substratos. Seguindo o caminho redox estão as flavoproteínas e os citocromos; estes obedecem à seguinte ordem: cit. b $\Rightarrow$ $c_1 \Rightarrow c \Rightarrow (a\text{-}a_3)$. Os citocromos $a\text{-}a_3$ mais o cobre constituem a enzima citocromo-oxidase, que, ao final da cadeia de reações, encarrega-se de reduzir o oxigênio, fornecendo-lhe os elétrons e prótons para formar a água.

O oxigênio atua no final da seqüência redox, uma vez que é o componente mais eletronegativo, sendo então reduzido: ele é o aceptor final de elétrons (e prótons) do hidrogênio, oriundo das reações do ciclo de Krebs. Pelos citocromos, apenas elétrons transitam; os prótons permanecem em solução.

Considerando-se a glicose como exemplo de substrato fornecedor de hidrogênios, a oxidação de 1 só mol desta (1 mol $= 6,02$ x 10^{23} moléculas) a gás carbônico e água pode fornecer o equivalente a 686 Kcal! Mesmo que a oxidação de um certo substrato, como a glicose, fosse feita não em termos de moles, mas de uma única molécula, de forma direta, parte da energia — que se dissiparia — seria o suficiente para literalmente queimar a célula no decorrer do processo oxidativo. Contudo, isso não acontece, mesmo com a manipulação de tão grandes quantidades de energia, requeridas normalmente para o adequado andamento do metabolismo.

Para melhor lidar com os entraves do alto fluxo energético, a célula dispõe de mecanismos eficazes para transformar e distribuir a energia de modo ágil e seguro a todos os compartimentos interessados. Assim, a transferência da energia da molécula do substrato à molécula do ATP, ou sua simples dissipação, gerando calor, é feita de maneira escalonada, numa série de reações controladas por enzimas. Desse modo, apenas 2 elétrons por vez são conduzidos à cadeia respiratória, sendo sua energia liberada de forma gradativa em determinados pontos da cadeia. Esse processo é capaz de conservar cerca de 70% da energia liberada do substrato (sob a forma de energia química potencial). Tal mecanismo de conservação de energia é denominado *fosforilação oxidativa*.

Algumas implicações farmacológicas até podem ser deduzidas em acordo com o funcionamento desse mecanismo citado. É o caso, por exemplo, de uma droga empregada para o emagrecimento, derivada do hormônio da tireóide, o tiratricol (ácido triiodotiroacético). Este composto atua basicamente como um desacoplador da cadeia respiratória, isto é, ele impede o aproveitamento da energia dissipada no transporte dos elétrons e, conseqüentemente, a síntese de ATP. Com isso, a célula passa a oxidar mais substratos com menor aproveitamento: a conservação da energia torna-se menos eficaz. Assim, se consegue uma maior mobilização da reserva lipídica (lipólise) para obtenção de um rendimento energético não aumentado (maior catabolismo e menor anabolismo).

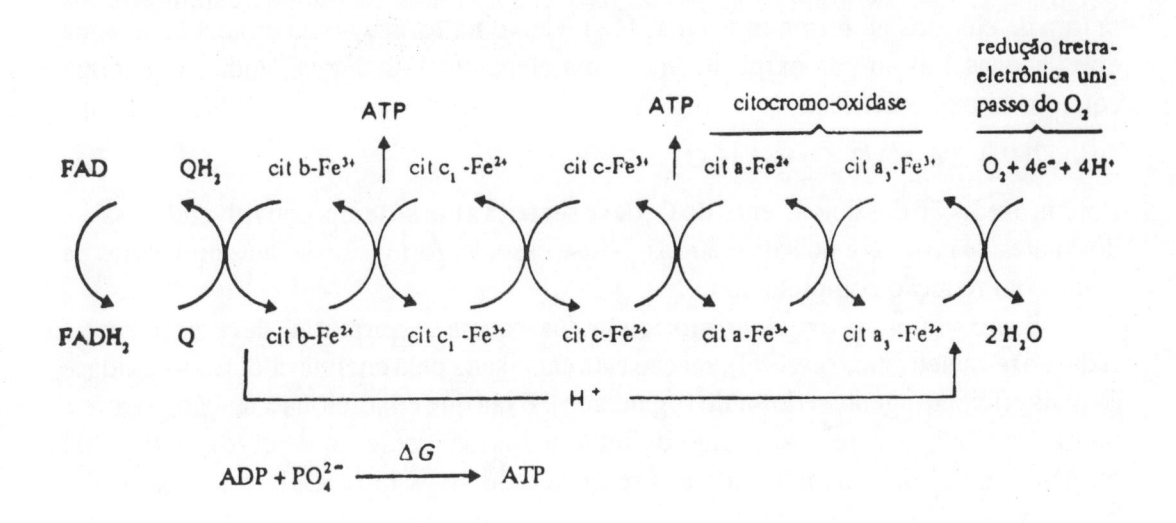

Figura 4.1 —Seqüência redox da cadeia respiratória mitocondrial. Até chegar à citocromo-oxidase, o fluxo eletrônico dá-se pelo "crescente de eletronegatividade" dos citocromos. A ação enzimática da citocromo-oxidase reduz, então, o O_2 num só passo de reação. Os prótons dos hidrogênios (H^+) ficam em solução, e, ao final da seqüência, entram na reação, juntamente com os elétrons, para formação da água metabólica. O escape de O_2 desta rota origina as EAO, pois fora dela dão-se comumente as reduções monoeletrônicas, ou seja, reduções incompletas do oxigênio.

Os citocromos (literalmente, *pigmentos celulares*) são estruturas *hêmicas*, isto é, possuem, à semelhança da hemoglobina, o núcleo protoporfirínico contendo no seu centro um átomo de ferro.

É esse átomo de ferro que sofre oxirredução quando o elétron transita por eles: o citocromo posterior, ao receber o elétron, reduz o anterior, e assim sucessivamente (um processo alternante) até chegar ao oxigênio. O íon cianeto (CN^-) e o monóxido de carbono (CO) são venenos poderosíssimos e atuam ligando-se com muita afinidade ao átomo de ferro citocrômico, paralisando, assim, o transporte de elétrons e, conseqüentemente, a respiração celular—é a chamada hipóxia histotóxica, ou seja, o oxigênio está disponível, mas não pode ser reduzido.

No evento respiratório celular, o oxigênio participa no final da cadeia transportadora de elétrons na forma molecular (O_2). Como na formação da molécula de água entra apenas 1 átomo de oxigênio (na forma elementar), deduz-se, então, a seguinte equação estequiométrica:

$$2H^+ + 2 e^- + 1/2\ O_2 \Rightarrow 1\ H_2O.$$

Porém, a redução dos dois átomos do O_2 deve ser feita a um só tempo, envolvendo, assim, dois pares de prótons e dois de elétrons. Nesse caso, há formação de duas moléculas de água, com redução completa do O_2.

Como vimos, o oxigênio molecular, na cadeia respiratória, deve sofrer uma redução tetraeletrônica (estável), reação esta catalisada pela enzima citocromo-oxidase (o mais eficiente agente redutor do organismo). É ela que condiciona a reação a ocorrer numa única etapa, sem a formação de intermediários instáveis, de cerca de 95% do oxigênio molecular que participa das reações oxidativas intracelulares. O oxigênio, contudo, possui uma índole rebelde a esse processo, com tendência a sofrer redução monoeletrônica (recebendo 1 elétron por vez). É assim que aproximados 5% do oxigênio são reduzidos no curso do metabolismo normal da célula, formando-se, então, as chamadas *espécies ativas do oxigênio* (EAO) ou simplesmente *radicais livres* (RL).

Em química, o termo *radical* é definido como sendo um grupo de átomos que atua como uma unidade, geralmente não existindo em estado livre. Tem-se, por exemplo, o radical amônio ($NH4^+$), metil (CH_3), fenil (C_6H_5), benzil (C_7H_7) etc. Os radicais constituem, portanto, apêndices ligados a um núcleo fundamental qualquer, conferindo a este características diferenciadas. Em moléculas orgânicas, por exemplo, os radicais influem na complexidade destas, conferindo-lhes propriedades químicas e físicas bem distintas, conforme a natureza do substituinte apenso ao seu núcleo.

Radical livre, por seu turno, é um termo que designa um átomo ou grupo de átomos com um elétron desemparelhado, isto é, com um elétron ímpar em sua órbita mais externa. São, por isso, compostos altamente reativos e com um tempo de vida incrivelmente fugaz, da ordem de milésimos de segundo. Apesar da breve existência, têm eles um certo instante de vida livre, no qual procuram avidamente reagir com a matéria circundante e assim adquirir estabilidade. São assim denominados de radicais *livres*, embora tal liberdade lhes seja muito pouco atraente.

Entretanto, radicais livres orgânicos, que formam estruturas volumosas, podem exibir uma espantosa estabilidade, muito diferente do que ocorre com os radicais inorgânicos do O_2. Isso deve-se ao fenômeno da ressonância (deslocalização de elétrons), originário da presença de várias ligações *pi* (π) na molécula. Um exemplo deste tipo de radical é o trifenilmetil, $(C_6H_5)_3C\cdot$, onde 3 núcleos benzênicos estão ligados a um carbono com elétron ímpar. A nuvem eletrônica, formada pela mobilidade dos elétrons, preenche toda a molécula, estabilizando, assim, o elétron desemparelhado.

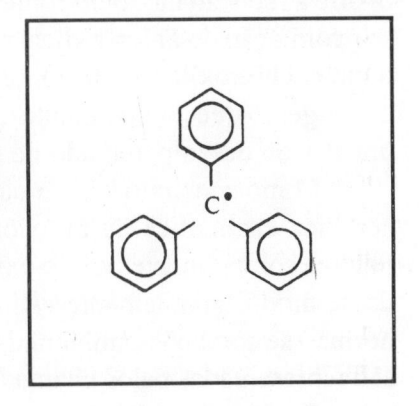

Figura 4.2 — Trifenilmetil: um radical livre relativamente estável. Nesta espécie radical, a deslocalização dos elétrons p dos anéis benzênicos forma uma nuvem eletrônica que preenche toda a molécula, estabilizando, desse modo, o elétron desemparelhado do átomo de carbono, compensando o seu momento magnético. A reatividade da molécula fica, assim, bastante diminuí-da pelo efeito de ressonância apresentado.

Na fisiologia, a denominação de radical livre é particularmente utilizada para alguns óxidos, onde, obviamente, tem-se a participação do oxigênio. Devido a isso, tais espécies químicas seriam mais apropriadamente denominadas radicais livres do oxigênio (abreviadamente RLO) ou oxirradicais. Vale lembrar que os óxidos formados com os elementos não-metálicos são compostos que apresentam ligação covalente, onde estão envolvidos *pares* de elétrons, segundo a tendência de se adquirir a configuração de 8 elétrons (exceto o hidrogênio) na camada de valência — *regra do octeto*. Desse modo, ligações formadas por número *ímpar* de elétrons são bastante incomuns, existindo, porém, nas espécies radicais livres.

O oxigênio molecular, O_2, em seu estado fundamental $(\ddot{\ddot{O}}\!\!:\!\!\dot{\ddot{O}}|O\,O)$ constitui-se num birradical de 16 elétrons, estando a configuração de ambos os átomos com 8 elétrons, pelo compartilhamento de 2 pares de elétrons: uma ligação *sigma* (enlace covalente) e uma ligação *pi*. O par eletrônico envolvido em cada ligação é contado duas vezes, pois os elétrons compartilhados orbitam em torno de ambos os núcleos dos átomos envolvidos. Pela estrutura de Lewis (representação por elétrons pontuados) para a molécula do O_2, demonstrada acima, vemos que cada átomo possui, na camada de valência, um elétron ímpar, não-emparelhado (nos dois orbitais π^*), o que de princípio poderia sugerir uma configuração de radical livre.

Estes elétrons não-emparelhados têm contudo, em seus orbitais externos (orbitais π^*_x e π^* ou orbitais 'antiligantes'), *spins* iguais (mesmo sentido de rotação), garantindo à molécula certa estabilidade, o que não permite caracterizar o O_2 como radical livre. A presença de uma ligação *sigma* (σ) e uma ligação *pi* (π) na molécula do O_2 perfaz 3 pontos de enlace entre os dois átomos (o *overlap* dos orbitais *sigma* e a bipartição dos orbitais *pi*), o que caracteriza a estrutura *triplet* do oxigênio.

Se, no entanto, ocorrer a entrada somente de energia na molécula do O_2, os *spins* dos dois elétrons desemparelhados tomam sentidos opostos, num mesmo orbital, originando o estado *singlet* do oxigênio (este, sendo capaz de emitir fótons). Quando ocorre a redução monoeletrônica (com a entrada de 1 elétron) da molécula do O_2, tem-se a formação do ânion radical superóxido ($O_2^{\bullet-}$). O ânion superóxido (ou hiperóxido) e o radical hidroxila (oxidrila), originado em reação posterior, são as espécies instáveis do oxigênio que efetivamente apresentam uma estrutura de radical livre, ou seja, com um elétron desemparelhado no orbital externo.

Como substrato básico da geração de RL na célula tem-se, assim, a própria via aeróbica enzimática da mitocôndria, envolvida na redução do oxigênio molecular. Fatores sobreponentes a isso existem e são inúmeros. A produção de radicais livres é, desse modo, grandemente estimulada (além das já regulares cotas do metabolismo normal) se condições ambientais passam a atuar de modo mais incisivo. Tais condições são representadas pelos chamados estímulos exogénos e endógenos.

Os fatores *exógenos,* promotores de uma hiperprodução de RL, incluem, por exemplo, o fumo, poluentes químicos ambientais, medicamentos, radiações ionizantes (raios gama e raios X) e não-ionizantes (bandas do UV); no tocante à dieta, algumas implicações também se fazem importantes, como um aporte aumentado de ferro e cobre, por exemplo, e uma sobrecarga de ácidos graxos poliinsaturados.

Os fatores *endógenos*, por seu turno, incluem principalmente as chamadas vias bioquímicas emergenciais, como a da produção de catecolaminas (na resposta ao estresse agudo ou crônico) e produção dos eicosanóides (*e.g.*, prostaglandinas, na resposta inflamatória); também o são os processos isquêmicos teciduais e a atividade fagocítica de leucócitos (polimorfonucleares, macrófagos). Esta última via, aliás, fundamenta suas ações valendo-se justamente dos radicais livres formados para destruir os microorganismos invasores.

As chamadas espécies ativas do oxigênio (EAO) são, como visto, produtos da redução incompleta do oxigênio molecular. As que são geradas no âmago da matéria viva compreendem o ânion superóxido ou hiperóxido ($O_2^{\bullet-}$), o oxigênio *singlet* ($^1O_2$), o peróxido de hidrogênio ou água oxigenada (H_2O_2) e a oxidrila ($OH^\bullet$). No íon superóxido, o oxigênio apresenta-se com nox = - ½ e no peróxido, nox = -1; constituem exceções, pois comumente o nox do oxigênio é -2.

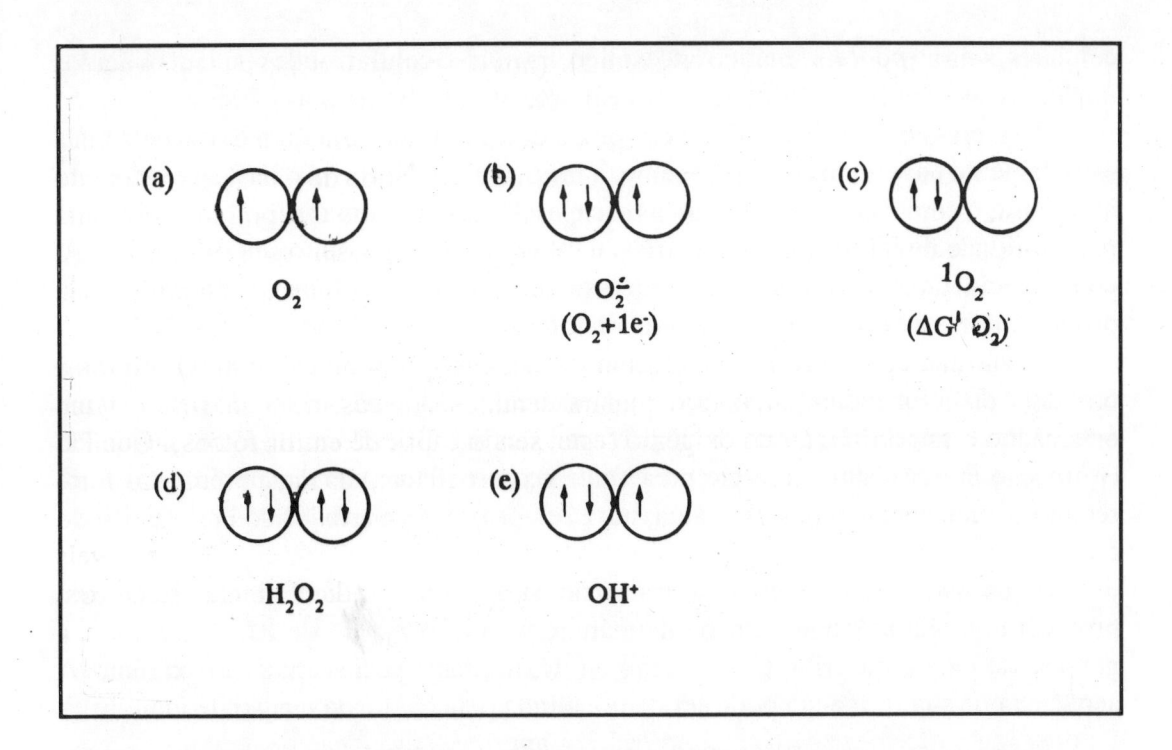

Figura 4.3 — Distribuição eletrônica nas espécies ativas do O_2 mostrando apenas os elétrons dos orbitais π* externos. As flechas indicam o spin do elétron (o seu sentido de rotação). Em (a), tem-se a estrutura do O_2 no estado fundamental; em (b), do ânion superóxido; (c), oxigênio singlet; (d), íon peróxido (do peróxido de hidrogênio) e, em (e), da oxidrila. Como se pode notar, apenas o ânion superóxido e a oxidrila possuem estrutura de radical livre, tendo, pois, 1 elétron desemparelhado (elétron ímpar) na camada de valência. A molécula do O_2 também possui 2 orbitais com 1 elétron ímpar em cada, assemelhando-se à estrutura de um radical; no entanto, esses 2 elétrons têm o mesmo spin. Sendo assim, o O_2 é mais estável que os radicais livres, pois sua molécula é estabilizada pela interação dos orbitais π*x e π*y, formando a estrutura triplet. O oxigênio atômico (nascente), por sua vez, que tem igualmente 2 elétrons desemparelhados, é bem mais instável, pois seus orbitais s e π* não têm restrição de spin (sem a estrutura triplet), exibindo, portanto, maior reatividade. Esta espécie possui, assim, as características de um radical livre, sendo responsável pelo alto poder oxidante do ozônio, por exemplo (dissociação espontânea em meio aquoso).

Das espécies ativas citadas, apenas o ânion superóxido e a oxidrila apresentam um elétron desemparelhado, sendo verdadeiramente espécies radicais livres. Disso resulta o modo de sua notação simplificada, tendo um ponto como índice. No caso do RL superóxido, que constitui um ânion, a notação contém também um traço, representando o seu nox negativo, seguido do ponto.

Todas as espécies ativas do oxigênio, radicais propriamente ou intermediárias (por exemplo a H_2O_2), têm contudo um elevado potencial tóxico para as células, ou seja, são agentes *citotóxicos*. Essa citotoxicidade se expressa em quaisquer compartimentos celulares, seja ao *pool* enzimático citossólico, no núcleo celular, onde residem os ácidos nucléicos, às membranas das organelas e à própria membrana plasmática.

É interessante observar, por exemplo, o que pode se passar com a organela mais estreitamente envolvida com o oxigênio: a mitocôndria. Nesta, não bastasse o contato muito direto com o O_2, com inevitáveis escapes de espécies ativas e, portanto, com alta probabilidade de injúrias membranárias, é sabido que ela possui o seu próprio DNA, com capacidade de se autoduplicar (independente da divisão celular); nesse caso, o seu próprio material genético está tambem à mercê de avarias pelo ataque dos RLO.

A entrada de 1 elétron na molécula do O_2 (redução monoeletrônica) origina a formação do ânion radical superóxido. Este radical, quando não inativado pelo sistema antioxidante da célula, é capaz de disparar reações amplificadoras na formação de RL (formação em cascata). Tem ele uma fraca ação oxidante, sendo, porém, um forte redutor. Como agente redutor ele atua, por exemplo, na regeneração do Fe^{2+} a partir do Fe^{3+}.

A participação de metais de transição, por sua vez, como agentes redutores, propicia uma via alternativa, não-enzimática, para a formação de RL; neste caso, a geração do radical oxidrila ($OH^{\cdot}$), a mais citotóxica das espécies ativas do oxigênio. A seqüência de sua formação pode ser demonstrada pela chamada reação de Fenton:

$$Fe^{2+} + H_2O_2 \implies Fe^{3+} + OH^- + OH^{\cdot} \text{ (radical oxidrila)}$$

Através de uma outra equação, a de Haber-Weiss, a reação ficaria explicitada da seguinte maneira:

$$M^{n+} + O_2^- \implies M^{(n-1)} + O_2$$
$$M^{(n-1)} + H_2O_2 \implies M^{n+} + OH^- + OH^{\cdot} \text{ (radical oxidrila)}$$

(Onde M é um metal de transição, estando indicados seus respectivos estados de oxidação).

Na hemocromatose e na doença de Wilson, onde há um acúmulo acentuado de ferro e cobre[1], respectivamente, no organismo, a geração do radical oxidrila acha-se, portanto, hiperativada.

Nesse caso, como visto, há a participação na reação do peróxido de hidrogênio (água oxigenada), que não se constitui numa espécie radical: é uma espécie intermediária, que é um elo do processo de formação em cascata de RL. O peróxido de hidrogênio (H_2O_2) é formado pela dismutação do radical superóxido ($O_2^{\cdot-}$), reação esta catalisada pela enzima superóxido-dismutase (SOD).

---

[1] O cobre, um metal do subgrupo 1-B, é na verdade um elemento *representativo*, uma vez que, ao contrário dos metais de transição, apresenta o subnível *B* completo. Contudo, como as propriedades dos elementos do subgrupo 1-B (cobre, prata e ouro) são semelhantes às dos metais de transição, alguns autores os classificam também como metais de transição. Por tal motivo, e pela abrangência bioquímica, citaremos o cobre sempre como elemento de transição, quando for feita menção ao processo de catálise não enzimática da formação de radicais livres (reações de Fenton ou Haber-Weiss).

A descoberta de tal mecanismo coube a I. Fridovich e J. McCord, em 1969, e a reação balanceada é a seguinte:

$$SOD$$
$$2\,H^+ + 2O_2 \Rightarrow O_2 + H_2O_2$$

O peróxido de hidrogênio, assim formado, pode ser, contudo, degradado pela enzima hêmica catalase, completando o ciclo de inativação enzimática da espécie radical superóxido, e não formando, nesse caso, o radical oxidrila:

$$catalase$$
$$H_2O_2 \Rightarrow H_2O + 1/2\,O_2$$

Além da dismutação do radical $O_2^{\cdot-}$ pela SOD, outra via é responsável também pela formação da água oxigenada, ou seja, quando o O_2 sofre redução bieletrônica, recebendo também dois prótons do hidrogênio:

$$O_2 + 2\,e^- + 2\,H^+ \Rightarrow H_2O_2$$

Outro mecanismo particularmente importante na biogeração de RL são os processos de isquemia seguidos de reoxigenação intensa. Esta condição é denominada de síndrome de isquemia-reperfusão, onde as causas do processo lesivo não residem exatamente no estado de hipóxia, mas sim quando o oxigênio volta a ser suprido, formando-se, então, espécies ativas do oxigênio.

A lesão isquêmica tissular advém, na verdade, de uma série de eventos que têm seu início marcado pela instalação da baixa perfusão sangüínea no tecido e conseqüente decréscimo na oferta de O. Esse processo, como se pode depreender, conduzirá a uma depleção do ATP, cuja síntese dá-se na cadeia respiratória mitocondrial. Não se formando o ATP a partir do ADP (difosfato de adenosina), passa a haver uma seqüência de reações catabólicas do ADP, originando sucessivamente o AMP (monofosfato de adenosina) $\Rightarrow$ adenosina $\Rightarrow$ inosina $\Rightarrow$ e hipoxantina, havendo grande acúmulo desta última.

Como conseqüência da depleção do ATP, há uma redistribuição dos íons cálcio no citossol — liberação a partir do retículo endoplasmático e efluxo mitocondrial. Essa descompartimentação, originando uma concentração citossólica alta de cálcio, promove a ativação de uma protease (a calpaína) que, enzimaticamente, converte outra enzima do citoplasma, a xantina-desidrogenase em xantina-oxidase, ou seja, uma enzima *oxidante* em uma enzima *redutora*, respectivamente.

Ao haver a reoxigenação, a xantina-oxidase atuará sobre o seu substrato, a hipoxantina, para transformá-la em xantina. Nesse processo, devido à formação de uma grande concentração de xantina-oxidase e com a oferta abrupta de O_2, formar-se-á, em excesso, o radical superóxido ($O_2^{\cdot-}$).

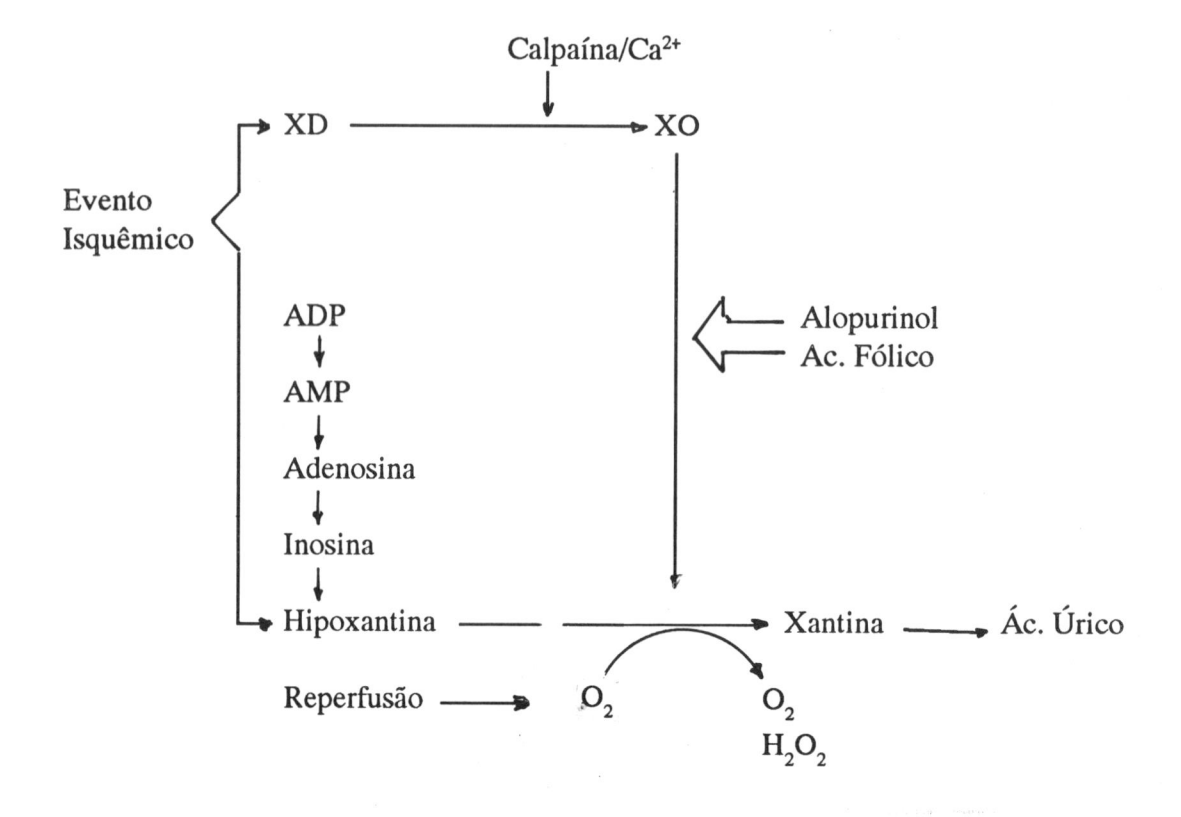

Figura 4.4 — Esquema mostrando a biogeração colateral de espécies ativas do O_2 oriunda da transformação da xantina-desidrogenase (XD) em xantina-oxidase (XO) no evento isquêmico. A XO atua na conversão da hipoxantina em xantina, bem como desta em ácido úrico. Tanto o alopurinol (uricosúrico clássico) como o ácido fólico (vitamina B_8) em altas doses podem bloquear o processo.

A xantina-oxidase é sintetizada originalmente na forma da xantina-desidrogenase, sendo que a conversão XD $\Rightarrow$ XO ocorre no evento isquêmico. É uma enzima particularmente abundante no coração, cérebro, intestino, pulmão e fígado. Na forma de desidrogenase (XD) ela não reduz o O_2, estando apta a reduzir somente o NAD^+; nesse caso, sua ação não origina espécies ativas do oxigênio. Na forma de oxidase (XO), no entanto, ela passa a valer-se do oxigênio molecular para efetuar a redução, formando, então, o ânion radical superóxido (O_2^-) e também peróxido de hidrogênio (H_2O_2).

A ação da calpaína ativa igualmente a fosfolipase A_2, enzima esta que catalisa o evento primário na síntese dos eicosanóides: ela mobiliza o ácido aracdônico (um ácido graxo poliinsaturado) dos fosfolípides da membrana celular, sendo ele o substrato básico de todos os componentes da série (prostaglandinas, prostaciclina, tromboxano etc.). Nas reações biossintéticas dos eicosanóides, que compõem a cascata do ácido aracdônico, há geração de hidroperóxidos, e estes, por sua vez, são aptos a formarem espécies ativas do oxigênio.

As ações deletérias das espécies RLO dão-se, por exemplo, no complexo enzimático das células, e nesse caso afetam igualmente as próprias enzimas das vias biossintéticas dos eicosanóides. Contudo, essas ações parecem afetar de modo acentuado a prostaciclina-sintetase, enzima responsável pela síntese da prostaciclina, PGI_2 (no sítio endotelial), um prostanóide que promove vasodilatação e desagregação de células sangüíneas, não atingindo a tromboxano-sintetase. Esta última catalisa a síntese do tromboxano (TXA_2) nas plaquetas, sendo ele promotor de vasoconstrição e agregação plaquetária.

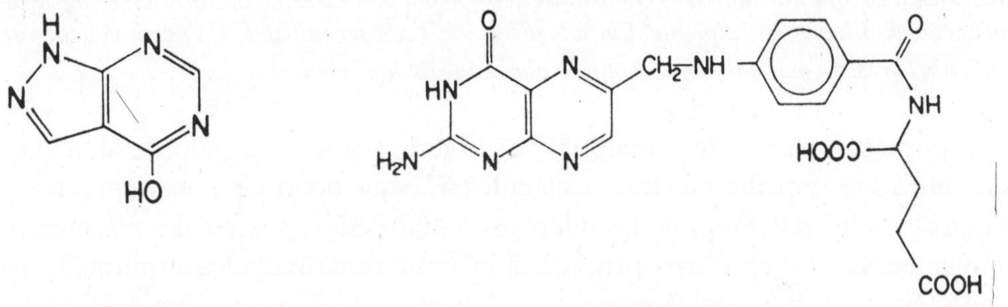

alopurinol
(uricossúrico)

ác. fólico
(vitamina B_8)

Figura 4.5 — Inibidores da xantina-oxidase.

Quando a relação PGI_2/TXA_2 pende em favor do segundo, compromete-se a reologia sangüínea, originando um estresse mecânico no endotélio vascular; esse evento produz, além da agregação plaquetária, um aumento da aderência destas ao próprio endotélio, originando possíveis focos ateromatosos. A própria produção aumentada do tromboxano origina colateralmente grande quantidade de hidroperóxidos que, como se sabe, são precursores de RLO. Essa via, quando em desequilíbrio, constitui-se, portanto, num círculo vicioso altamente injurioso aos tecidos.

Na resposta imunológica a um processo infeccioso — por exemplo, uma infecção bacteriana das vias respiratórias — há mobilização dos agentes efetuadores de reações mediadas por células, dentre as quais destacam-se o polimorfonuclear neutrófilo, os macrófagos e a célula K (*killer cell*). A função da atividade fagocitária, especialmente desenvolvida por neutrófilos e macrófagos (monócitos e histiócitos), é a de englobar material particulado, seja vírus, bactérias ou substâncias estranhas aos tecidos; nesse caso, tem-se o processo de *fagocitose* (do étimo grego *phagein* = comer, e citose = um ato celular). Quando o englobamento envolve material solúvel tem-se o processo de *pinocitose* (do grego *pinos* = beber).

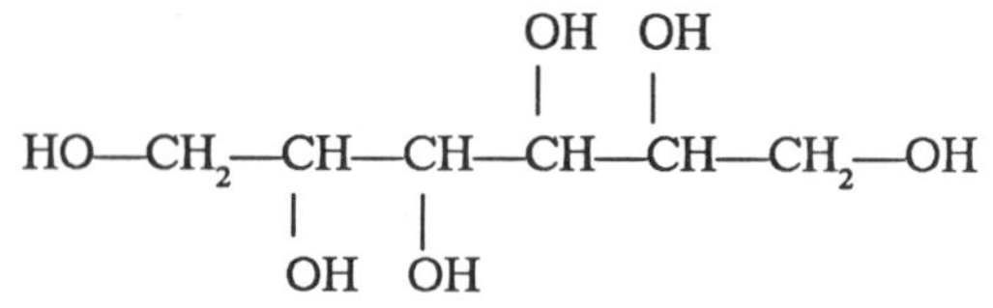

$$HO-CH_2-\underset{\underset{OH}{|}}{CH}-\underset{\underset{OH}{|}}{CH}-\overset{\overset{OH}{|}}{CH}-\overset{\overset{OH}{|}}{CH}-CH_2-OH$$

Figura 4.6 —*D-Manitol. Um álcool hexahídrico (hexitol), isômero do sorbitol. Em solução hipertônica (comumente a 20%) é utilizado (IV) como diurético osmótico. A exemplo do sorbitol, é empregado em farmácia como diluente e excipiente. Em solução a 5%, pode ser utilizado (IV) como eficaz varredor de radicais livres. Comercialmente, é obtido por redução da d-manose.*

Após o englobamento, o material ou é digerido ou armazenado, de modo que seja desmobilizado e impedido de lesar os tecidos. É o que ocorre, por exemplo, nas pneumoconioses, onde poeiras minerais microparticuladas são aprisionadas nos macrófagos pulmonares. Não obstante, o próprio acúmulo de microparticulados no pulmão provoca, a longo tempo (sob exposição continuada), processos fibróticos severos, levando a perdas consideráveis da capacidade ventilatória.

O processo fagocítico é uma modalidade de defesa de substancial importância contra uma série de patógenos, e a sua execução envolve um sofisticado aparato bioquímico presente nas células competentes para tal. A ação microbicida é culminada com a digestão do agente patógeno, comumente efetuada pelo *pool* enzimático lisossomial, que comporta dezenas de enzimas hidrolíticas (proteases, glicosidases, lipases, fosfolipases etc.). Porém, antes que esse processo ocorra, já no início do evento fagocítico uma primeira via enzimática inicia a efetuação da síntese das espécies ativas do oxigênio, que ultimam na formação dos RLO.

A primeira espécie radical a ser formada nesse evento é também o ânion superóxido ($O_2^{\cdot}$), pela ação da enzima NADPH-oxidase. A partir do radical superóxido outras espécies ativas do O_2 são originadas, havendo grande produção de EAO. Vale lembrar que na célula fagocitária inúmeras vias enzimáticas, incluindo também a da fosfolipase A_2 (formação dos eicosanóides), estão implicadas na geração de RLO, e essas vias, no conjunto, compõem o chamado *arsenal do fagócito*. Quando mobilizadas de forma veemente (com um alto consumo de O_2 pelo fagócito), em situações de combate a um agente patógeno, dá-se ao fenômeno a denominação de "explosão respiratória".

No estado de choque, pelo colapso das condições hemodinâmicas satisfatórias a uma boa perfusão sangüínea aos tecidos, tem-se estabelecida uma via particularmente importante na geração dos RLO: a isquemia-reperfusão, pelos mecanismos fisiopatológicos já comentados. No choque séptico, particularmente, a biogeração de RLO está muito aumentada devido à intensa ativação leucocitária, e a atividade fagocítica, como já vimos, vale-se da produção das espécies ativas do O_2 como via adjuvante à ação microbicida. Entretanto, como o fenômeno acha-se, no choque séptico, muito exacerbado, a hiperprodução de radicais livres afigura-se como um problema adicional aos tecidos.

No fenômeno da "explosão respiratória", um outra via, particularmente importante na atividade lítica contra patógenos, é a da formação do hipoclorito (CLO⁻), altamente destrutivo às estruturas microbianas e também aos tecidos sãos. Este é formado a partir do peróxido de hidrogênio (água oxigenada) pela catálise enzimática da mieloperoxidase; esta enzima acha-se particularmente presente em leucócitos da série granulocítica. Pela adição de uma molécula de água o hipoclorito se transforma em ácido hipocloroso. A reação deste com grupos amínicos de componentes do plasma resulta na formação de compostos cloramínicos, que exibem, igualmente, grande potencial microbicida.

Uma reação ulterior, do ácido hipocloroso com uma nova molécula de água oxigenada, origina outra espécie reativa do O_2, o oxigênio *singlet* ($^1O_2$), bastante reativo e que é responsável também pelo fenômeno de quimioluminescência dos fagócitos, na atividade lítica de microorganismos. Esse mecanismo é oriundo da emissão de luz pelo elétron *excitado* na retomada ao seu estado fundamental. A mensuração dessa emissão luminosa constitui-se num precioso teste de avaliação da atividade fagocítica dos leucócitos.

$$HClO + H_2O_2 \longrightarrow {}^1O_2 + HCl + H_2O$$

ácido   *oxigênio*
hipocloroso   *singlet*

neutrófilo   lise do

estimulado   patógeno

— fagossomo

1 — via da NADPH-oxidase: formação da espécie $O_2^{\cdot-}$

2 — via da fosfolipase A_2: ativação primária da formação dos eicosanóides (prostaglandinas, tromboxano, leucotrienos) e, colateralmente, hidroperóxidos

3 — via da mieloperoxidase: formação do hipoclorito (ou hipoiodito) e, em seqüência, espécies radicais oriundas destes

4 — via das hidrolases: liberação de diversas enzimas líticas lisossomiais (proteases, lipases, glicosidades etc.)

Figura 4.7 — Mecanismos enzimáticos que compõem o arsenal do fagócito. Tais vias ativadas constituem a chamada "explosão respiratória", que visa à destruição do patógeno, tendo como conseqüência um aumento do consumo de O_2 pela célula fagocitária.

Algumas substâncias químicas, por uso terapêutico ou por intoxicação através de contaminantes ambientais, quando ingressam na intimidade dos tecidos desenvolvem um peculiar mecanismo de ação, que desencadeia a formação dos RLO. Tais substâncias, atuando como fontes exógenas de RLO, incluem, por exemplo, as de uso terapêutico, como antibióticos antineoplásicos, drogas antimaláricas (derivados 4 ou 8-aminoquinoleínicos) e produtos agrotóxicos derivados da dipiridina (paraquat, diquat), empregados como herbicidas.

Os antibióticos antineoplásicos constituem um vasto grupo de substâncias, comumente metabólitos oriundos de actinomicetos (*Streptomyces* sp) que, por inibirem de maneira quase indistinta tanto células bacterianas quanto as eucarióticas (baixa seletividade de ação), não são usualmente empregados na terapêutica antibacteriana: são antibióticos de grande toxicidade às células do hospedeiro. Porém, na quimioterapia anticancerosa, mostram eles grande utilidade.

Dentre tais substâncias, podemos citar, por exemplo, a adriamicina (= doxorrubicina), empregada nos linfomas malignos (doença de Hodgkin e linfomas não-Hodgkin): apresenta mielo e cardiotoxicidade, produzindo ainda estomatite e alopécia; a daunomicina (= daunorrubicina), empregada nas leucemias agudas linfoblásticas e meieloblásticas, rabdomiossarcoma etc.: é mielotóxica e cardiotóxica; a bleomicina, utilizada na doença de Hodgkin, carcinoma de Kaposi, carcinoma de testículo etc.: é nefrotóxica, afetando também pulmão e pele; a actinomicina D (= dactinomicina), utilizada no tumor de Wilms, rabdomiossarcoma, carcinoma de testículo e útero etc.: é hepato e nefrotóxica, causando ainda náuseas, vômitos, diarréia e anorexia. Como dissemos, o grupo é vasto e inúmeros outros compostos existem.

As drogas antimaláricas ou antipalúdicas perfazem, igualmente, um grupo numeroso, porém aqui serão de nosso maior interesse os derivados quinoleínicos. Tais compostos podem atuar como esquizonticidas sangüíneos (nas formas assexuadas eritrocitárias), esquizonticidas tissulares (nas formas assexuadas pré-eritrocitárias), gameticidas (nas formas sexuadas), ou nas 3 fases, compreendendo, assim, um espectro amplo.

As 4-aminoquinoleínas compreendem, por exemplo, a cloroquina e a amodiaquina. As 8-aminoquinoleínas são representadas, por exemplo, pela pamaquina, primaquina, rodoquina etc. Tais substâncias são empregadas na forma de diversos sais: sulfato, cloridrato, etilcarbonato, fosfato, embonato etc. Devido ao fato de o plasmódio facilmente adquirir resistência às drogas do arsenal antipalúdico, novos compostos têm surgido com o fito de contornar tal problema. Dentre essas novas drogas destaca-se a mefloquina, que é um derivado 4-AQ.

O mecanismo de ação de ambas estas categorias de drogas, tanto os antibióticos antineoplásicos como os fármacos antimaláricos, parece dever-se a uma interação com os ácidos nucléicos (intercalação entre as bases nitrogenadas), ou então interferindo nos passos enzimáticos implicados com a replicação da molécula do DNA ou a transcrição desta ao RNA. Desse modo, seria interrompida toda a codificação matricial, a partir do DNA. São, por isso, denominadas de "drogas DNA-reativas". Outras categorias de fármacos antineoplásicos também atuam segundo esse mecanismo.

As drogas antimaláricas atuam de modo mais ou menos seletivo nos plasmódios, não interferindo tanto com o aparato bioquímico dos ácidos nucléicos no hospedeiro. Já os antibióticos antineoplásicos apresentam pouca seletividade de ação entre bactérias e células animais, tendo-a um pouco mais evidente, contudo, na célula cancerosa em relação à sadia. Esse fato é devido ao peculiar estado metabólico da célula neoplásica, muito mais ativo tanto no seu bioquimismo regular como no processo de divisão.

Os antimaláricos derivados da aminoquinoleína podem, pois, promover alterações histológicas também no organismo humano. A condição que demonstra maior gravidade são as lesões retinianas, de caráter irreversível, possíveis de ocorrerem no curso do tratamento com tais drogas ou mesmo tardiamente, após a interrupção de sua administração (caráter progressivo das lesões). O dano retiniano é mais freqüentemente imputado à cloroquina (um derivado 4-AQ), em doses altas.

As lesões da retina caracterizam-se por atrofia, despigmentação da camada neuroepitelial, perda do reflexo foveal, diminuição acentuada da visão escotópica e mesópica — podendo, não se intervindo a tempo, evoluir para a cegueira total. O mecanismo etiopatogênico dessa condição está provavelmente relacionado à grande geração de radicais livres, provocando, assim, peroxidação maciça dos lipídios da retina. Existe degeneração dramática da camada neuroepitelial, onde se encontram os cones e bastonetes, e também da camada coriocapilar, que é nutridora da retina.

Tanto preventiva quanto terapeuticamente nas lesões retinianas iniciadas deve-se lançar mão dos antioxidantes em doses elevadas, especialmente as vitaminas E e A, os carotenóides e os bioflavonóides. Consegue-se, desse modo, desenvolver ao nível das estruturas passíveis de lesão ou já inicialmente comprometidas uma ação reparadora, tanto na região fotossensível como na vascular, ao nível da microvasculatura acessória da retina.

Os fármacos citados mais os herbicidas da série dos dipiridínicos (paraquat, diquat) atuam formando complexos com os ácidos nucléicos e íons de ferro. Esses complexos são altamente redutores (contendo especialmente o íon Fe^{2+}) e, em contato com o oxigênio, reduzem-no. Como um agente redutor, ao reduzir um substrato, é ele próprio oxidado, tais complexos estariam inativados se não fossem novamente reduzidos por um redutor celular qualquer, tal como o NADPH ou o próprio ânion superóxido (O_2^{-}). Assim, atuando à semelhança das reações de Fenton, Haber-Weiss e da dismutação do O_2^{-} (já descritas anteriormente), eles perpetuariam um ciclo redox (alternância de reações de redução e oxidação), originando de forma contínua as espécies ativas do oxigênio (EAO). São por este motivo denominadas substâncias *cicladoras de redox.*

Um tópico também importante, que merece ser comentado, é o hábito de fumar, pois se constitui num mecanismo grandemente gerador de espécies radicais, tanto de forma indireta, por ativação de vias bioquímicas celulares formadoras de EAO, como direta, onde a própria fumaça detém espécies radicais livres, geradas no processo de combustão do fumo.

A fumaça evolada do fumo é uma suspensão contendo vapores e substâncias particuladas dissolvidas. Como o meio de dispersão está na fase gasosa, tal sistema químico constitui um *aerossol.* Nesse aerossol estima-se que haja perto de 5 mil substâncias químicas diferentes, cerca de 700 das quais já identificadas. Destas, aproximadamente 80 detêm comprovado potencial oncogênico, isto é, implicadas com o desenvolvimento de cânceres.

Na fumaça acham-se presentes, por exemplo, dezenas de hidrocarbonetos aromáticos (sendo o benzoantraceno e o benzopireno os mais importantes), aminas aromáticas (nitrofenóis, nitroso-nornicotina etc.), metais pesados (níquel, cádmio etc.) e vários elementos radioativos (polônio-210, carbono-14, potássio-40 etc.). Tais substâncias, como se pode deduzir, exercem ação mais intensa, pelo modo direto como agem, nas mucosas das vias aéreas superiores e inferiores (orofaringe, traquéia, brônquios, bronquíolos e o espaço alveolar). Contudo, o efeito multissistêmico (em nível imunológico, cardiovascular, endócrino etc.), de todas essas substâncias é também muitíssimo relevante.

Se levarmos em conta que o pulmão possui uma superfície de cerca de $70 \, m^2$ e que esta detém uma grande capacidade absortiva, compreenderemos a razão dos efeitos multissistêmicos do fumo no organismo, uma vez que os seus componentes alcançando a corrente sangüínea serão transportados e distribuídos de forma intensa a todos os tecidos.

A ação mutagênica das substâncias contidas na fumaça do cigarro dá-se basicamente por 3 mecanismos: (1) pela interação com os ácidos núcléicos (intercalando-se entre as bases nitrogenadas), como é o caso dos hidrocarbonetos aromáticos policíclicos; (2) pela ação radioativa dos elementos instáveis, cujas emissões afetam diretamente o material cromatínico nuclear, e promovendo ionizações generalizadas na intimidade celular; e (3) pela geração das espécies radicais livres, visto o fumo aumentar a concentração tecidual dos metais de transição (Cu^{2+}, Cd^{2+} etc.) e também promover a ativação leucocitária, especialmente em nível pulmonar, atraindo, em grande número, macrófagos e neutrófilos.

O englobamento de partículas, pelo processo da fagocitose, e conseqüente ataque enzimático a elas realizado pelos macrófagos (alveolares e intersticiais) e neutrófilos (PMN) origina o fenômeno da explosão respiratória, com hiperprodução de RLO. A exemplo do que ocorre nas pneumoconioses, a morte e ruptura dos leucócitos libera enzimas proteolíticas como a elastase, produzida pelo neutrófilo. Esta, em condições normais, é eficazmente inativada pela antienzima alfa-1-antiprotease. Contudo, a ação do fumo desequilibra o sistema protease-antiprotease, promovendo, assim, danos ainda mais extensos à histoarquitetura alveolar. A expressão anátomo-patológica mais dramática dessa condição é o enfisema.

As ações dos radicais livres a partir do fumo não se acham, todavia, restritas aos mecanismos indiretos de sua formação, como já comentado — tanto pela ativação leucocitária em nível pulmonar, como pela presença de metais de transição e elementos radioativos na fumaça. A própria fumaça é veiculadora de espécies oxidantes, como os óxidos de nitrogênio, por exemplo. Estima-se que numa única tragada sejam admitidos à luz pulmonar cerca de 2×10^{15} espécimes oxidantes (!), promovendo, já de início, intensa inativação das antiproteases.

Desse modo, o fumo, mais do que a poluição ambiente, industrial ou automotiva, é um potente promotor da biogeração e veiculador direto de RLO. O hábito de fumar traz o agravante da constância e cronicidade, levando todo o trajeto das vias respiratórias a um contato intenso com os determinantes físico-químicos do fumo: alta temperatura da fumaça, presença de substâncias químicas irritantes altamente potentes (metais pesados, elementos radioativos etc.), estímulo à formação intracelular de radicais livres e veiculação direta de enorme quantidade de espécimes oxidantes.

Referências

Autor, A., *Pathology of Oxygen,* Academic Press Inc., Nova York, 1982.

Blake, D. R. *et al.*, Free Radical in Biological Systems — A Review Orientated to Inflamatory Processes, *Brit. Med. Bull., 43:* 371, 1987.

Bulkey, G. B., The Role of Oxygen Free Radical in Human Diseases, *Surgery, 94:* 407, 1983.

Ernester, L., Biochemistry of Reoxygenation Injury, *Critical Care Med., 16*: 947, 1988.

Fridovich, I., Superoxide Dismutases, *Ann. Review of Biochemistry,* vol. 44, p. 147, 1975.

Haugaard, N., Cellular Mechanisms of Oxygen Toxicity, *Physiol. Rev., 48:* 311, 1968.

Lehninger, A. L., *The Mitochondrion: Molecular Basis of Structure and Function,* W. A. Benjamin Inc., Nova York, 1964.

McCord, J. M., Fridovich, I., Superoxide Dismutase, an Enzimatic Function for Erythrocuprein (Hemocuprein), *J. Biol. Chem., 244:* 6049, 1969.

Nicholls, D. G., Intracellular Calcium Homeostasis, *Brit. Med. Bull., 42:* 371, 1987.

Olszewer, E., Radicais Livres e Isquemia por Reperfusão, *F. Médica, 97:* 223, 1988.

5

O Uso Terapêutico do O_2 — Oxigenoterapia

A administração do oxigênio constitui-se num artifício terapêutico ou preventivo de relevante utilidade em numerosas situações clínicas, onde o seu valor é mesmo de caráter medicamentoso. Sendo assim, o oxigênio molecular, na forma pura ou de misturas gasosas, é um elemento imprescindível no arsenal terapêutico das emergências médicas, por exemplo, onde a oxigenoterapia é, em algumas circunstâncias, a única medida realmente eficaz e salvadora.

A finalidade da oxigenoterapia intensiva é restabelecer a perfusão gasosa tissular aos seus níveis adequados, e para isso é necessário que haja também condições satisfatórias de fluxo sangüíneo, sem as quais a reoxigenação pelas manobras terapêuticas não se efetivaria. Assim, a eficácia da oxigenoterapia é diretamente proporcional às condições hemodinâmicas do paciente.

O transporte do O_2 no sangue é feito em sua maior parte pela fração combinada, ou seja, ligado à hemoglobina das hemácias (na forma de oxi-hemoglobina); apenas uma fração mínima é carreada livremente, dissolvida no plasma. Esta última representa cerca de 0,3% do O_2 transportado, ou seja, 0,3 ml por 100 ml de sangue; a fração combinada representa, por sua vez, cerca de 19,7%.

Cada 100 ml de sangue encerra normalmente o conteúdo de 15 g de hemoglobina, com uma capacidade de fixação máxima de 1,34 ml de oxigênio. Desse modo, o índice de 20 volumes % representa o nível de saturação hemoglobínica (15 x 1,34 = 20,1 volumes %). É, portanto, impossível aumentar tal índice pelo fornecimento intensivo de O_2. Essa quantidade de O_2 passível de ser conjugada à hemoglobina é o que se denomina de *capacidade oxifórica* do sangue (*oxi* = oxigênio, *foros* = transporte).

É bom lembrar, contudo, que à pressão atmosférica normal (760 mmHg) e respirando ar, a saturação hemoglobínica nunca atinge o valor de 100%, ficando sua carga máxima próxima a isto, em torno de 95% de saturação. Nessas condições, tem-se para o O_2 combinado a percentagem de 19,7%, e para o O_2 plasmático, 0,3%.

Quando se administra o oxigênio puro, no entanto, o poder de saturação da hemoglobina atinge valores muito próximos de 100% (situando-se nos limites da capacidade oxifórica máxima). Nessas condições, o conteúdo combinado permanece nos 20 volumes %, sendo que o conteúdo plasmático eleva-se de 0,3 para cerca de 2,08 volumes %.

Nas situações mencionadas, onde a administração do O_2 é feita à pressão atmosférica normal (760 mmHg) ou 1 atmosfera absoluta (1 ATA), tem-se o caso da chamada oxigenoterapia *isobárica* (OIB). Quando o O_2 é administrado a uma pressão maior que 1 ATA, o procedimento denomina-se oxigenoterapia *hiperbárica* (OHB). Assim, em condições hiperbáricas, a uma pressão de 3 atmosferas absolutas (3 ATA = 2.280 mmHg), por exemplo, a capacidade oxifórica se mantém, porém o O_2 plasmático se eleva ainda mais, passando ao valor de 6,78 volumes%.

O procedimento da oxigenoterapia hiperbárica é realizado em câmaras especiais (câmaras hiperbáricas) e tem como fundamento aumentar em muito a quantidade do O_2 plasmático e, conseqüentemente, a pressão parcial deste gás aos tecidos, uma vez que é justamente a fração do O_2 dissolvido a que está relacionada diretamente à perfusão tissular. Mesmo o O_2 hemoglobínico deve ser dissociado no sangue periférico para assim ser difundido e utilizado na energética celular. A fração dissolvida tem, contudo, quando aumentada, uma maior velocidade de difusão aos tecidos hipóxicos.

Como vimos, a capacidade oxifórica não pode ser alterada pela suplementação intensiva do O_2; por outro lado, o teor plasmático de O_2 pode, tendo aumentada, assim, sua pressão parcial arterial. Esse fenômeno obedece aos princípios físicos da Lei de Henry, a qual postula que a quantidade de um gás dissolvido em um líquido é proporcional à pressão parcial do gás na superfície do líquido. A *pressão parcial* designa a pressão que exerceria um componente de uma mistura gasosa se ele sozinho ocupasse o volume total da mistura, à mesma temperatura. Assim, aumentando-se a pressão parcial do oxigênio no lume pulmonar tem-se uma maior difusão alveolar e maior dissolução plasmática deste.

O processo da hematose, realizado ao nível pulmonar, compreende basicamente 3 etapas na absorção do O_2: *ventilação, difusão* e *perfusão*. A difusão pulmonar é a passagem do O_2 da superfície alveolar externa ao sangue (transpondo a "membrana alvéolo-capilar") e através deste perfundido a todo o organismo, e a saída do CO_2, que, por sua vez, passa do sangue à superfície alveolar externa, sendo então expirado.

A difusão pulmonar é um processo de transporte *passivo*, regido pelas leis da difusão dos gases através de membranas permeáveis, e o seu mecanismo é comandado pela existência de gradientes tensionais entre os alvéolos e os capilares. Nos alvéolos, as pressões parciais são determinadas pela relação ventilação: difusão; nos capilares, pela relação difusão: perfusão. Assim, na superfície alveolar o PO_2 é maior e nos capilares pulmonares é maior a PCO_2, o que condiciona o trânsito gasoso no sentido da passagem alvéolo $\Rightarrow$ capilar para o oxigênio e inversamente para o gás carbônico.

A oxigenoterapia, ministrada em suas diversas formas (seja por máscara, catéter nasal, tenda de O_2 ou câmara hiperbárica), tem um leque bastante amplo de aplicações, sendo que a veiculação do O_2 pode ser feita na sua forma pura ou em misturas gasosas, comumente com os chamados gases fisiologicamente inertes, na proporção de 50%. Assim, as misturas para usos aeróbicos são: oxigênio + argônio, oxigênio + hélio e oxigênio + nitrogênio. Tais gases adjuvantes são quimicamente inertes no organismo (não são metabolizados), apresentando contudo, em certas circunstâncias, peculiaridades físicas importantes, como é o caso do seu uso em mergulhos profundos, sob pressões muito elevadas.

Consoante o gradiente de pressão em que é ministrado o O_2, o procedimento da oxigenoterapia pode ser classificado como *isobárico* (sob pressão atmosférica normal = 760 mmHg) ou *hiperbárico* (sob uma pressão atmosférica mais intensa, > 760 mmHg). O procedimento hiperbárico só é realizado através das câmaras especiais (as chamadas câmaras hiperbáricas), cuja operacionalidade exige cuidados bastante rigorosos tanto no aspecto técnico do equipamento como no aspecto clínico do paciente.

As indicações da oxigenoterapia isobárica incluem, por exemplo, as condições de hipóxia, intoxicação medicamentosa, trauma torácico e craniano, na reanimação cárdio-respiratória, na hemotoxicidade por substâncias metaemoglobinizantes (nitritos), na DPOC (como o enfisema, estado de mal asmático), nas intoxicações pela amônia, monóxido de carbono etc.

A oxigenoterapia hiperbárica, por sua vez, está igualmente indicada num grande número de patologias, tais como as intoxicações graves pelo monóxido de carbono (o O_2 hiperbárico desloca o CO_2 da carboxiemoglobina), como tratamento auxiliar na radioterapia (a sensibilidade da célula neoplásica é aumentada nessas condições, dado haver grande formação de radicais livres), estados de choque, infecções por anaeróbios, como a miosite clostridial (gangrena gasosa) etc.

A manipulação do O_2 reserva, contudo, certos riscos que só a estrita observância dos cuidados exigidos pode evitar. Os cuidados que se impõem referem-se às normas técnicas do uso dos equipamentos, seja no procedimento isobárico ou no hiperbárico, e as implicações fisiológicas no paciente advindas do próprio fornecimento do oxigênio.

Como sabemos, o oxigênio é um elemento altamente oxidante e sua administração intensiva é bastante irritante aos tecidos, tanto na superfície de contato das vias aéreas como na intimidade celular, onde ele participa do processo respiratório. A correta umidificação minimiza, mas não impede a irritação da mucosa pelo O_2 e é preciso levar em conta que o seu caráter citotóxico é imensamente elevado em tais situações, pelos mecanismos de geração das espécies radicais.

A administração de O_2 puro por tempo prolongado comumente acarreta ao paciente desconforto retroesternal e sensação de dispnéia. Quando a fração inspirada do oxigênio (FIO_2) situa-se num patamar elevado (acima de 60%), há grande possibilidade de lesão no epitélio alveolar, provocando reações fibróticas, como a fibrose intersticial evolutiva. Essa toxicidade do O_2 pode levar, como visto, ao próprio agravamento da insuficiência pulmonar.

Em pacientes portadores de DPOC, por exemplo, a administração intempestiva do O_2 em crises de exacerbação da insuficiência ventilatória pode até mesmo provocar a abolição dos estímulos aórticos e carotídeos e conseqüentemene a apnéia, com falência cardiovascular.

Os corpúsculos aórticos e carotídeos são estruturas quimiorreceptoras que se localizam na altura da croça da aorta e da bifurcação da carótida primitiva, respectivamente, constituídos extravascularmente (não confundi-los com os *seios* aórtico e carotídeo, constituídos na própria parede vascular e que são pressorreceptores — ou barorreceptores —, responsáveis pela estabilização da PA nos grandes vasos).

Esses quimiorreceptores, ditos periféricos, são estruturas sensíveis a determinadas alterações químicas e físicas na composição sangüínea, como a pressão parcial do oxigênio (PO_2), pressão parcial do dióxido de carbono (PCO_2) e o pH. Eles respondem tão-somente às variações físico-químicas do sangue que os perfunde, e o seu tempo de resposta é bastante curto, em contraposição aos quimiorreceptores centrais (de localização bulbar), cujo tempo de resposta é mais demorado.

Em condições de queda da PO_2 (hipóxia) e/ou alta da PCO_2 (hipercapnia) ou ainda queda do pH (acidemia) há um efeito estimulatório aos quimiorreceptores, que irá produzir aumento da freqüência respiratória, do volume corrente, elevação das cifras da tensão arterial, taquicardia etc. Tais modificações fisiológicas visam ao restabelecimento da normóxia.

Quando se administra intensivamente oxigênio puro, tem-se uma elevação bastante grande da PO_2 (acima dos normais 100 mmHg), provocando abolição dos reflexos dos quimiorreceptores periféricos, reação esta denominada "desnervação fisiológica". A ativação aórtico-carotídea será restabelecida se houver ulterior aumento da PCO_2. Vale lembrar que a variação da pressão parcial do CO_2 é que constitui o estímulo mais importante na regulação química da respiração.

No paciente portador de limitação crônica do fluxo aéreo, esse mecanismo de modulação encontra-se um tanto alterado, sendo que as respostas fisiológicas provenientes dos corpúsculos aórticos e carotídeos desenvolvem-se, nesse caso, por vias limitadas. Assim é que, por haver nesses pacientes uma PCO_2 constantemente elevada (hipercapnia), os quimiorreceptores já não mais respondem a esse estímulo, ficando a regulação a cargo tão-somente da baixa da PO_2 (hipóxia). Com a administração intensiva de O_2, suprime-se esse único estímulo, com conseqüente depressão do reflexo respiratório e instalação da apnéia.

No recém-nascido de pré-termo, a oxigenoterapia é freqüentemente indicada, especialmente na vigência de insuficiência respiratória (SARI) ou índice de Apgar abaixo de 6. No caso específico deste tipo de paciente, os riscos do procedimento são grandes, notadamente na oxigenoterapia contínua. Os danos observáveis são mais intensos para o lado ocular e das vias respiratórias.

O neonato, e especialmente o prematuro, apresenta uma labilidade orgânica muito grande, pelo motivo de a organização tecidual, em níveis gerais, encontrar-se ainda fragilmente estabelecida. Esse fator tem grande importância para o caráter farmacodinâmico das drogas, e não haveria de ser diferente também para o oxigênio, na concepção de verdadeiro fármaco que é em variadas situações.

Desse modo, para o lado ocular, a oxigenoterapia intensiva pode acarretar com freqüência uma fibrose intensa da retina, que acaba se descolando e indo se fixar detrás do cristalino. Essa condição é conhecida como fibroplasia retrolenticular (literalmente, "crescimento fibroso detrás do cristalino") ou doença de Terry; sua seqüela, dramática, é a cegueira.

Hoje, já se conhece bastante acerca dos seus mecanismos patogenéticos, sabendo-se que ela é provocada por uma maciça peroxidação lipídica na retina, oriunda, por sua vez, da intensa produção de radicais livres desencadeada pela presença abundante de O_2 no território ocular. Vale observar que o neonato prematuro, especialmente, possui teores praticamente nulos de substâncias antioxidantes, notadamente as de caráter exógeno (vitaminas E, C, beta-caroteno), substâncias sabidamente eficientes na prevenção das lesões oxidativas causadas pelas espécies ativas do O_2.

No último passo do processo de difusão, o oxigênio deve ainda transpor a membrana eritrocitária para alcançar a molécula da hemoglobina e assim combinar-se com ela reversivelmente. A carência extrema de vitamina E, especialmente em crianças, pode acarretar a anemia hemolítica, pelo fato de a membrana da hemácia ser muito sensível à peroxidação lipídica.

Na administração intensiva de O_2 a prematuros, a grande difusão deste gás através da hemácia e a existência de níveis precários de antioxidantes — sobretudo a vitamina E, que possui caráter lipofílico e por isso participa diretamente da composição das membranas — conduz, com muita facilidade, à hemólise. A interferência na integridade e funcionalidade da membrana eritrocitária leva a uma grande destruição globular e, conseqüentemente, à anemia.

O trajeto das vias respiratórias não é menos afetado. Nesse território, tanto o epitélio alveolar como o brônquico sofrem grande injúria pelo uso prolongado do O_2. As seqüelas identificadas no sistema respiratório compõem o quadro sindrômico da chamada displasia broncopulmonar, uma condição que compreende áreas circunscritas de enfisema lobular e também pronunciadas lesões bronquiolares.

Esse acometimento displásico pode ser evitado se forem restabelecidos a tempo os níveis plasmáticos e tissulares dos antioxidantes, com especial ênfase às vitaminas E (DL-α-tocoferol), A (retinol) e o elemento selênio. A vitamina A, como se sabe, exerce intensa regulação na celularidade ectodermal, sendo capaz de prevenir e corrigir processos displásicos, mesmo severos.

Os antioxidantes biológicos, tanto endógenos (enzimáticos) como exógenos (vitamínicos, minerais etc.), são igualmente de utilidade para os casos referidos de hemólise e na prevenção do acidente fibroplásico retrolenticular. Nessa última condição, o emprego dos bioflavonóides (rutina, hesperidina, diosmina e inúmeras outras flavonas e flavonóis) são de muita valia também na proteção da circulação coriocapilar, que nutre a retina.

Tais substâncias agem de modo eficaz na manutenção da integridade da parede capilar e demais vasos. Ao nível vascular, atuam em sinergismo com a vitamina C. Ao nível retiniano, atuam em sinergismo com os aldeídos da vitamina A nas interconversões enzimáticas do ciclo de Wald, mecanismo responsável pela regeneração da púrpura retiniana (rodopsina).

Uma outra indicação precisa da oxigenoterapia isobárica — e que também deve ser acompanhada das medidas anti-radicais livres — é nas condições de aclimatação a grandes altitudes, onde a atmosfera torna-se bastante rarefeita. Vale lembrar que a pressão atmosférica ao nível do mar é de 760 mmHg; já a 3.000 m, por exemplo, é de apenas 523 mmHg. Havendo diminuição da pressão parcial atmosférica do O_2, conseqüentemente a PO_2 alveolar também sofrerá um decréscimo, com menor difusão e instalação da hipóxia.

Os mecanismos compensatórios, desencadeados pela ativação dos quimiorreceptores (*e.g.*, aumento da ventilação e do volume corrente) só são efetivamente estabelecidos em altitudes acima de 4.000 m e após alguns dias. Exposições breves a grandes altitudes trazem no indivíduo não aclimatado uma série de sensações desconfortáveis originadas pela condição hipóxica.

Tais sensações são comumente experimentadas pelos alpinistas, notadamente os que se aventuram em escaladas a grandes altitudes, como na cordilheira do Himalaia, e se caracterizam por lassidão, sonolência, dores musculares, cefaléia intensa, náuseas e grande redução da acuidade mental e dos reflexos motores, manifestações agudas do chamado "mal das Montanhas".

A síndrome crônica advinda da permanência demorada a grandes altitudes (conhecida como "Moléstia de Monge") compreende alterações hemodinâmicas de caráter drástico, envolvendo, por exemplo, policitemia (aumento demasiado do volume globular = hematócrito), aumento do coração direito, insuficiência cardíaca congestiva e obstruções vasculares, por compactação globular nos vasos capilares.

Uma condição que excepcionalmente pode também ocorrer é o chamado edema pulmonar neurogênico (EPN). O seu mecanismo fisiopatológico desencadeador origina-se da própria condição de hipóxia e da acidose respiratória (oriunda da hipercapnia = alta PCO_2), que promovem uma intensa resposta simpática alfa-adrenérgica.

A vasoconstrição generalizada, produzida pelo estímulo alfa-adrenérgico, faz com que ocorra uma redistribuição sangüínea, com desvio da massa circulante da grande circulação (sistêmica) para a pequena circulação (pulmonar) e conseqüente aumento da pressão venosa nesta última.

Disso resulta um grande extravazamento de líquido (semelhante ao plasma), que inunda os tecidos intersticiais e espaços aéreos do pulmão, comprometendo a superfície de trocas gasosas. Os sinais funcionais do EP compreendem grave dispnéia, cianose e tosse contínua com expectoração abundante.

As drogas alfabloqueadoras ou alfaadrenolíticas — os alcalóides do ergot (como a diidroergotoxina), o bufeniodo, a fentolamina — poderiam ser empregadas como agentes profiláticos, uma vez que podem abolir os efeitos da alfaestimulação periférica. Contudo, a administração do oxigênio é uma medida essencial, visto que a hipóxia, por si só, é causa de hipertensão pulmonar (cedendo com o fornecimento do O_2).

Na oxigenoterapia hiperbárica, por seu turno, há também uma série de envolvimentos de risco, havendo muitas contra-indicações ao seu uso. Os acidentes fisiológicos originam-se, por exemplo, das manobras de descompressão rápida, quando se empregam misturas contendo nitrogênio (e não O_2 puro), o que provoca formação de bolhas nos tecidos, com graves repercussões neurológicas e pulmonares, entre outras.

Existe, igualmente, o risco de se desencadear em crises epilépticas em indivíduos com tais antecedentes. Os chamados barotraumatismos podem lesar, por exemplo, estruturas do ouvido médio, seios cranianos etc., e caso haja infecções nestes sítios (otites, sinusites) pode inclusive ocorrer, pelo trauma a tais estruturas, uma propagação maior da infecção.

Em idosos não se indica a oxigenoterapia hiperbárica por causa das possibilidades maiores de danos por compressão, em função da existência de uma fragilidade tissular multissistêmica. Os efeitos hemodinâmicos promovidos pela hiperóxia (como a intensa vasoconstrição) podem trazer conseqüências mais sérias aos tecidos do paciente idoso, notadamente no território cerebral.

A diminuição do fluxo sangüíneo, como mecanismo compensatório à alta concentração de O_2, pode conduzir, secundariamente, a um menor aporte de outros nutrientes fundamentais à vitalidade tissular (glicose, aminoácidos, lípides), e do mesmo modo dificultar a remoção de metabólitos (CO_2, amônia) formados constantemente pelas reações celulares.

Igualmente, no neonato, os barotraumatismos seriam maiores. Nesse caso, a exemplo da oxigenoterapia isobárica nos prematuros portadores de SARI, o procedimento hiperbárico poderia levar mais facilmente ao acidente fibroplásico retrolenticular, à displasia broncopulmonar e à hemólise.

Várias indicações da oxigenoterapia hiperbárica são, contudo, bastante justificáveis, constituindo medidas terapêuticas de grande utilidade: nas intoxicações graves pelo monóxido de carbono, como adjuvante na radioterapia, nas septicemias por germes anaeróbios e outros casos, o seu uso bem conduzido redunda em consideráveis benefícios.

Nos processos infecciosos, como vimos anteriormente, as células fagocitárias valem-se de um sofisticado mecanismo bioquímico endógeno para, logo após a fagocitose, iniciar a lise do microorganismo englobado — um ataque efetuado pela intensa geração das espécies ativas do oxigênio (EAO), constituindo-se no fenômeno da chamada "explosão respiratória".

Em certas infecções de grande severidade, como as septicemias por anaeróbios e a gangrena gasosa, por exemplo, tem-se invocado o mecanismo fagocítico inicial de lise (através dos radicais livres) como fundamento à técnica da oxigenoterapia hiperbárica no tratamento de tais infecções.

Desse modo, pelo grande aumento da pressão parcial do oxigênio nos tecidos, haverá conseqüentemente maiores desvios oxidativos na célula, por reduções incompletas do O_2, formando-se, então, em grande quantidade, as espécies ativas do oxigênio. Disso se espera tanto um estímulo fagocítico, por maior disponibilidade de O_2 às vias bioquímicas formadoras de radicais livres no próprio fagócito, como também uma produção extracelular maior de tais espécies reativas, que podem atacar de modo direto e mais intenso a população microbiana.

Esse artifício pode se constituir num meio eficaz como auxiliar à antibioticoterapia em tais situações. Contudo, como sabemos, uma hiperprodução de RLO pode acarretar danos teciduais consideráveis no organismo, considerando-se a debilidade que este já enfrenta perante situações estressantes de tal magnitude.

O caráter altamente citotóxico dos radicais livres deve, pois, também ser levado em conta frente a quaisquer situações que se constituam em estímulo à sua formação. Procedimentos compensatórios devem assim ser instituídos também como forma de proteção aos tecidos diante das ações dos RLO, que contribuem diretamente para o reordenamento metabólico da célula — fator este de primordial importância na recuperação de uma patologia.

Tais procedimentos compensatórios compreendem o apoio nutricional balanceado e uma suplementação antioxidante bastante intensa. A alimentação de pacientes em estados consuntivos como o são as situações grandemente estressantes (politraumatismos, infecções graves, queimaduras etc.), seja enteral ou parenteral, requer, além dos elementos básicos (aminoácidos, lipídios, carboidratos), uma suplência vitamínico-mineral também intensiva, por sua capacidade reequilibradora do bioquimismo celular.

A suplência dos elementos antioxidantes, sejam os endógenos (superóxido-dismutase, glutationa-peroxidase etc.) ou exógenos (vitaminas, selênio, zinco, manitol, etc.), no curso da oxigenoterapia (iso ou hiperbárica) assume um papel fundamental, pela ação que desenvolve na proteção dos tecidos indenes, frente à produção exagerada dos radicais livres.

Modernamente, com os novos conceitos acerca do bioquimismo celular, torna-se imperativa a adoção de tais medidas anti-radicais livres como apoio à terapêutica de base, num grande rol de condições patológicas. Na oxigenoterapia, sobretudo, onde, inequivocamente, as próprias condições da hiperóxia fazem com que as espécies ativas do O_2 sejam produzidas em grande escala, a prevenção antioxidante constitui-se num procedimento impreterível quando o oxigênio for, de uma forma ou de outra, ministrado ao paciente.

Vale comentar ainda uma outra modalidade de uso de oxigênio, que pode mesmo ser considerada como oxigenoterapia. É o caso do uso do peróxido de hidrogênio ou água oxigenada e outros oxidantes, os quais se prestam exclusivamente ao uso externo.

Quimicamente, a água oxigenada é uma solução de H_2O_2, cuja concentração pode ser expressa em *volumes* ou então *moles/litro*. Assim, 1 volume de H_2O_2 liberta, na decomposição, x volumes de oxigênio, medidos nas CNTP (760 mmHg, 25°C). Uma solução de H_2O_2 de 20 volumes, por exemplo (disponível comercialmente), é aquela em que 1 litro da solução liberta 20 litros de oxigênio.

$$H_2O_2 \Rightarrow H_2O + 1/2\ O_2$$

Em moles/litro, teremos:

1 mol - 11,2 l $\boxed{x = 1,80\ molar}$
x moles - 20 l

Como visto, uma solução de H_2O_2 20 volumes tem molaridade 1,80 nas CNTP.

Em concentrações de 20 ou 10 volumes, a água oxigenada é empregada comumente como antisséptico em escoriações e ferimentos profundos. A aplicação de H_2O_2 nesses casos propicia condições aeróbicas ao microambiente do ferimento, impedindo, assim, que germes anaeróbicos (*e.g.*, o *Clostridium tetani*, bacilo causador do tétano) aí proliferem.

O mecanismo da ação germicida da água oxigenada pode ser entendido pela sua participação na formação de radicais livres locais, sendo eles os responsáveis pelo ataque e destruição de microorganismos. A reação de efervescência que se observa quando aplicamos H_2O_2 num ferimento deve-se à ação da enzima catalase, abundante no sangue, que a degrada (com liberação de oxigênio nascente), segundo a reação:

$$H_2O_2 \longrightarrow H_2O + 1/2\ O_2\ ou$$

$$H_2O_2 \longrightarrow H_2O + [O]$$

A formação de radicais livres a partir da H_2O_2, uma espécie ativa intermediária do oxigênio, pode se dar ou através do O_2 liberado pela ação da catalase (o O_2 recebendo 1 elétron e formando o radical superóxido) ou pelo mecanismo da reação de Fenton (a própria H_2O_2 recebe 1 elétron, originando as espécies oxidrílicas, $OH^- + OH^•$). O radical $OH^•$, como se sabe, promove intensamente reações de lipoperoxidação.

O próprio oxigênio em sua forma atômica, por ser muito instável, e, desse modo, altamente reativo, pode atacar com avidez o material circundante orgânico ou inorgânico. Desse modo, ele promove a oxidação dos componentes vitais do microorganismo, levando, por exemplo, a disfunções na permeabilidade de membranas e bloqueios enzimáticos que ultimam na paralisação das atividades metabólicas do invasor.

Uma condição curiosa e rara, cuja incidência é maior entre os japoneses, é a *acatalasia*, que se constitui na ausência congênita da enzima catalase no organismo. Em indivíduos acometidos por esse distúrbio genético, os acidentes por ingestão de H_2O_2 são situações da maior gravidade, pois o organismo não consegue degradá-la e isso provoca intensa oxidação da hemoglobina — formando metaemoglobina. Do mesmo modo, pela deficiente ação enzimática sobre a H_2O_2, o poder germicida desta, na aplicação tópica, ficaria pouco eficaz, pois haveria mínimo desprendimento do oxigênio nascente.

Outros compostos são igualmente empregados como antissépticos *oxidantes,* uma vez que promovem o desprendimento de oxigênio nascente (atômico). Além da H_2O_2, em solução a 3%, tem-se, por exemplo, o peróxido de benzoila, o ozônio, o permanganato de potássio ($KMnO_4$) em dissolução 1/10.000 - 1/5.000, o perborato de sódio (Na_2BO_4) etc.

Referências

Bennett, P. B., *The Aetiology of Compressed Air Intoxication and Inert Gas Narcosis,* Pergamon Press, Nova York, 1966.

_____ , Elliott, D. H., *The Physiology and Medicine of Diving and Compressed Air Work,* 2ª ed., Willians & Wilkins Co., Baltimore, 1975.

Brobeck, J. R., *As Bases Fisiológicas da Prática Médica,* Guanabara Koogan S.A., Rio de Janeiro, 1976.

Ciba Foundation Symposia, *High Altitude Physiology,* Churchill Livingstone, Nova York, 1971.

_____ , *Oxygen Free Radicals and Tissue Damage,* Excerpta Medica, Nova York, 1979.

Comroe Jr., J. H., *Fisiologia da Respiração,* 2ª ed., Guanabara Koogan S.A., Rio de Janeiro, 1977.

Haugaard, N., Cellular Mechanisms of Oxygen Toxicity, *Physiol. Rev., 48:* 311, 1968.

Robertshaw, D. (Ed.), *International Review of Physiology: Environmental Physiology* III, vol. 20, University Park Press, 1979.

West, J. B., *Respiratory Physiology — The Essentials,* The Willians & Wilkins Co., 1977.

Zimmerman, A. M. (Ed.), *High Pressure Effects on Cellular Processes,* Academic Press Inc., Nova York, 1970.

6

Citotoxicidade dos Radicais Livres e Patologias a Eles Relacionadas

O envolvimento das espécies radicais do oxigênio na patogenia de um grande número de moléstias é hoje fato irrefutável. Igualmente, no curso do envelhecimento normal, avolumam-se provas de que o decréscimo da vitalidade celular, com o avançar da idade, seja resultado dos danos acumulados pela ação dos radicais livres, uma vez que estes, como já vimos, são continuamente formados pelo próprio processo respiratório normal, por inevitáveis escapes do O_2 (processos de redução incompleta) na intimidade dos tecidos.

Conforme sua participação seja mais ou menos intensa na gênese de um distúrbio metabólico, as doenças por radicais livres podem ser classificadas como: (1) de natureza genética, (2) genético-ambiental e (3) ambiental. No capítulo 2, já havíamos comentado esse tópico, cujo embasamento fisiopatológico situa-se nos domínios da Medicina Ortomolecular.

Nesse contexto, as doenças de natureza genética são aquelas oriundas de distúrbios autossômicos recessivos, onde há uma falha na codificação para a síntese de determinadas enzimas — no caso, uma ou outra das enzimas "varredoras" de radicais livres, ou seja, os antioxidantes ditos *endógenos* (catalase, glutationa-peroxidase, superóxido-dismutase) — ou então a ausência de outro composto qualquer, que normalmente tem extensas implicações metabólicas; é o caso, por exemplo, da ceruloplasmina (na doença de Wilson).

Nos exemplos citados, o defeito genético está diretamente implicado na geração aumentada das espécies radicais ou então omitindo a resposta defensiva contra tais espécies, o que leva o organismo à uma vulnerabilidade muito maior mesmo diante da taxa normal de produção de RLO pelas vias da oxidação fosforilativa da célula.

No grupo das doenças genético-ambientais, por seu lado, haveria uma dada predisposição bioquímica que seria desencadeada e agravada pela exposição aos nóxios ambientais, seja da poluição coletiva (emissão de gases por escapamentos de automóveis, emissão de resíduos industriais etc.) ou da poluição particular (representada pela emissão de poluentes do tabaco).

Tais condições perfazem o complexo etiopatogenético de certos tipos de câncer, doenças cardiovasculares, doença de Parkinson e o enfisema pulmonar, por exemplo. Essas patologias têm, portanto, sempre um fator desencadeante, secundário, externo, que, quando em níveis exacerbados, não pode ser combatido com eficácia, e dessa forma origina lesões degenerativas mais sérias, comumente de caráter crônico-progressivo.

Tanto os aspectos errôneos da alimentação como certos hábitos nocivos (*e.g.*, tabagismo) são tidos como fatores fortemente influenciadores no desencadeamento de tais patologias. Em portadores da deficiência da antienzima alfa-1-antiprotease, por exemplo, e que são fumantes, as chances de desenvolvimento do enfisema são muito aumentadas, uma vez que o seu mecanismo fisiopatológico está centrado na intensa produção dos RLO em nível pulmonar e estes atuam na iniciação do processo.

No caso do enfisema, o déficit da antienzima alfa-1-antiprotease impossibilita a inativação das proteases, especialmente a elastase, liberadas por macrófagos e neutrófilos que, pela ação irritativa da fumaça do tabaco, são recrutados em grande número na intimidade pulmonar. Mesmo em indivíduos não-portadores da deficiência de alfa-1-antiprotease, e que são fumantes, a intensa produção de radicais livres locais também inativa a antiprotease.

As ações deletérias dos RLO no pulmão dão-se ainda sobre uma enzima de crucial importância para a manutenção da funcionalidade do órgão, que é a lisil-oxidase. Esta enzima atua na síntese da elastina (proteína-alvo do ataque da elastase). A elastina é uma proteína estrutural, essencial à mecânica insuflatória do tecido pulmonar, pois confere a este propriedades elásticas.

As doenças de natureza ambiental produzidas por radicais livres englobam, por sua vez, processos degenerativos, como processos oclusivos vasculares por aterosclerose, osteoartrite, certos cânceres (brônquico, pulmonar, cutâneo), processos de envelhecimento acelerado, mais exteriorizados nas características do tegumento e seus fâneros (embranquecimento do cabelo, aparecimento de rugas, manchas cutâneas pelo depósito de complexos pigmentares na epiderme etc.).

Tem-se ainda, nesse grupo, os envolvimentos de natureza iatrogênica, onde o próprio uso de fármacos no tratamento de uma patologia primária gera complicações secundárias, dado que muitas drogas podem propiciar a geração de radicais livres em abundância no curso do processo terapêutico.

Assim, a própria quimioterapia antineoplásica, por exemplo, é grandemente geradora de espécies radicais, especialmente com os compostos ditos DNA-reativos (adriamicina, bleomicina, mitoxantrona etc.). A quimioterapia antimalárica é igualmente uma condição que propicia a abundante formação de RLO (vide cap. 4); ambas essas terapias valem-se oportunamente desse mecanismo para justamente fulminar tanto células neoplásicas, cuja atividade mitótica é muito acelerada, como o plasmódio da malária, onde as drogas atuam com certa especificidade no seu material genético.

Outra modalidade de iatrogenia muito comum é a que ocorre na oxigenoterapia em bebês prematuros. Nesses pacientes, devido à imaturidade pulmonar que se reflete numa insuficiência respiratória grave (chamada síndrome da angústia respiratória idiopática, SARI, ou doença da membrana hialina), o uso do oxigênio torna-se uma necessidade.

Quando ainda havia pouco conhecimento acerca dos perigos advindos da ação dos radicais livres, a oxigenoterapia em prematuros era feita de forma intensiva e prolongada, o que fatalmente culminava em danos irreparáveis à retina do bebê, com cegueira permanente.

Dada a própria fragilidade dos tecidos que há nesses pequenos pacientes, somada aos baixos níveis plasmáticos e tissulares de antioxidantes (enzimáticos e vitamínicos), a administração do oxigênio trará, se feita de modo ininterrupto e sem a concomitante suplência dos elementos *oxidant scavengers*, conseqüências danosas aos tecidos, especialmente ao território ocular, provocando a fibroplasia retrolental, por maciça peroxidação lipídica na retina.

Além dos danos retinianos, o trato respiratório é igualmente sede de um processo displásico, com formações de lesões bronquiolares e enfisematosas. No prematuro já portador da SARI, como conseqüência desta toxicidade adicional do O_2, há um agravamento do quadro de insuficiência respiratória.

As lesões provocadas por RLO, estendendo-se à rede da microvasculatura pulmonar, torna esta suscetível de rompimentos em sua parede. Nestes casos, a hemorragia decorrente é invariavelmente fatal. A fragilidade capilar, portanto, é neste caso uma condição que também demanda medidas de apoio à manutenção da integridade da histoarquitetura de tais vasos. Além dos antioxidantes usuais, uma medida adicional que pode conferir boa proteção nesse sentido é a administração também intensiva dos bioflavonóides, compostos que desenvolvem marcante ação vasculotrópica (vide cap. 8).

Uma outra condição, na qual se vislumbra o potencial terapêutico dos varredores exógenos, especialmente a vitamina E, é no tratamento de apoio da Síndrome do Pulmão de Choque. Essa síndrome caracteriza-se por um quadro pulmonar grave, advindo de um envolvimento fisiopatológico agudo e súbito.

O evento precipitante desta condição pode até nem estar diretamente relacionado ao território pulmonar. Uma série de condições clínicas são consideradas fatores de risco para tal: lesão pulmonar aguda, transfusões múltiplas, politraumatismos, queimaduras extensas, sepse etc.

O mecanismo fisiopatológico mais aceito atualmente para explicar a Síndrome do Pulmão de Choque ou Síndrome da Angústia Respiratória do Adulto (SARA) baseia-se nas ações dos PMN, que são maciçamente ativados e recrutados ao sítio pulmonar pelos vários fatores quimiotácticos (PAF, complemento ativado, leucotrienos etc.). Os PMN, em grande número, aglomeram-se na microcirculação pulmonar (leucostase) e passam, então, a liberar enzimas proteolíticas, provocando lesões teciduais extensas, pois atacam o colágeno, a elastina e outras proteínas da histoarquitetura local.

O neutrófilo ativado, além de liberar proteases e outras enzimas, também tem ativadas as vias de geração de radicais livres (iniciada com a formação do ânion superóxido, pela NADPH-oxidase). As espécies ativas do O_2, muito reativas, atuam ampliando a extensão de danos ao tecido pulmonar — incluindo a membrana basal vascular —, aumentando a permeabilidade.

A permeabilidade aumentada figura como importante substrato à instalação do edema pulmonar e às alterações do surfactante, levando então a colabamento dos alvéolos, diminuição da complacência pulmonar, diminuição da capacidade residual funcional etc.

A formação aumentada dos RLO também ativa a produção do tromboxano — ação recíproca, pois a ativação da via de síntese deste aumenta igualmente a geração de RLO. O tromboxano atua promovendo vasoconstrição, agregação plaquetária e liberação de hidrolases lisossomiais.

Na Síndrome do Pulmão de Choque, o fenômeno da "explosão respiratória" dos neutrófilos parece não ter uma razão de ser bem estabelecida, ou seja, um alvo definido, como no caso dos processos infecciosos, onde os RLO são importantes agentes da lise bacteriana.

A mobilização dos mecanismos de varredura, pelos *scavengers* exógenos, em doses elevadas, pode reverter eficazmente a dramaticidade dessa condição. Nesse aspecto, também os antiinflamatórios não-esteroidais (DAINEs) poderiam ser benéficos, pelo fato de atuarem nos processos básicos da mediação humoral e também inibirem a formação de RLO pelos fagócitos.

Por estarem tão intimamente associados às vias metabólicas do organismo, tanto em condições patológicas como de absoluta normalidade, os radicais livres são espécies químicas que compartilham um contínuo convívio "doméstico" com os componentes celulares, podendo assim desenvolver interações toleráveis, controladas, ou então desenfreadas e danosas em quaisquer compartimentos. Essa potencialidade perigosa que os radicais livres encerram perfaz o chamado poder citotóxico, ou seja, a capacidade de lesar a célula é uma condição inerente a tais espécies reativas, mais ou menos intensa, de acordo com as várias circunstâncias.

A extensão de danos que os RLO podem provocar na célula é muito grande e eles podem ocorrer em todos os compartimentos celulares, desde o *pool* enzimático citossólico até a membrana plasmática e das organelas subcelulares. Nesse contexto, vale destacar a própria mitocôndria, que, por estar mais intensamente envolvida com o metabolismo do oxigênio, constitui também um sítio-alvo às ações dos RLO. Além da riqueza em enzimas solúveis (da matriz), a mitocrôndria possui em abundância enzimas membranárias e também o próprio material genético, todos estes componentes muito suscetíveis a reações oxidativas indesejáveis.

Uma das ações mais importantes desenvolvida pelos RLO dá-se sobre as membranas celulares, tanto a plasmática (que delimita externamente o citoplasma) como as membranas intracelulares, como as que compõem as estruturas das organelas subcelulares. As espécies ativas do oxigênio (EAO), e em especial o radical hidroxila (OH˙), atuam oxidando os componentes lipídicos de tais membranas, mais intensamente os lipídios insaturados, provocando a formação dos chamados peróxidos lipídicos. Essa ação é designada como *peroxidação lipídica* ou *lipoperoxidação*.

A peroxidação lipídica de membranas talvez constitua mesmo o evento citotóxico primário que desencadeia todo o rol de injúrias na célula. Alterações membranárias levariam, assim, a transtornos da permeabilidade, no caso da membrana plasmática, alterando o influxo iônico e de outras substâncias, perdendo, portanto, a necessária seletividade para entrada e/ou saída de nutrientes e substâncias tóxicas à célula.

No caso de membranas de organelas intracitoplasmáticas, a alteração de sua integridade redunda em transtornos na compartimentalização de funções especializadas e no intercâmbio entre os diversos compartimentos, visto ser ele muito intenso na organização celular.

Para o lado dos lisossomos, por exemplo, alterações funcionais de sua membrana levariam ao escape de enzimas hidrolíticas (proteases, glicosidases, nucleases, lipases, fosfatases). As hidrolases lisossômicas perfazem um vasto grupo de enzimas degradadoras, compreendendo seguramente mais de 40 enzimas. Estas, quando liberadas descontroladamente, passam a atacar e destruir indistintamente os componentes estruturais e funcionais da própria célula — constituintes lipídicos, protéicos, glicídicos e outros.

Alterações membranárias na mitocôndria, por sua vez, podem conduzir a uma apreciável perda do poder respiratório desta, levando assim a um decréscimo na sua capacidade de reduzir tetraeletronicamente o O_2, o que propicia um maior surgimento das espécies oriundas de reduções monoeletrônicas: as espécies intermediárias do oxigênio. Ademais, a produção energética, quantificada em termos de adenosinatrifosfato (ATP), também decai, condicionando aportes insuficientes à grande demanda da célula para suprir as necessidades frente à atividade biossintética.

Ações desagregadoras sobre os microtúbulos e microfilamentos — estruturas que atuam na manutenção da morfologia celular, exercendo a função de citoesqueleto — promovem alterações drásticas na forma da célula e suas funções interativas. Tais alterações nos microtúbulos e microfilamentos são especialmente promovidas por uma protease ativada, cálcio-dependente, a *gelsolina*. Alterações dessa natureza, que comprometem o arranjo estrutural e interferem na funcionalidade do citoesqueleto, são o que se denomina de *citoesqueletólise*. Esse fenômeno contribui, igualmente, para a perda das características funcionais da membrana plasmática.

As características estruturais apresentadas pela membranas biológicas, com um elevado conteúdo lipídico na sua constituição, nos fazem ajuizar bem a magnitude dos efeitos de radicais livres sobre tais estruturas, sendo alvos preferenciais os ácidos graxos insaturados, que compõem grande parte dos lipídios das membranas.

Um modelo de estrutura membranária bastante aceito, e que teoriza com muita propriedade as funções relativas a ela, é o chamado "modelo do mosaico fluido", proposto por Singer e Nicolson (1972), no qual se ilustra a presença de uma bicamada de fosfolipídeos permeada por proteínas globulares, configurando um verdadeiro mosaico proteolipídico de natureza semifluida.

Nessa dupla camada fosfolipídica, as moléculas dos lipídios se orientam obedecendo às características de solubilidade de cada pólo funcional. Assim, o pólo hidrofílico (= lipofóbico) se dispõe externamente às superfícies interna e externa da membrana, enquanto o pólo hidrofóbico (= lipofílico) se dispõe internamente na bicamada; os pólos internos de muitos lipídios constituintes acham-se unidos por ligações *hidrofóbicas*. Tais pólos funcionais são constituídos pelos grupos polares (-OH, -COOH, -NH$_2$, -PO$_4$), da parte hidrofílica e pela cadeia hidrocarbonada da parte hidrofóbica.

Esse arranjo assim constituído denomina-se corpo micelar, micela ou então lipossoma. Por apresentar dupla interação de solubilidade, ou seja, com uma parte hidrófila e outra lipófila, tais estruturas possuem o chamado caráter *anfipático*. Assim, um pólo interage com o meio lipídico, exclusivamente, e outro, com o meio aquoso.

Associadas a esse complexo sistema estão as proteínas e glicoproteínas, imersas na matriz da bicamada e desempenhando papéis bastante variados. Geralmente a relação proteína/lipídio nas membranas oscila em torno de 1:1, exceção feita à mitocôndria, cuja membrana interna é mais rica em proteína, com um teor desta de cerca de 80%. Isso se explica pela expressiva atividade enzimática da mitocôndria, onde o número de enzimas membranárias é muito elevado.

É comum nos referirmos ao conteúdo lipídico das membranas como sendo de natureza fosfolipídica. Quimicamente, esta categoria de lipídios é caracterizada pela esterificação de duas funções álcool do glicerol com dois ácidos graxos, idênticos ou diferentes, sendo a terceira função álcool esterificada por uma molécula de ácido fosfórico. No entanto, em proporções menores, outros grupos de lipídios também entram na composição das membranas, como, por exemplo, os triglicerídios, glicolipídios e o colesterol (este também na forma de ésteres) e a ordenação destes na bicamada obedece aos mesmos princípios de polaridade que discutimos anteriormente.

A presença de um grupo fosfato esterificando uma função álcool do glicerol nos fosfolipídios é obrigatória e não varia. Já os ácidos graxos que preenchem as outras duas funções álcool podem ser idênticos ou diferentes, podendo igualmente serem substituídos em posteriores esterificações por outros tipos de ácidos graxos, sejam eles saturados, mono ou poliinsaturados.

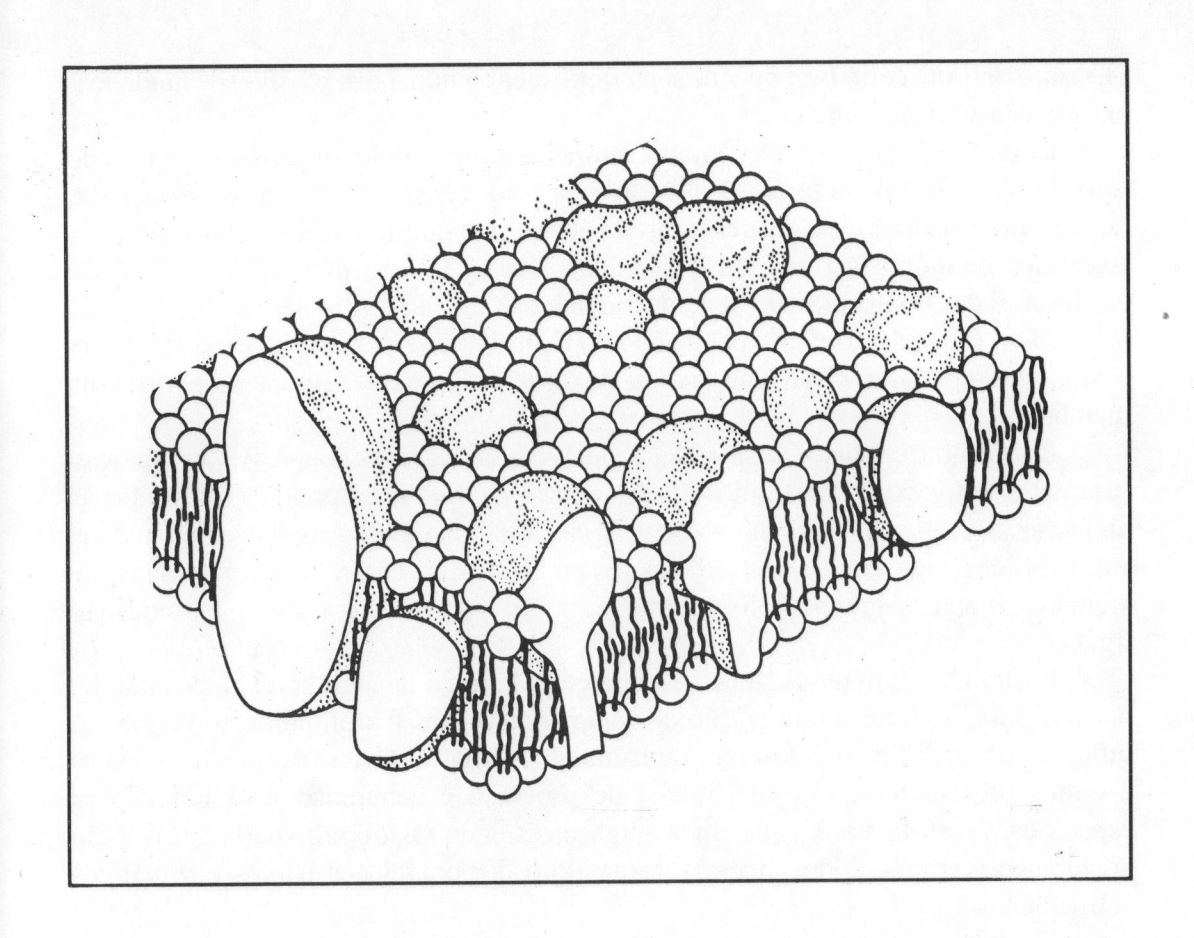

Figura 6.1 —Membrana biológica fosfolipídica, conforme o "modelo do mosaico fluido", de Singer e Nicolson. As estruturas globulares volumosas são proteínas, que se inserem de ambos os lados da matriz lipídica. Na membrana interna da mitocôndria, essa constituição é feita de modo inverso, ou seja, os componentes predominantes são proteínas, que perfazem cerca de 80% da estrutura. A composição lipídica da membrana pode ser grandemente influenciada pelo conteúdo da dieta. Quando a ingestão de ácidos graxos poliinsaturados é abundante, o grau de insaturação é refletido nos lipídios estruturais, o que favorece a peroxidação e conseqüentes danos membranários. A vitamina E, por seu lado, também se incorpora às membranas (dado seu caráter lipofílico) conferindo, desse modo, eficaz proteção contra as ações lipoperoxidativas.

[Modificado de S. J. Singer e G. L. Nicolson, Science, 175: 720-731, 1972].

As características da composição lipídica da membrana variam em tipos celulares diferentes, sendo que, no tocante à estrutura dos fosfolipídios, também há variação no tipo de ácido graxo esterificado, de célula para célula, sendo a sua composição grandemente influenciada pela dieta. Essas estruturas são de caráter dinâmico e não estático, ou seja, existe um certo *turn over* de seus elementos, sendo, pois, passível de mudanças em sua constituição química.

Como exemplos de ácidos graxos saturados temos o ácido palmítico (C_{16}), ácido esteárico (C_{18}), ácido mirístico (C_{14}) e outros. Os ácidos graxos *insaturados*, por sua vez, podem ser enquadrados em duas categorias básicas: *monoinsaturados e poliinsaturados*. Exemplos de monoinsaturados são o ácido oléico (C_{18}) e o palmitoléico (C_{16}). Os poliinsaturados compreendem o ácido linoléico (C_{18}), ácido linolênico (C_{18}), ácido aracdônico (C_{20}), ácido eicosapentaenóico (C_{20}), ácido docosahexaenóico (C_{22}) etc. Todos eles podem ser intercambiados no processo de esterificação dinâmica na membrana.

Essas características de saturação (presença de ligações simples) e insaturação (presença de ligações duplas) dos ácidos graxos conferem propriedades distintas às membranas celulares, tanto no tocante à sua funcionalidade previsível quanto na suscetibilidade aos ataques por radicais livres. Nesse aspecto, são mais intensamente afetados os ácidos graxos poliinsaturados, muito vulneráveis a sofrer peroxidação lipídica.

Ilustrando o caráter dinâmico do conteúdo lipídico da membrana pode citar-se, por exemplo, a grande mobilização de ácidos graxos dos fosfolipídios no fenômeno inflamatório, onde é requerido o ácido aracdônico (AA) para a síntese das prostaglandinas e outros prostanóides. O passo inicial do processo é comandado por uma lipase específica, a fosfolipase A_2, que cinde a ligação éster do fosfolipídio onde está o ácido aracdônico (carbono 2 do glicerol), tornando-o disponível aos passos enzimáticos subseqüentes.

Um dado curioso relativo ao fenômeno inflamatório é o que ocorre quando, por influência da dieta, os ácidos graxos modificam a composição lipídica da membrana. Os ácidos graxos eicosapentaenóico (EPA) e docosahexaenóico (DHA), por exemplo, são lipídios da classe *ômega-3*, existentes em abundância nos tecidos de peixes marinhos de água fria.

Estes ácidos graxos poliinsaturados diferem dos existentes em vegetais, que se situam na classe *ômega-6*. Os índices 3 ou 6 referem-se à posição da insaturação (dupla ligação) contada a partir do carbono terminal da molécula. Juntamente com os ácidos poliinsaturados ômega-6, os ácidos ômega-3 são considerados essenciais, pois detêm uma participação obrigatória na composição das membranas, mas não podem ser sintetizados pelo próprio organismo.

Populações que têm como base da dieta um consumo elevado de peixe (os esquimós da Groenlândia, por exemplo), apresentam características bioquímicas modificadas, influenciando tanto os eventos inflamatórios quanto as características hemodinâmicas. Tais fatos devem-se basicamente à influência dos lipídios ômega-3 no perfil bioquímico sangüíneo, modificando favoravelmente a relação entre as lipoproteínas HDL e LDL, elevando os teores da primeira e diminuindo os da segunda.

Dado existir uma oferta alimentar abundante, os ômega-3 acham-se participando com teores mais elevados na composição das membranas celulares, substituindo em grande parte o próprio ácido aracdônico. Assim, quando se faz necessária a metabolização no processo inflamatório, são aqueles e não este que seguem os passos da transformação enzimática, originando, porém, espécies de prostanóides com características modificadas.

Esse fato altera sensivelmente os parâmetros da mediação inflamatória, da adesividade plaquetária, da vasoconstrição etc. — enfim, alterando beneficamente a reologia sangüínea e a evolução de processos inflamatórios crônicos, como a artrite reumatóide e o eczema. Ao contrário do ácido aracdônico, os lipídios ômega-3 (EPA e DHA) teriam, assim, um verdadeiro poder antiinflamatório.

Esse mecanismo de ação envolve uma substituição do ácido aracdônico pelo EPA ou DHA, que competem pela esterificação na posição 2 dos fosfolipídios (função álcool do carbono 2 do glicerol). Além disso, os ômega-3 inibem também a própria síntese do ácido aracdônico a partir do ácido linoléico.

Atuando como substratos competidores para a enzima ciclooxigenase, há formação de prostanóides da série 3, diferentemente do que seria com o ácido aracdônico, onde se formam os da série 2. Desse modo, a formação do tromboxano A_3 (um metabólito inativo), pela síntese plaquetária, leva a uma diminuição da capacidade de agregação plaquetária e da atividade vasoconstritora, ações estas exibidas com intensidade pelo tromboxano A_2, oriundo do ácido aracdônico.

Já a prostaciclina I_3, sintetizada no endotélio vascular, a partir dos ômega-3, é detentora de uma atividade vasodilatadora semelhante à da PGI_2 (oriunda do ácido aracdônico). Desse modo, há um predomínio das ações vasodilatadoras e antiagregantes plaquetárias, o que é hemodinamicamente desejável em muitas situações (pacientes hipertensos, ateroscleróticos, com propensão à trombogênese etc.).

Outro local de competição entre esses substratos é o da via da 5-lipoxigenase, onde se dá a formação dos leucotrienos. Nesse caso, a síntese derivada do ácido aracdônico propicia a formação dos leucotrienos da série 4 (LTA_4, LTB_4, LTC_4, LTD_4, LTE_4). Os leucotrienos B_4 e C_4, por exemplo, são potentes fatores quimotácticos para leucócitos, estando, pois, envolvidos em respostas alérgicas e inflamatórias. Esses fatores elevam também a liberação de outros mediadores humorais; são eles, no conjunto, também denominados de SRS-A (*Slow Reacting Substance of Anaphylaxis*).

Quando, porém, a síntese de leucotrienos deriva dos lipídios ômega-3, ocorre a formação dos leucotrienos da série 5. Estes desenvolvem ações quimiotácticas bem mais débeis que os da série 4, fato que parece ser o responsável pela menor intensificação das respostas alérgicas e inflamatórias em diversos níveis.

A maior participação desses ácidos graxos poliinsaturados no bioquimismo de estruturas membranárias e vias enzimáticas é, como visto, uma condição satisfatória, pois há mudanças benéficas em muitos pontos do metabolismo. Contudo, qualquer aumento de ácidos graxos poliinsaturados no organismo traz também como conseqüência uma maior vulnerabilidade às ações oxidantes dos radicais livres, notadamente da espécie oxidrila (OH$^\cdot$), originando a chamada peroxidação lipídica ou lipoperoxidação.

Um aumento da carga dietética em ácidos graxos poliinsaturados deve ser acompanhado também de um aumento na ingestão de vitamina E (tocoferóis), uma medida eficaz para se prevenir a lipoperoxidação de membranas e salvaguardar a funcionalidade celular em todos os seus compartimentos.

Os ácidos graxos ômega-3 são lipídios essenciais com o maior grau de insaturação nos sistemas biológicos, possuindo eles uma longa cadeia alquílica com grande número de duplas ligações (insaturações). No ácido eicosapentaenóico (EPA), cuja cadeia alquílica possui 20 carbonos, há 5 duplas ligações; no ácido docosahexaenóico (DHA), com uma cadeia mais alongada (de 22 carbonos), existem por sua vez 6 duplas ligações.

A notação química para a cadeia do EPA é 20:5 (3, 6, 9, 12, 15), significando uma cadeia de 20 carbonos e 5 insaturações, indicadas nos respectivos carbonos pelos índices entre parênteses. A notação do DHA é 22:6 (3, 6, 9, 12, 15, 18). Tamanho número de insaturações torna tais ácidos graxos mais propensos a sofrerem oxidação. Assim, quando participam mais intensamente da composição das membranas biológicas, as ações previsíveis dos radicais livres podem ser amplificadas, com maiores danos membranários, se a dieta for deficiente em vitamina E.

A importância da vitamina E reside no fato de ela se constituir num antioxidante lipossolúvel, intracelular. Essa característica lhe permite atuar como um antioxidante de lipídios na intimidade das membranas, dada a existência de uma alta afinidade por elas, promovendo uma estabilização de seus ácidos graxos poliinsaturados.

O fenômeno da peroxidação de um ácido graxo poliinsaturado dá-se justamente devido à existência de várias insaturações em sua molécula; é na dupla ligação que o radical peróxido se insere, formando então um lipoperóxido. A vitamina E atua nesse passo, reduzindo novamente os carbonos da dupla ligação: ela cede hidrogênios nesse processo.

Esse mecanismo nos possibilita visualizar também a atuação da vitamina E na proteção antioxidante da vitamina A no organismo, aumentando, assim, a eficiência desta. A vitamina A (retinol), por possuir uma longa cadeia carbônica com insaturações conjugadas, está igualmente vulnerável a peroxidações dessas duplas ligações, o que anula suas atividades biológicas.

Desse modo, as próprias ações antioxidantes da vitamina A e de seu precursor, o beta-caroteno, são melhor asseguradas pela administração simultânea da vitamina E. Decorre disso um sinergismo antioxidante e uma preservação das propriedades vitamínicas do retinol, melhorando igualmente o seu armazenamento no organismo.

A peroxidação lipídica em membranas biológicas é um fenômeno químico semelhante ao que ocorre com óleos e gorduras comestíveis quando envelhecidos em condições ambientes. O contato com o oxigênio do ar provoca oxidações na cadeia dos ácidos graxos (autoxidação), originando o processo de *rancificação*, com conseqüente alteração das propriedades organolépticas do óleo ou gordura — os ácidos graxos *saturados* são mais resistentes ao processo de autoxidação.

Com a adição de tocoferóis, estes compostos podem igualmente ser preservados por mais tempo sem que percam suas características. Na indústria alimentícia, os tocoferóis (vitamina E) são largamente empregados como antioxidantes, sob o código de rótulo A.XI. Outros antioxidantes que podem igualmente ser empregados para a preservação de lipídios comestíveis são o butil-hidroxitolueno, BHT (A.VI), o ácido cítrico (A.II), a lecitina (A.VIII), o galato de octila (A.IX), o ácido fosfórico (A.III) etc.

O mecanismo da oxidação lipídica universalmente aceito, e que é válido tanto para os fenômenos ambientais (oxidações de lipídios comestíveis) quanto para os fenômenos biológicos (oxidações de lipídios membranários), dá-se em 3 fases, sendo elas as reações de *Indução, Propagação* e *Término*. Reações que cursam por esse mecanismo de fases são denominadas *reações em cadeia*.

É aceito que o desencadeamento da oxidação lipídica, *in vivo*, na fase de *indução*, tem no radical $OH^{\cdot}$ o seu agente iniciador, detonador. Uma vez iniciado o processo, é possível que o $OH^{\cdot}$ não seja mais necessário, pois a partir daí seriam acionadas reações em cadeia, onde os próprios subprodutos da oxidação promoveriam a autocatálise oxidativa. Nessa fase, haveria, então, a extração de um próton H^+ apenso a uma ligação dupla da cadeia alquílica do ácido graxo poliinsaturado (RH); nesse ponto ocorre a formação do radical alquílico ($R^{\cdot}$).

$$RH \text{ (ác. graxo)} + (OH^{\cdot}, luz,) \underline{\hspace{2cm}} R^{\cdot} + H^+$$
$$\text{calor}$$

Na fase de *propagação,* podemos visualizar dois mecanismos de reação. Inicialmente, uma molécula de O^2 reage com o radical alquílico ($R^{\cdot}$), originando, assim, o radical peróxido ($ROO^{\cdot}$). Em continuidade, o radical $ROO^{\cdot}$ reage com um hidrogênio lábil de outra ligação insaturada, originando agora um hidroperóxido (ROOH) mais um radical alquílico ($R^{\cdot}$).

$$R^{\cdot} + O_2 \underline{\hspace{1.5cm}} ROO^{\cdot}$$
$$ROO^{\cdot} + RH \underline{\hspace{1.5cm}} ROOH + R^{\cdot}$$

Como vimos, o radical peróxido ($ROO^{\cdot}$) tem a capacidade de extrair prótons H^+ de outras ligações insaturadas de ácidos graxos vizinhos, caracterizando o processo de lipoperoxidação em cadeia; o fenômeno dá-se, portanto, por autocatálise do próprio lipídio. Metais de transição (Fe^{2+}, Cu^{2+}) podem participar do processo, catalisando a formação de radicais lipídicos alquóxido ($RO^{\cdot}$) ou peróxido ($ROO^{\cdot}$), a partir dos hidroperóxidos, originando também mais espécies radicais $OH^{\cdot}$.

$$\text{ROOH} \xrightarrow{\text{energia}} \text{RO}^{\bullet} + \text{OH}^{\bullet}$$

$$\text{RO}^{\bullet} + \text{RH} \longrightarrow \text{ROH} + \text{R}^{\bullet}$$

$$\text{OH}^{\bullet} + \text{RH} \longrightarrow \text{H}_2\text{O} + \text{R}^{\bullet}$$

Na catálise por metais de transição temos:

$$\text{ROOH} + \text{M}^{n+} \longrightarrow \text{RO}^{\bullet} \text{ (alquóxido)} + \text{OH}^{\bullet} + \text{M}^{(n-1)+}$$

$$\text{ROOH} + \text{M}^{(n-1)+} \longrightarrow \text{ROO}^{\bullet} \text{ (peróxido)} + \text{H}^{+} + \text{M}^{n+}$$

Na terceira fase da reação de lipoperoxidação, a fase do *término*, o que se verifica é a formação de produtos conjugados, formando complexos oxidados, e desaceleração da cascata formadora de radicais lipídicos, com rearranjo estável destes. Os complexos lipídicos oxidados assim formados são o malondialdeído e a lipofucsina, por exemplo; esta última é conhecida como "pigmento da velhice", pois na idade avançada forma depósitos nos tecidos (nos macrófagos, células do músculo liso, em células parenquimatosas de vários órgãos e na derme).

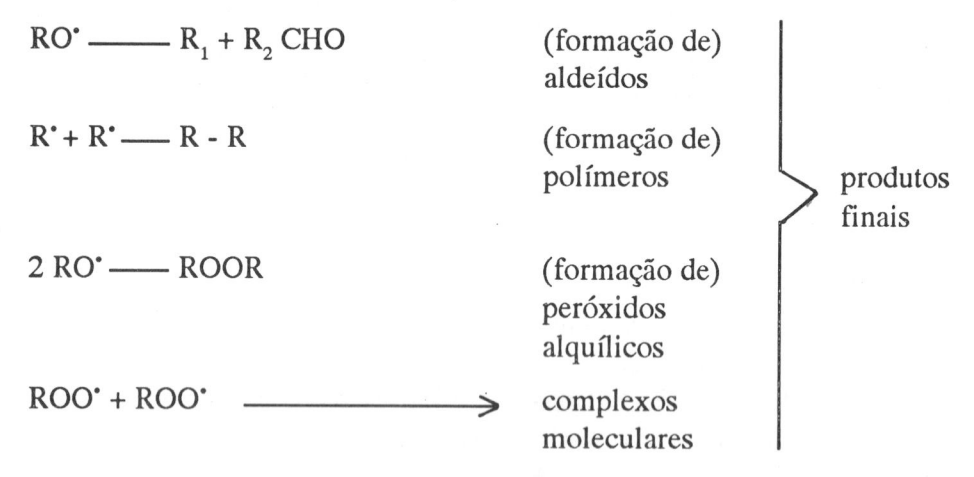

$$\text{RO}^{\bullet} \longrightarrow \text{R}_1 + \text{R}_2\,\text{CHO} \qquad \text{(formação de) aldeídos}$$

$$\text{R}^{\bullet} + \text{R}^{\bullet} \longrightarrow \text{R - R} \qquad \text{(formação de) polímeros}$$

produtos finais

$$2\,\text{RO}^{\bullet} \longrightarrow \text{ROOR} \qquad \text{(formação de) peróxidos alquílicos}$$

$$\text{ROO}^{\bullet} + \text{ROO}^{\bullet} \longrightarrow \text{complexos moleculares}$$

Nessa fase, do término, o decaimento das espécies radicais é resultado também da ação *scavenger* tanto do aparato endógeno, como a glutationa-peroxidase, como das vitaminas E e A; a ação dessas substâncias bloqueia, assim, o processo contínuo de autocatálise, que de outro modo perpetuaria a formação de radicais lipídicos.

As ações dos radicais livres perfazem, na verdade, um extenso somatório de danos teciduais, que poderiam ser enumerados basicamente em 5 categorias: (1) citotoxicidade, com lipoperoxidação de membranas, citoesqueletólise, inibição enzimática etc.; (2) mutagênese, por rotura da molécula do DNA e/ou inativação das enzimas da replicação (DNA-polimerase) e da transcrição (RNA-polimerase); (3) estresse mecânico endotelial, por vasoconstrição e agregação plaquetária, mediadas pelo tromboxano, lesão direta na célula endotelial pelos radicais livres, com maiores chances de deposição de plaquetas e colesterol, estabelecendo, assim, as condições para o início do processo aterosclerótico; (4) inativação das antiproteases, que são inativadoras de enzimas líticas; e (5) desagregação de polissacarídeos no tecido conjuntivo, com a despolimerização dos complexos peptidoglicanos por ruptura do ácido hialurônico, levando a processos degenerativos especialmente à cartilagem articular.

Hoje, sabe-se que os substratos etiogênicos de muitas moléstias estão implicados com o envolvimento fisiopatológico dos radicais livres do oxigênio, sejam tais moléstias de cunho genético, genético-ambiental ou por causas ambientais, puramente (vide cap. 2). Assim, poderíamos arrolar alguns exemplos, tais como envelhecimento acelerado, osteoartrite, enfisema, catarata, degeneração macular senil (amaurose), doenças de Alzheimer e Parkinson, aterosclerose, câncer, acidentes por radiações ionizantes e outros.

No capítulo 4, expusemos os mecanismos pelos quais os RLO desencadeiam alterações nos ácidos nucléicos, especialmente com as drogas ditas DNA-reativas. Estas, complexando-se com a molécula do DNA mais a interação de íon Fe e oxigênio promovem a formação das espécies ativas do oxigênio (EAO), num processo de ciclagem de reações de óxido-redução. As EAO, assim formadas, atacam o DNA, provocando-lhe várias alterações estruturais que, por sua vez, condicionam mutações indesejáveis nessa matriz informacional que comanda todos os eventos metabólicos da célula.

As espécies ativas do oxigênio são, assim, agentes que detém um potencial para processar transformações malignas, pois sua ação pode se dar sobre determinados grupos de genes cuja função é controlar o ritmo de crescimento da própria célula. Em células somáticas — os oncogenes, especificamente —, quando sofrem mutações desencadeiam as formações neoplásicas malignas, onde as divisões mitóticas dão-se de modo acelerado e desordenado.

Fato relevante é que os RLO demonstram ser capazes de atuar como oncoiniciadores e oncopromotores na transformação maligna da célula. A iniciação do processo oncogênico dá-se pela própria alteração à estrutura do DNA, que as espécies ativas do oxigênio desencadeiam ao serem originadas pelos complexos cicladores de redox. A promoção, por sua vez, dá-se por mecanismos não relacionados à mutagênese, porém atuantes no aumento da velocidade da transformação, isto é, os agentes oncopromotores atuam apenas secundariamente no processo.

Vale mencionar que muitos agentes promotores têm sua ação mediada por radicais livres. Originando a formação das espécies superóxido e peróxido de hidrogênio, estas promovem a peroxidação lipídica de membranas; os lipoperóxidos assim formados é que atuariam promovendo alterações em nível cromossômico, sendo mais comum as trocas de cromátides irmãs.

As drogas DNA-reativas empregadas na terapêuica oncológica, embora tenham elevada toxicidade para os tecidos sãos, desenvolvem mais intensamente sua ação ao nível dos ácidos nucléicos da célula neoplásica, devido a sua grande velocidade de divisão e uma atividade metabólica bem mais elevada. Assim, sua utilidade é justamente a de matar a célula maligna, desenvolvendo uma ação dita citocida.

A ação citocida também em células sadias dá-se especialmente naquelas que possuem um ciclo de renovação mais acelerado, como as células da crase sangüínea (atividade mielossupressiva), e dos bulbos pilosos (provocando alopécia), por exemplo. Esses agentes terapêuticos não chegam a ser cancerígenos diretos, apesar de atuarem no nível dos ácidos nucléicos de células sadias, pois eles matam a célula, não possibilitando que ela se multiplique desordenadamente. Porém, a produção explosiva de radicais livres, propiciada por esse mecanismo, constitui sempre um fator problemático para os tecido sãos, que pode, contudo, ser minimizado pelo apoio terapêutico antioxidante.

A participação dos radicais livres no processo de envelhecimento, e igualmente nas doenças crônico-degenerativas que comumente o acompanham, sabe-se hoje que é inequívoca. Poder-se-ia mesmo falar em patogenia do envelhecimento, considerando-se que em muitas das vezes os mecanismos fisiológicos mostram-se defectíveis, permitindo que a geração aumentada de RLO seja um fator com fortes influências no decaimento multissistêmico do vigor celular.

A metodologia ortomolecular no campo da Geriatria vem conseguindo satisfazer muitos requisitos da diferenciada terapêutica farmacológica do idoso. Tanto a terapêutica de doenças crônico-degenerativas, bastante incidentes na idade avançada, como a correção e prevenção de muitos distúrbios funcionais, tidos como "normais" do envelhecimento, são hoje possíveis graças a uma compreensão mais ampla dos mecanismos fisiopatológicos desenvolvidos pelos radicais livres.

Nesse aspecto, vale mencionar, por exemplo, os danos ocasionados pelos RLO no tecido conjuntivo, promovendo desagregação na histoarquitetura de muitos orgãos e sistemas. É o caso da artrite reumatóide, por ação dos RLO sobre os complexos condromucóides das cartilagens articulares; do enfisema pulmonar, pela ação de RLO sobre as antiproteases que protegem o pulmão da ação de enzimas líticas; do aparecimento de rugas, pela ação sobre o colágeno em nível dérmico.

Em territórios que têm uma funcionalidade bastante delicada, são notáveis os efeitos dos RLO; tem-se, assim, a degeneração macular senil, pela ação destes sobre a camada neuroepitelial da retina, com destruição dos cones e bastonetes; da catarata, por ação sobre a estrutura cápsulo-lenticular do cristalino, promovendo esclerose e opacificação progressiva deste; e inúmeras outras condições.

Sendo uma das entidades clínicas componentes da DPOC, a asma constitui também uma patologia na qual são previsíveis as ações de radicais livres, dado haver a conjugação de vários mecanismos fisiopatológicos que se instalam no curso da broncoconstrição, e que são propícios à geração de tais espécies reativas. O fenômeno da hiper-reatividade brônquica tem como substrato etiopatogênico uma reação imunológica envolvendo os anticorpos da classe IgE (reaginas), que, em indivíduos geneticamente predispostos (atópicos), encontram-se em maior quantidade e bastante responsivos ao contato com os alérgenos penetrantes nas vias respiratórias (hipersensibilidade do tipo I de Gell e Coombs).

Os anticorpos IgE estão em grande número aderidos à membrana do mastócito e de células leucocitárias como o polimorfonuclear basófilo, por exemplo, que são abundantes no nível do epitélio brônquico, das cornetas nasais e nos seios maxilares. O desencadeamento da reação de neutralização de um antígeno (no caso, alérgeno), envolvendo duas moléculas de IgE para cada molécula alergênica (relação 2:1), promove uma alteração na conformação da membrana, que culmina no processo de exocitose do conteúdo citoplasmático de tais células (heparina, cininas, histamina, SRS-A, PAF etc.).

Essas substâncias localmente ativas (mediadores da resposta inflamatória) irão conduzir, por sua vez, à contratilidade da musculatura lisa bronquial; esta, contraída, diminui dramaticamente o calibre dos bronquíolos, dificultando a ventilação. A dificuldade respiratória na crise asmática é devida muito mais à resistência *expiratória* (dispnéia expiratória, com retenção de ar nos pulmões) do que *inspiratória.*

Além do estímulo à contratilidade da musculatura lisa bronquial (broncoconstrição) tais mediadores induzem ainda um processo de hipersecreção e edema, aumentando também a produção de muco espesso, com alteração de suas fases mucoprotéica e sérica. Esse tipo de muco, mais viscoso e aderente, torna mais lento o *clearance* mucociliar, ou seja, ele dificulta o batimento dos cílios, fazendo com que a eliminação da secreção seja mais demorada. A estase de muco propicia um meio de cultura favorável à colonização e proliferação de patógenos. As infecções respiratórias altas são, pois, complicações freqüentes no asmático, merecendo atento controle clínico.

O processo infeccioso atrai ao local grande número de células fagocitárias (neutrófilos e macrófagos) que, pela ativação fágica, passam então a produzir os radicais livres, no fenômeno da "explosão respiratória", agravando, assim, o processo displásico no epitélio brônquico. Vale lembrar que o tabagismo potencializa essas manifestações, tanto pelo poder irritativo direto dos componentes do fumo nas células do epitélio e glândulas mucíparas como pela ativação ainda maior ao recrutamento das células leucocitárias (mesmo na ausência de infecção), tornando, assim, constante a geração de radicais livres.

Referências

Basker, R., *Organic Chemistry of Biological Compounds,* Prentice-Hall Inc., Nova Jersey, 1971.

Bennett, J., Weeds, A., Calcium and Cytoesqueleton, *Brit. Med. Bull., 42*: 385, 1986.

Bulkey, G. B., The Role of Oxygen Free Radical in Human Diseases, *Surgery, 94:* 407, 1983.

Davis, G. S., Pathogenesis of Silicosis: Current Concepts and Hypothesis, *Lung, 164*: 139-154, 1986.

Hartman, D., The Aging Process, *Proc. Nat. Acad. Sci.,* USA, *78:* 7124, 1981.

Hoidal, J. R., Niewoehner, D. E., Pathogenesis of Emphysema, *Chest, 83:* 679, 1983.

Johnson, J. *et al., Free Radicals, Aging and Degeneration Diseases*, Alan Riss Inc., 1986.

Nicholls, D. G., Intracellular Calcium Homeostasis, *Brit. Med. Bull., 42:* 353, 1986.

Southorm, P. A., Pewis, G., Free Radicals in Medicine. II. Involvement in Human Disease, *Mayo Clin. Proc., 63:* 390, 1988.

Tappel, A. L., Lipid Peroxidation Damage to Cell Components, *Fed. Proced., 32*: 1870, 1973.

Tschudy, D. P. *et al.,* The Porphyrias, *In:* Fitzpatrick, T.B. *et al., Dermatology in General Medicine,* 2ª ed., McGraw-Hill Book Co., Nova York, 1971.

7

Fisiologia do Esforço e Formação de Radicais Livres

Vimos no capítulo 4 que a geração de radicais livres na célula dá-se de modo contínuo no curso do metabolismo, normalmente situando-se em níveis toleráveis, o que possibilita um controle antioxidante satisfatório pelos meios disponíveis para inativá-los. Em outras situações, onde certas vias bioquímicas estão exacerbadas, a geração de tais espécies dá-se de modo expressivo, como é o caso da mediação inflamatória (formação dos eicosanóides), da atividade fagocítica de leucócitos, uso de certos fármacos, composição da dieta etc.

Neste capítulo iremos comentar uma nova condição favorecedora da geração de RLO e que, como as demais, é inerente às atividades normais do ser humano, dentro de seu complexo mundo de relações. Estamos nos referindo à atividade física, conceituada dentro de um contexto amplo, uma vez que as variáveis bioquímicas e fisiopatológicas do organismo sob atividades mais solícitas também o são.

Considerando-se os efeitos do treinamento sobre o organismo, veremos que este responde de forma global aos estímulos aplicados, mesmo que tais estímulos sejam de caráter funcional específico. As respostas adaptativas podem ser, portanto, mais ou menos evidentes em determinados territórios, porém o envolvimento metabólico empreendido na remodelação funcional tem implicações bastante extensas.

Essa adaptabilidade funcional detém um caráter orgânico global pelo fato de promover modificações palpáveis em praticamente todos os orgãos e sistemas, desde que, obviamente, o programa de treinamento se oriente por uma metodologia adequada. Inadequações de treinamento compreendem, por exemplo, aplicação incorreta de um estímulo, alimentação mal balanceada, solicitações excessivas, caracterizando o estado de supertreinamento etc.

Muitas respostas adaptativas assumem nuances diferentes conforme o tipo de treinamento, seja ele de força ou de resistência. Assim, temos que no treinamento de força evidencia-se, por exemplo, nítida hipertrofia da musculatura esquelética, o que não ocorre com o treinamento de resistência puramente. Inversamente, no treinamento de resistência verifica-se, por sua vez, um aumento volumétrico das câmaras cardíacas, fato não perceptível no treinamento de força. Diversas condições detêm, contudo, uma equiparação tanto com um tipo de treinamento como outro.

Respostas adaptativas evidenciáveis em ambos os tipos de treinamento, de força ou resistência, são as que se expressam, por exemplo, para o lado do sistema ósseo, endócrino, sangüíneo e mesmo na citologia muscular esquelética, logrando parâmetros bioquímicos às vezes similares. Modificações no padrão da modulação autonômica assim também se fazem sentir (predominância da via parassimpática).

Por esta condição, pode-se deduzir que o organismo treinado tem, em primeira instância, maior resistência ao estresse, podendo elaborar de forma mais produtiva as condições da síndrome geral de adaptação (SGA). As modificações orgânicas impostas pela SGA são veementemente instaladas pela ativação catecolaminérgica, que, no estresse agudo intenso, provoca uma verdadeira tempestade metabólica, intensificando as vias do catabolismo. No organismo treinado, a predominância colinérgica constitui, portanto, um fator de equilíbrio entre as ações hormonais, quando a mobilização de catecolaminas (adrenalina, noradrenalina, dopamina) é feita em resposta ao estresse.

O sistema ósseo, como se sabe, é, à semelhança do músculo esquelético, responsivo a forças atuantes sobre si. Potenciais piezoelétricos, gerados por tração ou compressão, atuam no nível nuclear como estímulos à síntese protéica da matriz óssea e deposição de minerais a esta, o que redunda no seu aumento de massa. Esse efeito é bem evidenciado em atletas, onde a densidade óssea é significativamente maior do que em indivíduos sedentários.

As adaptações hormonais, expressadas especialmente por modificações na estrutura e função da córtex adrenal, são também compatíveis com o estado de treinamento, uma vez que a homeostase tem forte regulação endócrina. A maior capacidade de síntese e liberação de corticóides é um requisito hormonal essencial às exigências das condições estressoras oriundas do esforço físico. Tais respostas têm sua efetuação modulada pelo eixo hipotálamo-hipófise-adrenal.

Outros sistemas hormonais acham-se igualmente envolvidos, pois a regulação bioquímica e fisiológica que exigem os órgãos treinados é mediada por hormônios. A modulação anabólica, que é grandemente solicitada, exige, assim, compensações, especialmente por parte dos andrógenos, da insulina, dos hormônios tireoidianos e do hormônio do crescimento.

A demanda energética maior, em vista de um metabolismo mais intenso, condiciona, igualmente, alterações pronunciáveis aos sistemas cuja função é conduzir os nutrientes básicos aos sítios interessados. Desse modo, torna-se imperativa a capacitação dos sistemas respiratório e circulatório em responder com eficiência os requerimentos em oxigênio e glicose, para que a síntese de ATP possa ter um fluxo ágil nas células de metabolismo mais intenso.

O aumento da caixa torácica, fortalecimento dos músculos assessórios da respiração, aumento do volume corrente, traduzem-se num aumento da capacidade vital (ou capacidade respiratória) nos atletas, especialmente os de modalidades de fundo e meio-fundo. Com uma capacidade vital aumentada, há um maior poder ventilatório pulmonar, significando maior oferta de O_2 frente às necessidades aumentadas do esforço.

Para que essa condição tenha uma eficiência concreta é necessária uma complementação adaptativa para que ao processo de hematose siga-se o transporte eficiente do O_2 até os tecidos. Essa outra condição é representada, obviamente, pelas alterações hemodinâmicas, que imprimem maior capacidade de transporte e mais pronta liberação do oxigênio quando necessário.

As adaptações hemodinâmicas ao treinameno incluem primariamente um aumento de hemácias, configurando um aumento do hematócrito. Conseqüentemente, há um acréscimo de hemoglobina, com maior capacidade de combinação com o O_2 — maior capacidade oxifórica do sangue. Esse efeito é mais dramático quando o treinamento é executado em altitudes elevadas. A hipóxia, devido ao ar rarefeito das alturas, induz a um aumento da produção de eritropoetina, a qual promove a eritropoese na medula óssea.

Além deste efeito, há também maior produção de 2,3-difosfoglicerato (2,3-DPG). Esse mecanismo constitui um *by-pass* da via glicolítica da hemácia, que, pela ação enzimática da difosfo-gliceromutase, transforma parte do 1,3-DPG (intermediário normal da seqüência glicolítica) em 2,3-DPG; é o denominado *shunt* de Rapoport-Luebering.

O 2,3-DPG atua competindo com o O_2 pelo sítio de ligação deste na hemoglobina, diminuindo a afinidade desta pelo gás, onde a pressão parcial do mesmo é baixa, como nos tecidos periféricos; na luz arterial, como a pressão parcial do O_2 é elevada, o efeito do 2,3-DPG não chega a concretizar-se.

Outro mecanismo proposto para a ação do 2,3-DPG é o que leva em conta seu caráter ácido. Em altas concentrações, ele diminuiria o pH intra-eritrocitário, deslocando a curva de dissociação da hemoglobina para a direita. Ele aumenta, portanto, a dissociabilidade da hemoglobina, intensificando o efeito Bohr que a molécula desta apresenta.

Ao nível da musculatura esquelética, ocorre como resposta ao treinamento de resistência, mais especificamente, um aumento do pigmento mioglobina. A mioglobina é uma molécula monocatenária (composta de uma cadeia protéica única) que possui um grupamento heme idêntico aos da hemoglobina.

A mioglobina atua armazenando temporariamente um volume adicional de O_2 no músculo, o que aumenta, conseqüentemente, o fornecimento do gás quando as fibras acham-se em trabalho intenso. A musculatura treinada tem, assim, uma capacidade aeróbica maior, também pelo fato da aquisição de maior quantidade de mioglobina.

O aumento do teor de mioglobina no músculo esquelético é mais responsivo no treinamento sob condições hipóxicas, tal qual acontece em altitudes elevadas, possivelmente por haver uma modulação mais intensa da eritropoetina também nesse aspecto.

A mioglobina, além de exercer o papel de armazém temporário de O_2, teria ainda a capacidade de efetuar de forma mais veloz o fornecimento do oxigênio à mitocôndria.

Os padrões hematológicos de adaptação ao esforço apresentam ainda uma melhor capacidade de regulação do pH sangüíneo, representado pelo sistema-tampão, cujo principal componente é o sistema bicarbonato/ácido carbônico (HCO^-/H_2CO_3); outros sistemas compreendem os tampões fosfato, a hemoglobina e as proteínas plasmáticas. Esse mecanismo assegura a manutenção do pH sangüíneo dentro de sua faixa de tolerância: 7,36 - 7,44 (média de 7,40).

Como no exercício físico há produção do ácido láctico e sua conseqüente dissociação, ocorre nessa situação uma elevação da concentração hidrogeniônica, o que faz baixar o pH tecidual. O ácido láctico é considerado um ácido fraco, com um coeficiente de ionização (α) abaixo de 5%. No entanto, quando a produção é excessiva, os efeitos no pH se fazem sentir. O aumento da acidez tecidual é um dos fatores que influem na maior dissociabilidade da hemoglobina, liberando, assim, mais oxigênio aos territórios com elevada demanda.

O abaixamento do pH ocasionado pelo acúmulo de ácido láctico configura o estado de acidose metabólica, ao qual é imputada a razão da fadiga muscular quando da execução de uma atividade física bastante solicitadora. O chamado teste do lactato é hoje um procedimento de avaliação empregado em diversas modalidades esportivas, que visa precisamente determinar o índice de tolerância ao esforço, para assim melhor adequar o treinamento do atleta.

O nível de lactato em indivíduos treinados fica em patamares bem menores do que nos não-treinados após a execução de um trabalho muscular de média ou longa duração. Em condições de solicitações máximas, contudo, existe grande elevação dos níveis de lactato mesmo em indivíduos altamente treinados.

A tolerância a um aumento do lactato é, no entanto, maior no organismo treinado, uma vez que a remoção deste da musculatura e posterior ressíntese da glicose, no fígado e rins (neoglicogênese) é mais eficiente. Outra via possível é a reconversão do lactato a piruvato, catalisada pela enzima lactato-desidrogenase (LDH), que segue então caminho metabólico pelo ciclo de Krebs.

O alvo principal de adaptação ao esforço na célula fica, contudo, por conta da plasticidade mitocondrial. O aumento numérico e volumétrico das mitocôndrias constitui, assim, um mecanismo bastante responsivo ao aumento da demanda energética frente ao aumento de esforço. Tanto no treinamento de resistência como no de força, verifica-se essa adaptabilidade de uma organela subcelular que é considerada a "usina bioquímica" da célula, visto ela concentrar o grosso da produção de ATP, pelo processo da fosforilação oxidativa.

As cristas mitocondriais bem como a matriz, preenchida por um material semifluido, são compartimentos onde existe grande quantidade de enzimas, pois se concentram aí as etapas finais das reações energéticas: o ciclo de Krebs (processado na matriz) e a cadeia respiratória (processada nas cristas). A etapa primária do catabolismo da glicose, por sua vez, dá-se no próprio citossol, originando piruvato e ATP. Esse processo, denominado glicólise, tem também sua capacidade aumentada em conseqüência do treinamento, pois há um aumento na concentração das enzimas glicolíticas e também maior poder de reserva de glicogênio na célula muscular esquelética, sítio onde este é requisitado com freqüência ao auxílio do metabolismo anaeróbico.

As mitocôndrias, como possuem DNA próprio, podem empreender a duplicação delas mesmas sem que haja divisão celular, sintetizar proteínas, como, por exemplo, o seu conteúdo enzimático, e modular sua morfologia, como o aumento do volume e do número de cristas, o que redunda num aumento da superfície interna. Um aumento da superfície membranária interna oferece vantagens especiais ao mecanismo de fosforilação oxidativa, pois haverá maior quantidade de enzimas respiratórias (desidrogenases, flavoproteína, citocromos). Com essa capacidade fosforilativa aumentada, muito mais ATPs poderão ser formados, sendo que também mais oxigênio será admitido à luz celular em tais circunstâncias.

Não só o metabolismo glicolítico ganha nova dimensão, frente às alterações fisiológicas no treinamento, como também o metabolismo dos ácidos graxos: via da beta-oxidação, realizada na matriz e cristas da mitocôndria. Esse processo consiste num ciclo de reações oxidativas de um ácido graxo, no qual este é degradado seqüencialmente em unidades de dois carbonos a partir da extremidade onde se encontra a função carboxila do ácido graxo, formando a seguir a acetil-CoA. Como a cisão da cadeia sempre tem início no carbono beta (o 3º contado a partir da carboxila), tal mecanismo foi designado ß-oxidação.

O fígado é o principal sítio de ocorrência da ß-oxidação. Os corpos cetônicos, que são formados por esta via, não são utilizados pelo próprio fígado, que, assim, escoa toda a produção aos tecidos habilitados a metabolizá-los: musculatura esquelética e cardíaca, cérebro e rins. São eles, portanto, produtos de "exportação" do fígado.

A acetil-CoA, assim formada, pode seguir então caminho catabólico pela rota usual do ciclo de Krebs ou, por condensação, formar os corpos cetônicos (ácido ß-hidroxibutírico, ácido acetoacético e acetona). Estes são igualmente utilizados para cobrir a elevada demanda energética do cérebro, músculo cardíaco e músculo esquelético, alternativamente ou em complementação à oxidação de glicose.

Em atividades físicas de resistência, os corpos cetônicos se constituem num importante combustível da célula muscular esquelética. Nos indivíduos treinados, como a musculatura está, enzimaticamente, capacitada a oxidar tais substâncias, haverá, obviamente, maior rendimento energético e praticamente ausência de cetose (e conseqüentemente de cetoacidose). Indivíduos sedentários, por outro lado, se levados a executar exercícios prolongados, apresentam expressiva elevação da taxa de corpos cetônicos no sangue. Assim, a par da baixa tolerância ao lactato (lactoacidose), os não-treinados apresentam igualmente baixa tolerância cetônica (cetoacidose). Tais condições levam, de modo mais rápido e intenso, à instalação da fadiga.

No tocante ao metabolismo oxidativo da glicose, em situações de elevado condicionamento, havíamos mencionado que o aparato mitocondrial necessita de um suprimento extra de oxigênio a fim de que a cadeia respiratória se torne mais ágil no acoplamento energético do transporte de elétrons, ou seja, na síntese de ATP a partir da energia liberada pelo elétron no seu percurso pelos citocromos. No capítulo 4 discutimos esse processo, observando que o mecanismo de redução completa do O_2 (redução tetraeletrônica) não se dá com a totalidade das moléculas que adentram as estruturas catalíticas da célula. Normalmente, pequena parte delas (cerca de 5%) sofre redução monoeletrônica, de onde se originam as chamadas espécies ativas do oxigênio (EAO).

Quando, então, maior encargo oxidativo é imposto à celula, e especialmente à mitocôndria, é de se esperar que, pelo volume aumentado de oxigênio que é fornecido, maiores também serão as chances de se processarem reduções monoeletrônicas do O_2 em função da grande instabilidade de sua molécula.

Para processar tão grande número de oxidações na célula, a fim de dinamizar o fluxo energético, o oxigênio não poderia mesmo possuir uma índole diferente da que tem, de intensa eletronegatividade e elevada capacidade reativa com a matéria orgânica. Se sua eletronegatividade fosse menor, a capacidade aeróbica da célula seria muito limitada e a organização e interação entre órgãos e sistemas nos seres superiores também não poderiam atingir a complexidade que detêm.

O conceito que se faz de um meio intracelular estável é, portanto, ilusório, uma vez que reações químicas representam sempre estados dinâmicos e não-estáticos, e a organização celular é mantida por processos reativos ininterruptos que operam, constantemente, transformações no meio interno. O processo respiratório constitui, assim, o elemento central, regulatório, dessa série de eventos, sem o qual o bioquimismo celular paralisaria por completo.

A célula procura assim incessantemente ajustar tais mecanismos às flutuações da demanda, fato este que condiciona uma auto-regulação primorosa entre os componentes de reação do meio interno. Semelhantemente ao que ocorre com os seres vivos em relação ao seu habitat, uma visão em microescala entre um ser vivo (a célula) e seu meio ambiente (os tecidos) também faz supor um mecanismo estressor daquela em relação às exigências externas que condicionam uma resposta adaptativa.

Esse raciocínio nos remete à noção de que a célula vive em constante estado de estresse, e, por conseguinte, qualquer tecido vivo também. Nos moldes do metabolismo oxidativo, onde o oxigênio mantém sob permanente risco a estabilidade do meio interno da célula, pode-se legitimamente falar em *estresse oxidativo celular*, o qual assume conotações muito próximas daquelas relações em macroescala, isto é, dos seres vivos com o seu habitat.

Disso resulta que, se aumentar a pressão adaptativa para um animal em relação ao seu meio, o seu nível de estresse também aumenta, podendo este último se traduzir numa adaptabilidade efetiva ou então fracasso, com prejuízos de monta para o animal. Para a célula é semelhante, e nesse caso um exemplo de pressão adaptativa é a necessidade de ela trabalhar com eficiência perante uma demanda oxidativa maior, ou seja, adaptar-se a uma nova circunstância metabólica, havendo igualmente um aumento inerente dos riscos.

Todos os condicionamentos orgânicos, advindos do treinamento, configuram respostas adaptativas ao estresse. Um novo *status* metabólico assumido pela célula — como, por exemplo, o aumento em tamanho e número de mitocrôndrias — reflete igualmente efeitos estressantes. Essa condição adaptativa em nível celular e subcelular está em conformidade com as bases conceituais da síndrome geral de adaptação (SGA), brilhantemente teorizada por H. Selye com modelos animais.

Quando é imposta à célula uma sobrecarga de solicitação, instala-se um estresse oxidativo nesta, ou, melhor dizendo, aumenta o nível do estresse já constante nesse microssistema. Esse estresse oxidativo exacerbado tem sua principal expressividade fisiológica na geração de espécies ativas do oxigênio. O curioso desse mecanismo é que parece não haver diferenças significativas nessa expressividade, seja em organismos altamente treinados ou não-treinados. Desse modo, o que se pode inferir é que o treinamento em si não logra modificar as conseqüências do estresse oxidativo da célula, isto é, da produção de radicais livres, no decorrer do esforço físico.

Em condições de normalidade oxidativa, ou seja, quando o metabolismo está em estado basal ou mesmo quando pouco mais exigente, para atender demandas em atividades amenas, vimos que cerca de 3% a 5% do volume do O_2 admitido à intimidade celular é reduzidos de forma incompleta por outros sistemas enzimáticos que não o da citocromo-oxidase. Isto nos mostra que em instante nenhum há ausência de estresse oxidativo na célula, podendo ele apenas estar dentro dos limites toleráveis (o estresse oxidativo basal) ou superestimulado (o estresse oxidativo patológico).

No esforço físico intenso, seja em organismos treinados ou não-treinados, a percentagem representativa da quantidade de oxigênio que não é reduzido pela cito-cromo-oxidase aumenta na mesma proporção do aumento do volume global de O_2 que é admitido por uma demanda maior da célula. Nesse aspecto, poder-se-ia até esperar um estresse oxidativo maior no organismo treinado, pelo fato de ele possuir uma maior capacidade de admissão de O_2 aos tecidos. Isso implica um consumo maior de antioxidantes pela célula, significando que no estresse oxidativo superestimulado a depleção destes ocorre mais rapidamente.

A demanda em antioxidantes no organismo treinado, como se vê, é também maior, e se tais necessidades não forem satisfeitas advirão todas as conseqüências do estresse oxidativo patológico. Pela compreensão desses eventos, pode-se deduzir que o fator-chave do condicionamento ideal num organismo em treinamento está centrado na adequação bioquímica deste ao estado metabólico imposto pelas condições de esforço. Esta é, portanto, a condição determinante que pode manter o equilíbrio desejado entre a demanda metabólica e o estresse oxidativo da célula.

No tocante aos sistemas antioxidantes existentes na célula, que compreendem os varredores enzimáticos e os vitamínicos, a sua eficiência depende de uma estreita cooperação entre as ações de uns e de outros, complementando, assim, atividades de inibição da síntese ou inativação das espécies radicais já formadas.

As adaptações fisiológicas e bioquímicas por que passam os tecidos de um organismo treinado envolvem, como se sabe, um aumento do metabolismo acompanhado de melhor rendimento no aspecto funcional de orgãos e sistemas, e a atividade enzimática aumentada, conjuntamente em vários territórios orgânicos, é fator fundamental para que isso ocorra. Tem-se como exemplos a própria capacidade enzimática mitocondrial, a capacidade glicolítica do músculo esquelético, o aproveitamento de corpos cetônicos como fonte energética por este último etc., que são grandemente influenciadas pelo treinamento.

O aparato enzimático que detém a função antioxidante na célula é constituído basicamente por 3 enzimas, mais diretamente envolvidas na varredura de radicais livres. São elas: superóxido-dismutase (SOD), catalase e glutationa-peroxidase. São enzimas solúveis, isto é, não aderidas em sistemas de membranas, o que lhes faculta atuar no citossol, na matriz mitocondrial, nos peroxissomos e outros compartimentos subcelulares em praticamente todos os tecidos.

As evidências disponíveis dão conta de que os níveis teciduais de tais enzimas também acham-se nitidamente modificados no organismo treinado, como conseqüência de uma adaptabilidade funcional da célula. Como já dissemos, o sistema enzimático tem relações estreitamente tributárias com o sistema não-enzimático (vitamínico) na ação de varredura dos radicais livres. Assim sendo, frente a uma condição de estresse oxidativo exacerbado, a catálise enzimática não pode por si só dar conta da inativação maciça de radicais livres na célula, tarefa essa que é então complementada pelos antioxidantes exógenos.

A limitação enzimática na atividade antioxidante pode se tornar patente se os fatores exógenos estiverem deficientes no organismo. Um déficit dietético provoca esse desbalanço, uma vez que os nutrientes vitamínicos e minerais possuem caráter *essencial*, devendo, pois, ser supridos regular e suficientemente através da alimentação. Temos, assim, os fatores vitamínios (vitamina A, E, C, B, beta-caroteno) e minerais (selênio, zinco, manganês), todos eles desenvolvendo ações conjuntas com os mecanismos enzimáticos anti-radicais livres.

É fato conhecido que uma das espécies radicais, a hidroxila ($OH^{\cdot}$), tem sua formação aumentada em situações onde há o abaixamento do pH tecidual. Assim, estados acidóticos, tais como a acidose metabólica do diabetes melitus e a própria acidose do exercício físico intenso, são situações onde a geração deste radical é ativada.

No exercício físico, seja pelas próprias condições de maior oxigenação dos tecidos como pela acidose oriunda do acúmulo de ácido láctico (lactoacidose) e também de corpos cetônicos (cetoacidose), há condições bastante favoráveis à geração do radical $OH^{\bullet}$. Essa espécie radical é promotora — ou talvez apenas iniciadora — da peroxidação lipídica. Ela não tem, ao que parece, um inibidor enzimático específico no organismo; contudo, suas ações maléficas podem ser anuladas de modo indireto.

A formação do $OH^{\bullet}$ dá-se especialmente pela redução da H_2O_2, em presença do íon Fe^{2+} (ou outro metal de transição), pela chamada reação de Fenton. Assim, tal espécie pode ser combatida ao nível do mecanismo de sua geração. Agentes quelantes, por exemplo, que eliminam o excesso de metais de transição, reduzem a formação do $OH^{\bullet}$. Como o seu substrato básico é a água oxigenada, tanto a glutationa-peroxidase quanto a catalase degradam-na em água e oxigênio.

A atividade da glutationa-peroxidase, por sua vez, é influenciada pelos níveis de seu cofator, o selênio. Assim, tais elementos mais a vitamina E atuam em sinergismo no combate aos peróxidos lipídicos, formados pela ação do radical hidroxila. Além de prevenir a ação lipoperoxidativa, eles promovem, até certo ponto, a recomposição dos danos já provocados na membrana pela peroxidação de seus ácidos graxos poliinsaturados.

No organismo treinado, seja em situaões de resistência ou não, há um maior *status* oxidativo na célula, e se existir uma deficiência instalada desses elementos, por baixo aporte dietético, os mecanismos antioxidantes falham na missão de manter sob controle uma maior carga de radicais livres. Sob condições de hipersolicitação física, a geração aumentada de RLO sempre é uma condição de risco à célula, e maior ainda no organismo treinado, pois neste o estresse oxidativo pode deter uma expressividade muito mais intensa.

Afora as condições de solicitação física puramente em si, as quais comentamos, outras variáveis têm também uma marcante participação na geração de radicais livres no organismo treinado, e são igualmente válidas no organismo não-treinado. Tais variáveis compreendem, por exemplo, o tabagismo, a poluição ambiental (do ar, da água) e a dieta.

O treinamento executado em ambientes onde o ar apresenta sobrecarga de poluentes, especialmente com concentrações mais elevadas de óxidos de nitrogênio e ozônio, além de apresentar menor rendimento efetivo tem como conseqüência a exposição do organismo a uma maior intensificação na formação de RLO. Tanto os poluentes atmosféricos quanto os do fumo têm suas ações, por razões óbvias, intensificadas ao nível pulmonar.

O pulmão, como grande área absortiva que é — sua superfície alveolar num homem adulto é de cerca de 70 m^2! —, e em permanente contato com o meio externo, está, obviamente, muito vulnerável ao desenvolvimento de moléstias, especialmente as oriundas da ação de radicais livres. Envolvimentos desse tipo podem culminar, por exemplo, no câncer broncopulmonar, processos bronquíticos e enfisema pulmonar.

Esta última condição tem hoje bem reconhecidos os mecanismos de sua etiopatogenia, sendo aceito que a inativação da alfa-1-antiprotease (α1-AP) pelos radicais livres é a causa base do desenvolvimento do enfisema. Sua importância é particularmente maior nos indivíduos predispostos, ou seja, portadores de uma deficiência genética para a síntese da α1-AP. Nestes, o poder lesivo dos RLO pode se expressar com muito mais intensidade.

Todos esses fatores externos, em conjunto, elevam enormemente a demanda em antioxidantes. O fumo, como se sabe, é grande destruidor da vitamina C, sendo requeridos aproximadamente 200 mg adicionais às cotas mínimas diárias (75 mg) para o fumante. O déficit de vitamina C, se não corrigido, compromete a regeneração da vitamina E, que fica na forma oxidada quando inativa uma molécula de RLO. Outras vitaminas e elementos minerais, como o zinco e o selênio, têm igualmente um consumo aumentado nas situações mencionadas.

O coração, por seu lado, se constitui, no atleta, numa bomba mais eficiente e econômica, cujas adaptabilidades são impostas pelo redimensionamento hemodinâmico do treinamento. O aumento do volume cardíaco, com expansão da capacidade interna das 4 câmaras, é uma condição mais nitidamente observada no treinamento de resistência. Configura-se mais por um aumento do volume sangüíneo intracardíaco e menos por um processo de hipertrofia, com pouca alteração, portanto, da espessura da parede miocárdica.

O aumento da eficiência bombeadora do coração está assentado em mecanismos adaptativos um pouco diferenciados daqueles observados na musculatura esquelética — também estriada. As modificações extrínsecas à fibra muscular diferem, maiormente, no padrão hiperplásico e também no seu metabolismo glicolítico. Este último, no músculo esquelético, é bastante desenvolvido como resultado do treinamento (tanto de força como de resistência), porém é inconcebível para o músculo cardíaco, onde um possível acúmulo láctico causaria transtornos sérios à funcionalidade deste.

No tocante ao metabolismo aeróbico, entretanto, algumas similaridades são notadas, como é o caso do aumento do número e tamanho das mitocôndrias, pois o processo da fosforilação oxidativa estará em tais condições mais solicitado. A irrigação colateral, pela reativação da rede capilar alternativa, constitui também um fenômeno vigente, tanto no músculo esquelético como no cardíaco, pelo fato da maior demanda sangüínea em condições de treinamento.

O coração possui um metabolismo muito ativo, e necessita portanto de um elevado e constante suprimento de nutrientes, os quais são processados preferentemente pela via aeróbica. Além da glicose, o coração também se vale da oxidação de ácidos graxos e corpos cetônicos (via da β-oxidação) para cobrir suas elevadas necessidades energéticas. É um orgão que não contrai a chamada "dívida de O_2", como o faz o músculo esquelético, pois toda a produção de ATPs está centrada na via da fosforilação oxidativa, onde o oxigênio tem participação obrigatória.

Sendo assim, a admissão do gás à intimidade celular — no compartimento mitocondrial — deve ser bastante efetiva, com o fito de não haver obstáculo ao processo fosforilativo na cadeia respiratória. Quando o fluxo sangüíneo na rede coronária sofre interrrupções, advêm conseqüências muito danosas ao tecido miocárdico, traduzidas ou pelo infartamento crônico (angina de peito) ou pelo infartamento agudo (IAM).

Na célula cardíaca, o fenômeno do escape de oxigênio (não reduzido pela citocromo-oxidase) também acontece, e especialmente quando o miocárdio é solicitado intensamente no curso de esforços máximos. O esforço inadequadamente conduzido, seja por indivíduos sedentários ou mesmo altamente treinados, pode levar a algum grau de hipoperfusão o músculo cardíaco, com isquemias microfocais, onde poderá haver danos a pequenos grupos de células. Em indivíduos sedentários, praticantes de atividades físicas esporádicas e intempestivas, a lesão isquêmica pode ter, obviamente, implicações mais freqüentes e extensas.

No evento isquêmico, mesmo sendo ele de caráter fugaz, ocorre um processo de conversão enzimática, da xantina-desidrogenase em xantina-oxidase, que, como se sabe, constitui a base de um mecanismo de geração de radicais livres (vide cap. 4), conhecido como síndrome da isquemia-reperfusão. Nessa situação, quando ocorre o restabelecimento da oxigenação, há ativação de um mecanismo bioquímico complementar grandemente gerador das espécies O_2 e H_2O_2. Desse modo, compreende-se o quão importante são o varredores enzimáticos, em quantidades elevadas, para que a lesão isquêmica seja evitada ou bastante reduzida.

Como a demanda de O_2 no miocárdio é muito elevada em solicitações físicas intensas, o escape natural do O_2 também se faz de modo mais intenso, culminando em reduções monoeletrônicas e geração das espécies ativas do O_2. Assim, quanto maior e mais prolongado for o esforço, maior será a demanda em antioxidantes no tecido miocárdico. Uma vez que o *pool* enzimático *scavenger* tem uma operacionalidade limitada, a ação adjuvante dos varredores exógenos é imprescindível.

No tocante à atuação no mecanismo de base do dano isquêmico, existe a possibilidade de atuar farmacologicamente sobre a enzima xantina-oxidase (XO), promovendo sua inibição. Sabe-se que o ácido fólico, uma vitamina do complexo B, em doses mais elevadas que as comumente prescritas para as necessidades vitamínicas, e o alopurinol, uricossúrico usado no tratamento da gota e profilaxia dos cálculos uráticos renais, são drogas que podem inibir a XO.

O ácido fólico, em posologia diária acima de 10 mg, e o alopurinol, na posologia usual uricossúrica, de 100 a 800 mg diários, antes da execução de grande esforço, constituem estratégias válidas para a prevenção de lesões isquêmicas, especialmente ao músculo cardíaco, quando solicitações intensas e prolongadas forem exigidas, mesmo em organismos altamente treinados. A xantina-desidrogenase (XD), conversível em XO no evento isquêmico, é uma enzima abundante em vários tecidos, como o cérebro, fígado, intestino, pulmão e o músculo cardíaco.

O coração treinado ("coração de atleta"), como não poderia deixar de ser, assume igualmente um perfil bioquímico mais exigente. O aporte adequado em nutrientes antioxidantes é condição fundamental à proteção do órgão durante a execução de esforços intensos, tanto ao seu parênquima contrátil como ao tecido conjuntivo das válvulas cardíacas.

Como se vê, os nutrientes vitamínicos e minerais, que atuam adjuvando a catálise das reações bioquímicas da célula, são decisivos para ela, pois tanto participam das reações de cunho anabólico, orientando os mecanismos de síntese, como das reações antioxidantes, que visam salvaguardar esses mesmos mecanismos de transtornos em sua operacionalidade. Desse modo, são eles duplamente interessantes para o condicionamento adequado do organismo em treinamento. O modo de ação dessas substâncias antioxidantes será discutido no capítulo seguinte.

Referências

Autor, A., *Pathology of Oxygen,* Academic Press Inc., Nova York, 1982.

Burton, A. C., *Physiology and Biophysics of Circulation,* 2ª ed., Year Book Medical Publ. Inc., 1972.

Giese, A. C., *Cell Physiology,* 2ª ed., W. B. Saunders Co., Filadélfia, 1963.

Greenberg, D. M. (Ed.), *Metabolic Pathways,* 3ª ed., vol. I, Academic Press Inc., 1967.

Haugaard, N., Cellular Mechanisms of Oxygen Toxicity, *Physiol. Rev., 48:* 311, 1968.

Hendler, S., *Complete Guide of Nutrients Against Aging,* Simon & Shuster, Nova York, 1985.

Jokl, E., *Fisiología del Ejercicio,* Inst. Nacional de Ed. Física, Madri, 1973.

Meerson, F. Z. *et al.,* The Role of Ischemic Damage and the Antioxidant Protection of the Heart, *Basic Resid. in Cardiol., 77*: 465-485, 1982.

Pini, M. C., *Fisiologia Esportiva,* Guanabara Koogan S.A., Rio de Janeiro, 1978.

Wagner, A. F., Folkers, K., *Vitamins and Coenzymes,* Interscience Publishers, Nova York, 1964.

8

Mecanismos da Ação *Scavenger*
— A Proteção Antioxidante

Desde que a vida aeróbica se tornou possível, numa atmosfera ricamente oxigenada, os organismos necessitaram de dispositivos bioquímicos que lhes permitissem lidar com a toxicidade do O_2 para o seu metabolismo. Como vemos, a índole tóxica do oxigênio lhe é uma característica inata, pois, nos primeiros tempos, nem mesmo era participante dos processos energéticos, e o seu aparecimento ditou a extinção de muitos seres que a ele não toleraram.

A toxicidade do oxigênio teve assim de ser contornada, e, pouco a pouco, sua utilidade suplantou o caráter nocivo, podendo-se mesmo dizer que o oxigênio foi "domesticado". No entanto, o seu elevado instinto reativo — tão necessário ao processamento das reações orgânicas — deteve uma parcela de nocividade aos tecidos vivos, cuja vulnerabilidade está sempre presente, em maior ou menor grau.

As providências adotadas em resposta à pressão adaptativa da vida aeróbica deram-se primeiramente pela elaboração de enzimas, obviamente capazes de promover, controladamente, a catálise oxidativa dos substratos alimentares em presença do O_2. Além disso, outras espécies enzimáticas foram admitidas, com o fito de controlar os possíveis escapes de O_2 para fora das reações fosforilativas, e desse modo inibir reatividades indesejáveis. Esses sistemas enzimáticos devem, portanto, trabalhar em sintonia e com certa proporcionalidade em tais mecanismos de reação.

Além do aparato enzimático, o sistema antioxidante dispõe de meios complementares exógenos que possibilitam amplificar as ações no combate às espécies ativas do O_2, atuando de modo altamente cooperativo entre si. Os efeitos de cada espécie ativa do O_2 (EAO) são também todos interdependentes, pois a geração de uma delas pode desencadear reações em cascata, havendo, assim, conversões múltiplas.

O bloqueio num passo dessas reações promove, portanto, conseqüências benéficas em outros pontos de formação de EAO, pois anula outras reações em cascata, formadoras de mais espécies ativas na seqüência, além do que facilita o trabalho do sistema antioxidante que está encarregado de desativar a EAO quando formadas ulteriormente. Os escapes de EAO que persistem são, assim, controlados com mais segurança.

Os antioxidantes biológicos podem exibir dois modos distintos de ação contra as EAO: atuam ou como *inibidores* da síntese de EAO ou então como *inativadores* das espécies já formadas. A inibição é um processo que se dá em vias enzimáticas específicas, pelo qual se pode controlar a geração explosiva de radicais livres. É o caso, por exemplo, do alopurinol (um uricossúrico) e do ácido fólico (vitamina B_9).

A inativação de espécies radicais já formadas é, no entanto, o processo antioxidante mais usual, seja por catálise enzimática ou por combinação desta com os varredores exógenos, que são compostos altamente hábeis em liberar de sua molécula elétrons ou átomos completos de hidrogênio, que assim estabilizam prontamente as espécies reativas.

O rol de substâncias envolvidas na ação inativadora das EAO compõe, pois, um sofisticado aparato de proteção, que recebe denominações várias: substâncias antioxidantes, agentes anti-radicais livres, varredores de RL ou *oxidant scavengers*. No texto, valemo-nos da liberdade de usá-las todas, sem distinção. Primeiramente, discorreremos sobre as ações dos varredores enzimáticos para depois adentrarmos no estudo dos vitamínicos e suas interrelações.

Enzimas são catalisadores biológicos e como tal influem na velocidade de uma reação sem serem consumidas na mesma; ao final da reação são, assim, regeneradas e podem empreender nova ativação catalítica. O *pool* enzimático de praticamente qualquer compartimento metabólico pode sofrer alterações para mais ou para menos, tendo aumentada ou diminuída sua efetuação catalítica.

Por razões de adaptação a solicitações metabólicas mais intensas, patologias várias ou indução farmacológica, algum sistema enzimático, ou vários, pode estar hiperativo, hipoativo ou inativo. O condicionamento físico no treinamento intenso, por exemplo, detém implicações enzimáticas extensas, dentre as quais o aumento de enzimas da cadeia respiratória mitocondrial.

Em situações patológicas, o nível sérico de muitas enzimas pode também se achar alterado. No infarto agudo do miocárdio, por exemplo, verifica-se uma elevação abrupta e transitória das enzimas transaminase glutâmico-oxalacética, TGO (cuja denominação atual é aspartato amino-transferase, AST) e creatino-fosfoquinase (CPK), enquanto a desidrogenase-láctica (LDH) apresenta uma elevação gradual e persistente. Constituem, por isso, indicadores biológicos para o diagnóstico do IAM.

Indução ou inibição enzimática promovida por fármacos é outro fenômeno comum, capaz de alterar substancialmente o comportamento bioquímico de um dado sistema metabólico. O exemplo clássico é o que ocorre no nível hepático, na indução ou inibição microssomal, isto é, aumento de conteúdo ou inibição da ação das enzimas microssômicas do retículo endoplasmático hepatocitário (citocromo P-450, flavoproteínas, esterases, amidases).

Tais efeitos, por sua vez, determinam importantes influências no perfil farmacocinético de outras drogas. Como exemplos de indutores, há vários fármacos (fenobarbital, óxido nitroso, fenilbutazona) e pesticidas organoclorados como DDT e Aldrin. Inibidores, por sua vez, são o alopurinol, cloranfenicol, dextropropoxifeno etc.

As modificações enzimáticas com incremento de atividade comumente persistem enquanto dura o estímulo que as causa. Cessado o estímulo, o restabelecimento da normalidade pode se dar de modo rápido ou pouco mais demorado, nunca, porém, com alterações permanentes. As adaptações, nesse sentido, ocorridas no metabolismo das mitocôndrias, são, pois, reversíveis, mas um tanto persistente, uma vez que o *status* assumido com a multiplicação da organela requer um tempo maior, sem estímulos, para que haja uma reorganização aos moldes precedentes.

O aumento da capacidade enzimática para metabolizar o O_2 na célula é, invariavelmente, acompanhado de um aumento das enzimas especializadas na vigilância antioxidante, que desativam as espécies reativas do O_2. Desse modo, se estabelece um certo equilíbrio entre ações agressoras e ações defensoras, qualquer que seja a magnitude do *status* adaptativo.

As enzimas que compõem o sistema antioxidante são em número de três: a superóxido-dismutase (SOD), a catalase e a glutationa-peroxidase. Elas são enzimas solúveis, isto é, não participam de sistemas membranários, nos quais as enzimas achamse unidas de forma mais ou menos estável às membranas fosfolipídicas. Tais enzimas têm, assim, mobilidade tanto no citossol como na matriz semifluida da mitocôndria, por exemplo.

A atuação de tais enzimas em diferentes compartimentos da célula pode determinar uma especificação circunstancial, configurando uma habilidade bioquímica própria. Assim, para a enzima que catalisa a dismutação do ânion superóxido ($O_2^{\div}$), a superóxidodismutase, se reconhece duas frações distintas (isoenzimas). Uma, presente na matriz mitocondrial, tem como cofator metálico o manganês; a outra, presente no citossol, tem como cofatores o cobre e o zinco.

A reação de dismutação do ânion superóxido em peróxido de hidrogênio (água oxigenada) e oxigênio

$$2\ O_2^{\div} + 2H^+ \xrightarrow{\quad SOD \quad} O_2 + H_2O_2$$

constitui a primeira linha das ações defensivas anti-radicais livres, pois a espécie superóxido constitui igualmente o primeiro passo da ativação descontrolada do O_2, ou seja, os desvios que conduzem às reduções monoeletrônicas, não orientadas pela citocromo-oxidase.

O sistema redox da glutationa constitui outro importante sistema enzimático antioxidante. Esse sistema constitui um ciclo redox (alternância de reações de oxidação e redução) onde duas enzimas têm participação crucial: a glutationa-peroxidase (GSH-peroxidase) e a glutationa-redutase (GSSG-redutase). São enzimas citossólicas, cuja função, centrada na atividade da GSH-peroxidase, é a de degradar os peróxidos: ela atua tanto sobre os peróxidos lipídicos como sobre a água oxigenada, reduzindo-os na presença da glutationa (fornecedora de hidrogênios).

Nesse processo são utilizadas duas moléculas de glutationa, de onde se subtraem dois hidrogênios. A glutationa oxidada constitui um dímero, pela formação de uma ligação dissulfeto entre as duas moléculas; é representada abreviadamente por GSSG. Na redução do peróxido de hidrogênio, por exemplo, ocorre, assim, a formação de água e oxigênio, segundo a reação:

$$2\ H_2O_2 \xrightarrow{\text{catalase}} 2\ H_2O + O_2 \text{ ou}$$

$$H_2O_2 \longrightarrow H_2O + [O]$$

A glutationa oxidada é regenerada pela ação enzimática da glutationa-redutase, que fornece mais dois hidrogênios, em presença do cofator NADPH. Essa catálise desfaz o dímero GSSG, sendo que o grupo sulfidrílico de cada glutationa fica novamente livre e reativo; sua representação abreviada é GSH.

$$2\ GSH \underset{\substack{\text{gl. redutase} \\ (\text{vit. } B_2) \\ + \\ \text{NADPH}}}{\overset{\substack{(\text{selênio}) \\ \text{gl. peroxidase}}}{\rightleftarrows}} GS\text{-}SG + 2\ H$$

Uma vitamina do complexo B, a riboflavina (vitamina B_2), constitui, na forma de FAD, um cofator da enzima glutationa-redutase. Já a glutationa-peroxidase tem o selênio como cofator eletrofílico. Pode-se compreender, assim, o quão grande é a importância desses dois nutrientes na proteção contra a peroxidação de membranas. Esse mecanismo é complementado ainda pela ação de vitamina E, do grupo dos antioxidantes exógenos, sobre os quais discutiremos adiante.

A catalase, por sua vez, constitui o terceiro mecanismo redutor do organismo, uma enzima hêmica (as peroxidases também o são) que degrada a água oxigenada. Ela atua, assim, complementarmente à glutationa-peroxidase. A degradação da H_2O_2 é um passo importantíssimo, pois, como se sabe, é a partir desta espécie que se origina o temível radical hidroxila, iniciador da peroxidação lipídica. A degradação da H_2O_2 pela catalase constitui, portanto, outro passo cooperativo entre a tríade enzimática antioxidante.

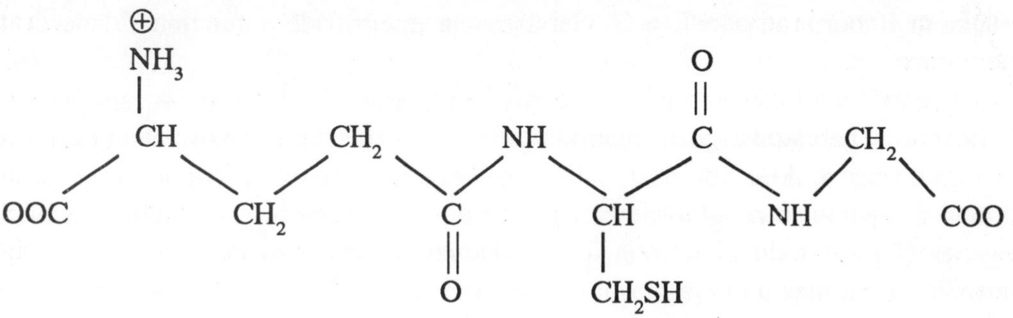

$$\underset{\displaystyle \overset{\oplus}{\text{NH}_3}}{}$$

Figura 8.1 —*Estrutura do oligopeptídio glutationa, um importantíssimo redutor orgânico. O grupo -SH é doador de hidrogênio, que o cede pela ação da enzima glutationa-peroxidase. A glutationa-redutase, por sua vez, pode reduzi-lo novamente, utilizando-se dos hidrogênios do NADPH.*

Um cofator enzimático derivado da vitamina B_3 (nicotinamida), o NADPH, tem papel-chave no mecanismo de ação do sistema redox da glutationa. Ele é um cofator da enzima GSSG-redutase, que tem como função reduzir a glutationa oxidada. A disponibilidade de glutationa reduzida é, pois, um fator limitante à ação da GSH-peroxidase, e a disponibilidade de NADP reduzido (NADPH) é, por sua vez, o fator limitante à ação da GSSG-redutase.

O cofator NADPH desempenha importante papel também nas reações de biossíntese na célula, sendo ele o principal cofator das reações anabólicas, assimilativas. A principal via bioquímica fornecedora de NADPH é a chamada via das pentoses-fosfato, iniciada a partir da desidrogenação em C_1 da molécula da glicose-6-fosfato. Além da formação do NADPH, esta via alternativa da degradação da glicose origina também pentoses, como a ribose, por exemplo, utilizada por todas as células na síntese dos ácidos nucléicos.

O primeiro passo enzimático das reações desta via é catalisada pela glicose-6-fosfato-desidrogenase, que se constitui no fator limitante de todo o processo. A ausência congênita desta enzima torna impossível esse caminho bioquímico, com repercussões metabólicas bastante sérias, especialmente quando indivíduos assim acometidos necessitam do uso de certos fármacos.

A deficiência de glicose-6-fosfato-desidrogenase (G_6-PD) é uma disfunção genética de caráter heterossômico recessivo, ligado ao cromossomo X. É, por isso, de maior expressividade no sexo masculino. Essa enzimopenia é uma condição bastante freqüente na população brasileira, e algumas de suas implicações clínico-metabólicas são muito importantes.

Como a via de produção do NADPH acha-se, em tal condição, paralisada, a regeneração da glutationa oxidada torna-se impossível, e desse modo o poder redutivo da GSH fica igualmente anulado. Na hemácia, especialmente, as reações de redução assumem importante papel, pois viabilizam a integridade e funcionalidade de sua membrana.

Quando da administração de certas categorias de fármacos — antimaláricos (primaquina, pentaquina), sulfonamídicos (sulfadiazina, sulfatiazol), analgésicos (derivados do piramido, ácido acetilsalicílico) em contato com naftalina ou ingestão de alguns alimentos (fava, grão-de-bico), — a deficiência de NADPH não possibilita a regeneração hábil da glutationa, para conduzir o processo de redução via GSH-peroxidase, ou mesmo pela reação direta com metabólitos tóxicos, feita pelo grupo reativo-SH.

Estando esse importante sistema redutor com seu poder de regeneração muito diminuído, tais drogas exaurem a capacidade redutora da glutationa (as drogas citadas oxidam-na ainda mais), que, pela deficiência do NADPH, fica na forma oxidada. Essa condição não permite, pois, o desenvolvimento da ação antioxidante na hemácia, provocando a peroxidação maciça da membrana e conseqüente hemólise, e também oxidação das proteínas internas, ou seja, as cadeias de globina.

O tratamento curativo dessa condição é basicamente sintomático, por meio de transfusões. No entanto, a administração de glutationa, GSH-peroxidase, vitamina E e cisteína (precursora da síntese de glutationa) constituem boas perspectivas de tratamento farmacológico, no evento hemolítico desencadeado ou como medida profilática. Vale ressaltar que o ácido ascórbico (vitamina C), apesar de suas qualidades antioxidantes, em altas doses também pode desencadear hemólise em deficientes de C_6-PD.

O sistema redox da glutationa — GSH-peroxidase e GSSG-redutase — é de extrema importância para as células, por controlar a peroxidação lipídica de membranas, especialmente na hemácia, uma célula que lida constantemente com um grande volume de O_2 e conseqüentemente com um gradiente transmembrana do gás bastante elevado. A deficiência de G_6-PD expõe, desse modo, a hemácia a um estresse oxidativo muito mais intenso do que seria em condições normais.

Os antioxidantes são igualmente úteis em anemias hemolíticas de diferentes etiologias. A vitamina E, especialmente, pode minimizar os danos membranários na hemácia, seja nas anemias hemolíticas *globulares*, como a talassemia, anemia falciforme, anemias hemolíticas enzimopênicas (por deficiência de G6-PD, de piruvato-quinase), seja nas anemias hemolíticas *extraglobulares*, que englobam as oriundas de fatores imunológicos, infecciosos, físicos ou químicos.

Enzimas são catalisadores biológicos e sua atividade baseia-se nas mesmas leis cinéticas que regem as atividades dos catalisadores químicos. Algumas características, contudo, são distintas. Os catalisadores biológicos (enzimáticos) possuem, assim, uma eficácia maior; têm grande especificidade pelo substrato, ao contrário dos catalisadores químicos, que podem atuar em diferentes reações e sobre diferentes substratos; e o seu funcionamento é altamente regulado, ou seja, o equilíbrio químico (quando a energia de reação é nula) configura apenas uma tendência do caminho de reação, pois na matéria viva existe um fluxo contínuo de energia e substratos e conseqüente formação dos produtos de reação, que caracteriza o chamado *equilíbrio dinâmico*.

Como os catalisadores não são consumidos no mecanismo da reação, eles podem ser recuperados intactos no fim da reação. Desse modo, são capazes, mesmo em diminutas concentrações, de atuar na ativação sucessiva de um grande número de reações. A catálise enzimática ocorre nomalmente sob velocidades muito grandes, e quando a efetuação dá-se sobre substratos simples, como o são as espécies ativas do O_2, por exemplo, a capacidade de atuação é espantosa.

Em enzimologia, a eficiência de uma catálise é dada pelo número de moléculas de substrato metabolizadas por molécula de enzima por minuto. Comumente, esse número é da ordem de 10^3 a 10^6 ou mais moléculas. No caso da catalase, por exemplo, que tem como substrato a água oxigenada, sua eficiência chega a ser de $2 \cdot 10^8$ moléculas/minuto! Como se vê, as enzimas são catalisadores altamente eficientes em concentrações incrivelmente baixas, não guardando nenhuma proporção numérica com as concentrações das moléculas do substrato.

Nos sistemas biológicos, também a catálise química acontece, sendo exemplo o caso dos metais de transição (ferro, cobre, cobalto, molibdênio) que catalisam as interconversões entre espécies ativas do O_2. Um desses caminhos é o que possibilita a geração do radical hidroxila ($OH^{\cdot}$) a partir do peróxido de hidrogênio, demonstrado pelo mecanismo da reação de Fenton:

$$Fe^{2+} + H_2O_2 \longrightarrow Fe^{3+} + OH^- + OH^{\cdot}.$$

Os mecanismos de catálise empreendidos pelas enzimas antioxidantes são altamente eficientes pela velocidade com que conseguem desmembrar os seus substratos, as EAO. Um só espécime enzimático consegue, desse modo, inativar, em milésimos de segundo, incontáveis espécimes dos intermediários reativos do O_2, estando sempre regenerado ao fim da reação. Tais agentes antioxidantes são, por isso, designados de *varredores catalíticos*.

Há agentes varredores que desenvolvem sua ação protetora por um mecanismo indireto, intervindo justamente na catálise promovida pelos metais de transição, na geração dos RLO. Captando os íons metálicos e eliminando o excesso dos tecidos, os agentes quelantes promovem considerável ação protetora anti-radical livre no organismo. É o caso, por exemplo, dos quelantes usualmente empregados em muitas circunstâncias terapêuticas, como o EDTA, acetilcisteína, penicilamina, desferoxamina, alginato de sódio, pectina, zinco, selênio etc. Esse aparato antioxidante ganha, assim, a denominação de *varredores anti-catalíticos*.

Na ocorrência do evento isquêmico, onde se tem a ativação da enzima xantina-oxidase (XO), pode-se considerar outro tipo de atividade protetora. Na chamada síndrome da isquemia-reperfusão, a XO age intensamente sobre a hipoxantina — substrato este formado no lapso isquêmico —, e, colateralmente, origina grande produção de espécies ativas do O_2.

Nesta condição, drogas como o ácido fólico (vitamina B_8), em altas doses (acima de 10 mg), e o alopurinol, nas doses convencionais da terapêutica uricossúrica, exibem atividade de inibição sobre a XO, o que ultima no bloqueio da geração dos RLO. Tem-se, assim, um mecanismo *scavenger* igualmente anticatalítico, porém, com verdadeira atividade antienzimática.

As vitaminas, por seu turno, que compõem um vasto grupo de substâncias e desenvolvem ações multifatoriais no metabolismo, possuem uma magnitude de primeira ordem como agentes antioxidantes, destacando-se entre elas a vitamina A, a E e a C, cujas interrelações, tanto no mecanismo varredor como no aspecto farmacodinâmico, são notáveis. Relações muito estreitas também se verificam no caso da vitamina C com os fatores P (flavonóides), da vitamina E com o selênio e da vitamina A com o zinco. Essas duplas desenvolvem verdadeiro sinergismo farmacológico, quando os dois elementos interativos participam em concentrações adequadas.

Vitaminas são consideradas micronutrientes, pois são requeridas na dieta em quantidades bastante pequenas, da ordem de poucos miligramas (mg) ou mesmo microgramas (mcg). O conceito que se faz das vitaminas como sendo catalisadores biológicos tem implicações bastante extensas no organismo. Embora muitas delas tenham participação como cofatores enzimáticos, algumas não atuam como tal, sendo exemplos as vitaminas A e D.

A vitamina D, em sua forma fisiológica D_3 (colecalciferol) ou de origem vegetal, D_2 (ergocalciferol), exibe um comportamento muito mais hormonal do que vitamínico. Ela não participa de sistemas catalíticos, na forma de cofator, mas sim induzindo a síntese de uma proteína cálcio-ligante específica (CaBP) na mucosa intestinal. A vitamina D, na forma biologicamente ativa do 1 - α, 25-diidroxicolecalciferol, atua, portanto, diretamente no núcleo da célula, modulando a transcrição da informação ao mRNA e subseqüente síntese ribossômica da CaBP.

A vitamina A (retinol, axeroftol), por sua vez, tem ações polimorfas e bastante complexas. As ações dessa vitamina, especialmente na proteção das células do ectoderma, ao que tudo indica, tem igualmente relação com a modulação genética no núcleo celular. Assim, os padrões de diferenciação, divisão e manutenção da funcionalidade bioquímica em tais células estariam subordinados a uma regulação feita por um derivado da vitamina A, o ácido retinóico, ao nível de todos os genes envolvidos. No embrião, durante a diferenciação dos grupos celulares específicos que irão originar os distintos orgãos e tecidos, o papel do ácido retinóico parece ser crucial para que a modelação tenha ritmo e destinação precisos.

Além dos papéis dinâmicos que detém no bioquimismo celular, a vitamina A possui também um importante papel estrutural, sendo parte constituinte de estruturas orgânicas relacionadas à visão. Na retina, a vitamina A, agora sob a forma de aldeído (retinal ou retineno), acha-se ligada a uma proteína globular, a opsina, formando a chamada *rodopsina* ou *púrpura retiniana*. Pelo estímulo fótico (reação enzimática fotoinduzida) ocorre um ciclo de isomerização entre as formas geométricas *cis* (da rodopsina) e *trans* (do complexo dissociado).

A transformação do isômero *cis* em isômero *trans* no retinal é que está relacionado à geração da fotocorrente. Essa fotocorrente pode estar envolvida, primária ou secundariamente, na condução do impulso nervoso. O ciclo enzimático de transformação do retinal no mecanismo da visão é denominado ciclo de Wald.

As vitaminas, na qualidade de micronutrientes que são, podem desempenhar seus papéis de adjuvantes na catálise enzimática ou então na modulação de outros processos mesmo em concentrações bastante diminutas. Para as condições em que são solicitadas à tarefa de combater radicais livres, suas concentrações devem ser, contudo, mais elevadas.

Diferentemente das enzimas, que, como comentamos, são regeneráveis ao fim de uma reação, as vitaminas, em alguns casos, quando reagem com um radical livre são inativadas (consumidas) no processo. Comumente, uma molécula vitamínica interage com 1 radical livre, e essa relação de 1:1 configura uma reação balanceada, onde os reagentes têm suas concentrações proporcionais. Nesse caso podemos, então, classificar tais varredores de RLO como *varredores estequiométricos,* dado respeitarem uma relação estequiométrica (entre o número de moléculas) no mecanismo de reação.

São exemplos de varredores estequiométricos a vitamina E (tocoferóis) e a vitamina P ou vitamina C_2 (flavonóides = fatores P). A vitamina E, por exemplo, quando se combina com um radical livre (relação 1:1) inativa este, ao mesmo tempo transformando-se em tocoferilquinona. Esta é, contudo, regenerável na presença da vitamina C (tão-somente na presença desta!).

A vitamina C (ácido ascórbico) cede hidrogênios e reduz novamente a vitamina E, formando, por sua vez, ácido dehidroascórbico (a sua forma oxidada). O ácido dehidroascórbico pode ser regenerado pelo sistema redox da glutationa, configurando esse mecanismo um ciclo complexo, eficiente e cooperativo entre os *oxidant scavengers*.

Não havendo disponibilidade de ácido ascórbico, ou estando ele em quantidades insuficientes, a vitamina E oxidada (tocoferilquinona) fica estável e não-regenerável. Existiria, desse modo, um consumo elevado de vitamina E, provocando uma depleção crítica de seus níveis tissulares, ou quando *in vitro* (conservação de alimentos), havendo queda de sua eficiência protetora contra a rancificação de óleos e gorduras, por exemplo. Esses mecanismos, que acabamos de comentar, de regenerações redutivas seqüenciais, é o que se denomina de *sistema redutor cooperativo*, essencial à plena funcionalidade do aparato *scavenger*.

Os flavonóides são também uma classe de varredores estequiométricos regeneráveis pelo ácido ascórbico. Constituem eles uma ampla família de compostos fenilbenzopirônicos, encontrados abundantemente no reino vegetal como pigmentos em flores, frutos, folhas. Em terapêutica, vários flavonóides são amplamente utilizados como vasotropos (protetores capilares e venosos) numa série de condições clínicas como edemas de estase, varizes, úlceras venosas, equimoses, retinopatia diabética e outras situações onde a fragilidade capilar esteja presente. Alguns exemplos são a diosmina, rutina, hesperidina, naringina e o flavapentol.

O caráter fenólico dos flavonóides confere-lhes também uma capacidade de seqüestrar metais (ação quelante). Sua estrutura benzopirônica propicia ainda a característica de substâncias varredoras de radicais livres. São, assim, substâncias úteis tanto *in vivo*, na proteção *scavenger* do organismo, como *in vitro*, na preservação antioxidante de óleos e gorduras, por exemplo. Na inativação de RLO, a relação estequiométrica é de uma molécula de flavonóide para um radical livre. No caso da ação quelante, por seu lado, essa relação pode ser de várias moléculas de flavonóide (2, 3 ou 4) para cada átomo do metal quelado.

A vitamina A e o beta-caroteno, varredores de RLO altamente eficientes, não são estequiométricos. Sua ação desenvolve-se principalmente na inativação do oxigênio *singlet*, $^1O_2$. O modo de inativação desta espécie ativa do O_2 pelas moléculas isoprenóides (cadeia carbônica com várias insaturações conjugadas), como o retinol e o beta-caroteno, dá-se por um mecanismo físico e não-químico. Tais moléculas se caracterizam por exibir isomeria geométrica do tipo *cis-trans*. No mecanismo de fotorrecepção do olho, como já vimos, essa característica é fundamental para a geração do impulso nervoso na retina, sendo aí as reações catalisadas por enzimas.

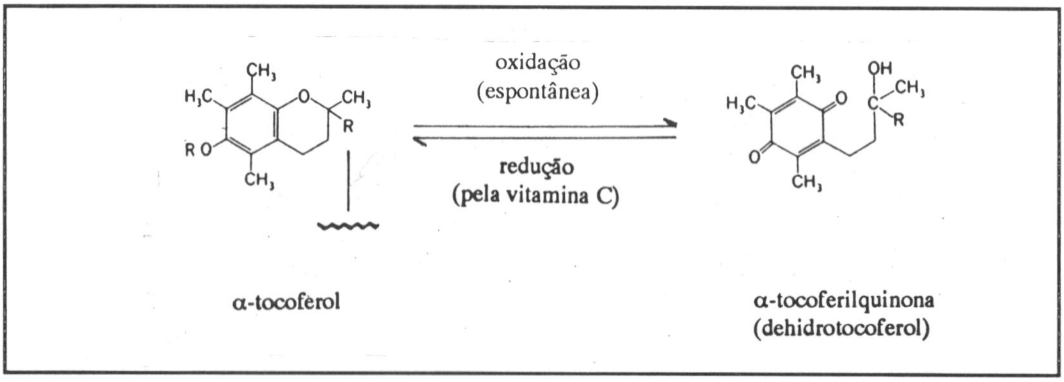

Figura 8.2 —Sistema redox da vitamina E. R constitui uma cadeia alquílica de 16 carbonos (4 resíduos isoprenos), responsável pela lipofilia da molécula. Essa cadeia carbônica longa possibilita a formação de ligações com os lipídeos da membrana (～～～), através de interações hidrofóbicas. R' representa comumente o éster acetato; essa esterificação confere maior estabilidade à vitamina E nos produtos comerciais.

O oxigênio *singlet* é uma molécula energética e pode transferir sua energia no processo de isomerização da cadeia isoprenóide dos retinóis (vitamina A, beta-caroteno). Assim, os retinóis podem ser convertidos da forma *cis* à forma *trans* pela energia de uma molécula de O_2 *singlet*, e inversamente, pela energia de outro O_2 *singlet*, num ciclo contínuo. Um grande número dessa espécie ativa pode, assim, ser inativado por uma só molécula de um retinóide. Pelo seu peculiar modo de ação, tais substâncias podem ser denominadas de *varredores isoméricos*.

A cadeia isoprenóide dos retinóides é, contudo, altamente lábil, pelo grande número de insaturações que apresenta, podendo sofrer com facilidade as ações da peroxidação em sua própria molécula, tal qual acontece com os ácidos graxos poliinsaturados. É aí que a vitamina E novamente acorre e exerce outra ação cooperativa de magna importância: ela protege a vitamina A e outros retinóis da degradação, impedindo a peroxidação de sua cadeia carbônica insaturada, aumentando a eficiência vitamínica e *scavenger* de tais compostos e melhorando as condições de armazenamento no organismo.

A vitamina C (ácido ascórbico) é outro importante redutor do organismo, que, como vimos, é cooperativo na regeneração da vitamina E. Sua própria regeneração, como sistema redox reversível, está na dependência da glutationa-redutase. É por isso que na deficiência genética da enzima glicose-6-fosfato-desidrogenase, o ácido ascórbico também pode desencadear hemólise, pois não há NADPH para regenerar a glutationa.

O paradoxo dessa condição é que, não havendo regeneração do ácido ascórbico, maiores serão as demandas dietéticas para supri-lo na sua forma reduzida, o que é inviável de se fazer pelo risco de desencadear uma anemia hemolítica. Compreende-se, desse modo, o quão comprometidos ficam os mecanismos *scavengers*, na vigência de uma deficiência de G_6-PD, pois interrompe-se a cadeia cooperativa entre seus elos e a agilidade do sistema decai.

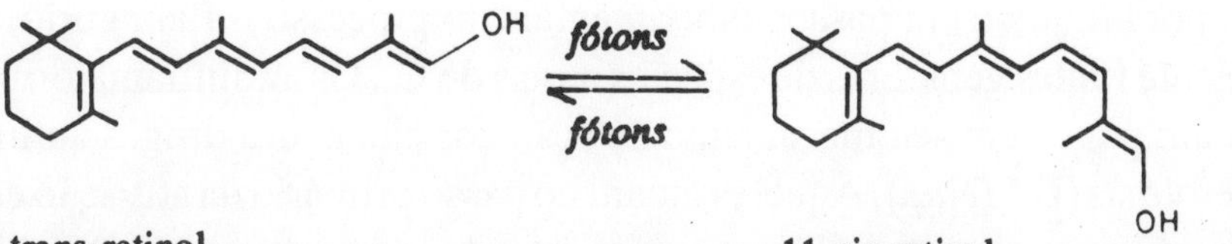

Figura 8.3 —*Mecanismo proposto para a ação scavenger dos retinóides. A isomerização reversível* cis-trans, *pela energia do oxigênio* singlet *(emissão de fótons), configura um processo físico de inativação anti-radical livre, específico para esta espécie ativa do O_2; e não-estequiométrico, pois a molécula do retinóide é sempre regenerável, podendo, assim, inativar inúmeras moléculas do $^1O_2$.*

Pela característica de a vitamina C ser um composto exógeno hidrossolúvel, o seu perfil farmacocinético apresenta uma velocidade de depuração grande, ou seja, ela é muito rapidamente excretada. Sendo assim, a saturação textrina dessa vitamina sofre flutuações grandes, e um meio de se contornar tal problema é observando a regularidade de sua ingestão em doses equilibradas e nem tanto as quantidades maciças desproporcionais preconizadas por alguns autores.

Por doses equilibradas de vitamina C entende-se aquelas situadas em níveis até 10 ou 20 vezes superiores às cotas mínimas diárias para um adulto (75 mg). Assim, doses de 500 mg até 1-2 gramas diários são bastante aceitáveis, de preferência administradas em posologia fracionada. Um outro meio possível é lançar mão das formas *retard* (de liberação lenta), onde se conseguem níveis plasmáticos mais uniformes.

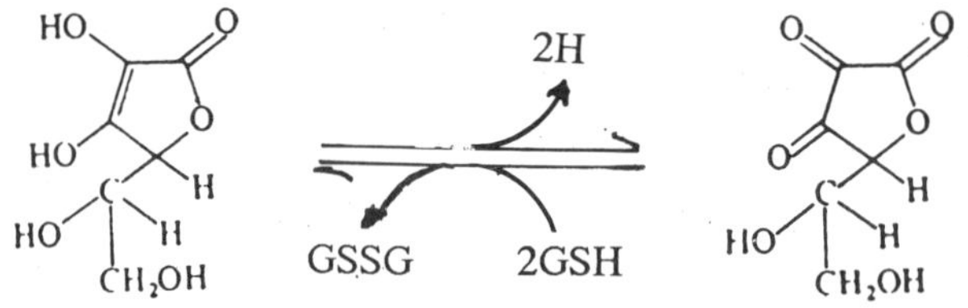

Figura 8.4 —*Sistema redox da vitamina C. A regeneração do ácido dehidroascórbico (forma oxidada) é feita pela catálise enzimática da glutationa-peroxidase, um exemplo do estreito cooperativismo entre os sistemas* scavengers.

As drogas antiinflamatórias, tanto as esteroidais quanto as não-esteroidais (DAINEs), são igualmente responsáveis por um mecanismo anti-radicais livres, dado atuarem por bloqueio em passos fundamentais do processo inflamatório, os quais são sabidamente fontes geradoras de espécies ativas do O_2. Os antiinflamatórios esteroidais diferem um pouco em seu mecanismo de ação das chamadas drogas antiinflamatórias não-esteroidais (DAINEs). Aqueles atuam no passo primário da ativação em cascata do ácido aracdônico, ou seja, inibem a fosfolipase A_2, responsável pela sua liberação dos fosfolípides da membrana.

Outra via em que os esteroidais atuam é a da 5-lipoxigenase, inibindo, assim, a formação dos hidroperóxidos e dos leucotrienos (SRS-A), estes os grandes responsáveis pela hiper-reatividade brônquica, no desencadeamento das crises asmáticas. Essa inibição da 5-lipoxigenase, exercida pelos esteroidais, é conseqüência da inibição da fosfolipase A_2, pois o caminho da 5-lipoxigenase é uma via imediata daquela. As

DAINEs, por exemplo, não a inibem, pois atuam sobre a enzima ciclooxigenase (= prostaglandina-sintetase), que é uma via também imediata da fosfolipase A_2, porém seguindo outra vertente catalítica: a da síntese das prostaglandinas.

No caso da asma brônquica, por exemplo, os corticóides controlam espetacularmente as crises, como as do estado de mal asmático; já as DAINEs podem mesmo agravá-las. Isso se explica pelo fato de os corticóides inibirem justamente a 5-lipoxigenase, não havendo, então, formação dos mediadores altamente potentes desta via, cujos efeitos broncoconstritores são difíceis de serem combatidos pelas medicações broncodilatadoras usuais.

Quando se emprega as DAINEs no asmático, pode haver desencadeamento de uma crise de broncoespasmo, pelo fato de tais drogas atuarem no bloqueio reversível de uma via secundária, deixando outra via secundária livre, a da 5-lipoxigenase. Isso provoca uma hiperativação desta última, resultando em grande produção de hidroperóxidos e leucotrienos. Como se sabe, esse mecanismo é responsável também pela produção descontrolada de espécies radicais.

As DAINEs promovem também um bloqueio reversível em alguns passos subseqüentes da formação dos eicosanóides, como no caso das enzimas tromboxano-sintetase e prostaciclina-sintetase. O mecanismo de geração do tromboxano, quando está superestimulado, origina também grande quantidade de hidroperóxidos, e estes culminam na formação de radicais livres que, por sua vez, deixam mais ativada a via da tromboxano-sintetase, configurando, assim, um círculo vicioso. Portanto, o bloqueio desta via constitui uma importante ação frenadora da produção de radicais livres.

As prostaglandinas são mediadores do processo inflamatório, promovendo intensos efeitos vasotrópicos e celulares no local da injúria tissular. O bloqueio enzimático de sua produção é o mecanismo mais aceito atualmente para explicar os efeitos antiinflamatórios das DAINEs. Os fenômenos cardinais da inflamação (dor, edema, febre, eritema), são, assim, satisfatoriamente controlados por tais drogas. Pela ação que desenvolvem sobre a tromboxano-sintetase das plaquetas, promovendo baixa adesividade destas, o potencial terapêutico das DAINEs se estende também ao tratamento e prevenção dos fenômenos tromboembólicos.

Os antiinflamatórios atuam, pois, em pontos diversos, tanto da resposta inflamatória como imune. Pela inibição da síntese das prostaglandinas, que, atuando por quimiotaxia, promoveriam intensa migração e proliferação celular no sítio da inflamação, tais drogas exerceriam em ponto distante outro efeito protetor.

Com o recrutamento de monócitos e polimorfonucleares neutrófilos na área da inflamação, estes passariam a desenvolver aí ações líticas, pela liberação de hidrolases lisossomiais e pela produção de espécies ativas do O_2, iniciada com a geração do ânion superóxido pela NADPH-oxidase. As DAINEs atuam nos passos precedentes da ativação celular e, posteriormente, estabilizando a membrana lisossomial, impedindo a liberação das hidrolases e inibindo o evento primário da formação de radicais livres no neutrófilo (formação do ânion superóxido).

As ações anti-radicais livres exercidas pelas DAINEs não são, contudo, completas, pois tais drogas não bloqueiam a 5-lipoxigenase. Assim, esta via fica ativa, produzindo os hidroperóxidos e radicais livres. Este último combate só pode então ser exercido pelos varredores tradicionais ou pelos corticóides, que efetivamente inibem a via da 5-lipoxigenase. Entretanto, modernamente, têm sido propostos alguns modelos de fármacos antiinflamatórios não-hormonais, supostamente capazes de atuar também como varredores de radicais livres, complementando, assim, uma ação desejável na cura da inflamação. O protótipo desta classe de drogas, já em uso clínico, é a nimesulida.

Os antiinflamatórios não-esteroidais, além de sua ampla aplicabilidade no domínio das doenças reumáticas, vislumbram hoje abordagens diferentes, a propósito de seu mecanismo de ação como inibidores da formação de radicais livres. Em Dermatologia, esse enfoque assume importância como prevenção dos malefícios cutâneos oriundos da radiação ultravioleta. As DAINEs podem atuar complementarmente aos filtros tópicos, por ação sistêmica, no controle dos danos à derme, oriundos de RLO formados pela exposição aos raios solares. Vale lembrar que os antiinflamatórios do grupo do oxicans (piroxicam, tenoxicam etc.) são substâncias capazes de desencadear reações fototóxicas.

Nos envolvimentos actínicos mais agudos (queimadura solar por efeitos intensos dos raios UV), a utilidade terapêutica das DAINEs se baseia justamente no seu mecanismo de ação duplo: ação antiinflamatória primária e ação anti-radical livre, pela inibição de sua formação, advinda do próprio processo inflamatório. Desse modo, se consegue eliminar boa parte do desconforto cutâneo (dor, ardência, vermelhidão, febre), e também abreviar as extensões das lesões. Este, contudo, é um tópico que merece uma discussão à parte, a qual faremos a seguir.

Atualmente, as implicações da radiação solar sobre os processos patológicos e do envelhecimento cutâneos são relativamente bem compreendidos, e, assim, novos conceitos terapêuticos e/ou preventivos têm sido desenvolvidos, possibilitando maior segurança especialmente contra os nocivos raios ultravioleta. A metodologia de estudo nesta área está subordinada à Fotobiologia, ciência que se ocupa dos fenômenos interativos das radiações não-ionizantes com a matéria viva.

O termo radiação define o fenômeno de emissão de energia, seja na forma de calor, luz, partículas etc. Radiações *ionizantes* são assim denominadas por provocarem ionizações, especialmente ao atingirem a matéria viva; são ionizantes os raios X, as radiações alfa, beta e gama. A formação anormal de íons nos tecidos acarreta profundos transtornos bioquímicos e metabólicos ao organismo.

Uma outra modalidade de fenômeno radioativo é a chamada *excitação eletrônica*, sendo, porém, não-ionizante. A excitação apenas tem a propriedade de elevar o potencial energético dos elétrons no átomo, ou seja, deslocando um elétron de sua posição habitual a um nível mais externo, e, portanto, mais energético. Ao voltar ao seu nível original (do estado fundamental) o elétron dissipa sua energia extra na forma de emissão de luz. Essa excitação quântica é o que ocorre com o oxigênio *singlet,* por exemplo, cuja mensuração de sua emissão de fótons (quimioluminescência) constitui um parâmetro confiável na verificação da atividade fagocítica dos leucócitos.

Os raios ultravioleta não são ionizantes, mas sim excitantes. Aos níveis dérmico e ocular, esse fenômeno é responsável por alterações em moléculas orgânicas e geração de radicais livres, sendo tais efeitos mais intensos pela ação de uma faixa do ultravioleta de mais alta freqüência, o chamado UVC. Felizmente, pouco UVC atinge a troposfera, sendo ele em grande parte bloqueado pela camada de ozônio, na estratosfera.

Dentro do espectro eletromagnético, as radiações de maior interese fotobiológico são as freqüências do ultravioleta, que abrangem 3% do espectro. A faixa do UV é dividida em três subfaixas ou bandas que compreendem: o ultravioleta A (UVA), com comprimentos de onda de 320 a 400 nanômetros (nm), o UVB, de 290 a 320 nm, e o UVC, de 200 a 290 nm.

A exposição continuada à radiação solar promove estimulação dos melanócitos, na camada basal da epiderme, que passam, então, a sintetizar mais melanina. Em indivíduos de pele clara, essa pigmentação (o bronzeado) é dita facultativa, pois reflete uma adaptação funcional da epiderme; cessando o estímulo fótico, volta-se às condições anteriores.

Os raios UVA promovem mais intensamente o chamado bronzeado imediato, que persiste por até 24 horas, sendo resultado da fotooxidação da melanina preexistente no melanócito. Esses raios têm penetração profunda na derme e são pouco eritemogênicos, ou seja, provocam pouca vermelhidão na pele. Os UVB, por sua vez, são pouco penetrantes, mas bastante eritemogênicos e desencadeiam principalmente o bronzeamento tardio, oriundo da efetiva melanogênese, e que persiste por várias semanas.

Existem, todavia, graus diferentes de responsividade da pele ao estímulo fótico, ou seja, a sensibilidade dos diferentes tipos de pele produzem respostas também diferentes, como forma de adaptabilidade a essas radiações. Essas variações de sensibilidade cutânea foram agrupadas por Fitzpatrick em 6 categorias ou tipos diferentes, conforme se pode ver no quadro 8.1.

Os tipos I e II caracterizam pessoas loiras, de olhos azuis e pele muito clara, representando o grupo mais vulnerável aos processos deletérios provocados pela exposição solar. Os sinais fenotípicos mencionados são representativos de uma hipopigmentação melânica, e a resposta adaptativa ao estímulo fótico (melanogênese efetiva) é praticamente inexistente. São indivíduos que necessitam mais intensamente dos artifícios de fotoproteção, como forma de se evitar o desenvolvimento de patologias actínicas graves e do envelhecimento cutâneo acelerado (fotoenvelhecimento ou actinossenescência).

QUADRO 8.1 — Tipos de Pele (Fototipos) de Fitzpatrick

Tipos de Pele	Características
I e II	Muito sensível — queima-se facilmente; nunca se bronzeia ou bronzeia-se minimamente
III	Sensível — queima-se moderadamente; adquire bronzeamento leve
IV	Moderadamente sensível — queima-se ocasionalmente; adquire bronzeamento moderado
V	Minimamente sensível — queima-se raramente; adquire bronzeamento forte
VI	Insensível — nunca se queima; nessa categoria enquadram-se os negros, mestiços e índios

A escolha adequada de um protetor solar recai precisamente sobre o tipo de pele apresentado pela pessoa. Para as do fototipo IV, por exemplo, os filtros indicados são os que possuem um FPS intermediário, de 8 a 15. Os fototipos de I a III já exigem protetores com FPS acima de 15, os quais apresentam uma capacidade bloqueadora quase total. Do índice 15 para cima, os protetores solares são considerados bloqueadores (*sunblock*), sendo os mais eficazes na proteção de peles muito sensíveis.

Para os indivíduos enquadrados dentro dos fototipos V e VI, por sua vez, os filtros de baixo FPS, de 6, 4 ou 2, podem ser usados sem problemas. Ele oferecem uma proteção adequada, complementar, já que o tipo de pele, bastante insensível, poucos efeitos sofre pela ação da radiação ultravioleta.

Os fotoprotetores com índice FPS alto (superior a 15) são preferentemente indicados no início da exposição ao sol, e à medida que se vai instalando o bronzeamento natural (como nos fototipos III e IV) pode-se lançar mão dos de índice mais baixo. Os tipos de pele que nunca desenvolvem mecanismos próprios de defesa (I e II) têm nos bloqueadores de índice alto sempre a melhor forma de proteção.

As patologias actínicas compreendem tanto as entidades do envelhecimento cutâneo propriamente (fotodermatoses) como as nosologias mais graves, no caso, os desenvolvimentos neoplásicos de caráter maligno (epiteliomas espino e basocelular e o melanoma). Tais alterações da pele são conseqüências da exposição solar prolongada a que o indivíduo se submete durante boa parte da vida, tendo elas, portanto, um caráter patogênico cumulativo. O desenvolvimento da catarata parece guardar muita relação também com a exposição cumulativa aos raios UV (etiologia actínica).

Os conhecimentos hoje disponíveis acerca dos efeitos deletérios da radiação ultravioleta sobre o organismo humano têm possibilitado o desenvolvimento de estratégias eficazes para combater esses males, tornando a convivência com o sol uma condição bem mais segura. O desenvolvimento dos chamados filtros solares foi um passo decisivo para efetivar tal proteção. Mais modernamente, as noções sobre os efeitos dos radicais livres têm possibilitado, através do emprego de agentes sistêmicos, uma ação adjuvante à proteção cutânea contra as degenerações patológicas graves ou do envelhecimento actínico. Assim, o conceito de fotoproteção hoje implica mecanismos externos (tópicos) e também internos (sistêmicos).

As substâncias fotoprotetoras, naturais ou sintéticas, desenvolvem sua ação através de uma interação química ou física com a luz incidida, ou seja, absorvendo a energia do fóton incidente e diminuindo-lhe o poder de penetração na epiderme, ou refletindo-o. Uma substância fotoprotetora pode ser total ou parcialmente impermeável aos raios UV.

Como agentes fotoprotetores naturais se encontram a melanina, presente em organelas chamadas melanossomos, dentro dos melanócitos, e o ácido urocânico, sintetizado pelos queratinócitos e presente abundantemente no suor. Ambos esses pigmentos têm sua síntese iniciada pela fotoindução do UV.

A melanina atua como filtro por absorção da energia do UV, dissipando-a na forma de calor, e por reflexão. Sua estrutura polimérica quinóide (sintetizada a partir da tirosina) funciona ainda na varredura dos radicais livres aí formados pelos UV — é um varredor do tipo estequiométrico. O ácido urocânico (derivado do aminoácido histidina), por sua vez, atua absorvendo a energia do UV por um mecanismo de fotoisomerização, convertendo-se nas formas *trans* e *cis,* num processo cíclico. Sua presença intraepidérmica proporciona também uma ação *scavenger* semelhante à desenvolvida pelos retinóides, pelo mesmo mecanismo de isomerização geométrica — é, pois, um varredor do tipo isomérico.

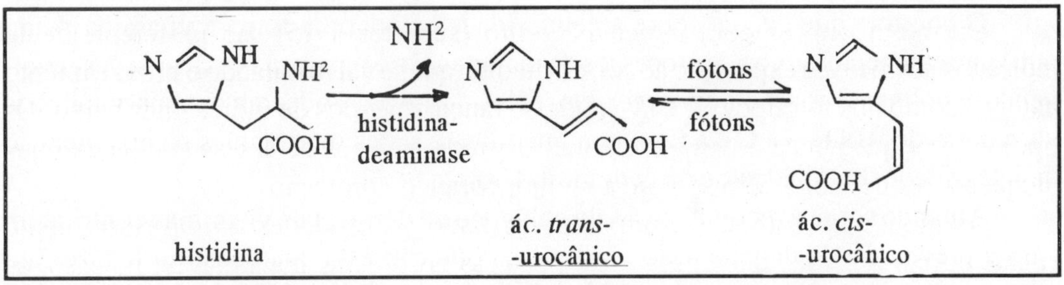

Figura 8.5 — Mecanismo de isomerização do ácido urocânico. Esse metabólito da histidina encontra-se em grande quantidade na superfície da pele quando da exposição à luz solar.

Outro mecanismo adaptativo que se evidencia é o estímulo proliferativo da camada basal (maior atividade mitótica); isso visa a aumentar a espessura da epiderme, com o que se obtém uma barreira mais eficaz à penetração dos raios UV. Tal mecanismo é desencadeado pela exposição solar prolongada no início do processo adaptativo (antes de se efetivar a pigmentação melânica), caracterizando-se, ulteriormente, pela descamação intensa nos locais expostos da pele. É principalmente a camada córnea que se desprende, quando o ciclo celular se completa nesse processo adaptativo.

Dentre as substâncias sintéticas, as totalmente opacas (impermeáveis a todos os comprimentos de onda do UV) — denominadas filtros totais ou opacos — são, por exemplo, o dióxido de titânio, óxido de zinco, sulfato de bário etc. Os agentes que são mais ou menos seletivos filtram apenas determinados comprimentos de onda, sendo comuns, por isso, formulações associando duas ou mais substâncias, a fim de complementar sua eficiência. São exemplos o ácido paraminobenzóico (PABA) e seus ésteres, o oxibenzônio e os padimatos.

A eficácia de tais produtos é dada pelo índice Fator de Proteção Solar (FPS), concebido por Greiter (1984). Esse índice designa o coeficiente entre a dose de radiação eritematosa mínima (DEM) com o fotoprotetor e a DEM sem ele. O índice FPS é determinado experimentalmente, em câmaras especiais, empregando-se o UVB, que é mais eritemogênico.

$$FPS = \frac{DEM\ da\ Pele\ com\ Fotoprotetor}{DEM\ da\ Pele\ sem\ Fotoprotetor}$$

Quanto maior for o índice FPS maior será, em tese, o tempo permitido de exposição ao sol, sem que haja os fenômenos fotoinduzidos na pele.

Os efeitos nocivos da radiação UV nos territórios cutâneo e ocular podem ser grandemente minimizados pela ação adjuvante dos varredores de RLO sistêmicos. Aliás, no território ocular, constituem eles o principal meio de prevenção contra os efeitos degenerativos desencadeados pela radiação UV cumulativa. Do mesmo modo, o fotoenvelhecimento e o câncer de pele são passíveis de prevenção por tais meios.

O controle que exerce sobre a celularidade ectodermal torna a vitamina A um nutriente essencialíssimo nos processos de manutenção e reparação cutâneos, desenvolvendo igualmente a ação *scavenger* em nível dérmico. Todas as demais vitaminas varredoras de RLO — a C e a E — têm igualmente ações importantes na manutenção da integridade dos tecidos de origem mesodérmica.

Atuando sobre a recomposição do colágeno na derme, tais vitaminas contribuem para a prevenção da degeneração elastótica, condição esta que constitui o substrato etiopatogênico de uma série de entidades clínicas relacionadas ao envelhecimento cutâneo. Os fenômenos de actinossenescência devem ser também considerados para o lado do território ocular, uma vez que as interações lumínicas, pelas ações cumulativas dos raios ultravioleta, são grandemente influenciadoras de degenerações no epitélio da retina e na estrutura cápsulo-lenticular do cristalino.

A prevenção dos danos por ação dos raios UV deve ser empreendida não somente nas condições recreacionais (particularmente a faixa etária jovem) mas também nas condições ocupacionais, onde há fontes artificiais de ultra-violeta (câmaras especiais de UV, soldas elétricas e outras); o uso de máscaras e óculos especiais nessas circunstâncias é imprescindível. Em casos acidentais de exposição aguda intensa aos raios UV, a terapia sistêmica com o uso de doses maciças dos varredores exógenos (vitaminas A, C, E, beta-caroteno, flavonóides, zinco, selênio) pode limitar os danos e até reverter, em muitos casos, os processos distróficos oculares desencadeados.

Dentre as incontáveis substâncias hoje reconhecidas como cancerígenas, destaca-se o numeroso grupo das nitrosaminas ou compostos N-nitrosos. A sua formação, *in vivo*, dá-se pela reação de grupos amínicos com o íon nitrito (NO_2^-); esta nitrosação de aminas ocorre, em animais, especialmente no estômago, pois é favorecida pelo pH ácido. O pH ideal para sua formação situa-se em torno de 3,0, que é o nível de acidez no estômago humano.

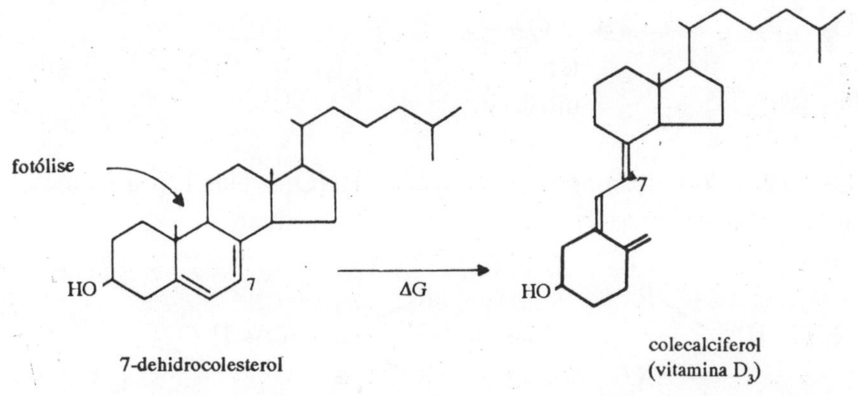

Figura 8.6 — Fenômeno actínico que envolve a transformação do 7-dehidrocolesterol em vitamina D_3 na pele. Esse mecanismo pode desenvolver também uma ação scavenger. Isto porque, além da ativação energética dos próprios raios ultravioleta, a transformação molecular ocorrida pode se dar pela cessão de energia da espécie O_2 singlet. A razão bioquímica desse processo é passível, então, de encerrar dois fins: a conversão vitamínica do 7-dehidrocolesterol e a ação scavenger, na mesma reação. Diferentemente, porém, do caso da ação dos retinóides, que é um processo físico e reversível, a reação na molécula do 7-dehidrocolesterol envolve um processo de transformação química: ruptura do anel B do esterol.

Os reagentes dessa reação, ou seja, os compostos aminados (aminas, amidas) e os nitratos e nitritos, acham-se comumente presentes nos alimentos. Os primeiros são naturalmente encontrados em vegetais, carnes, fumo e também em certos fármacos. Os segundos, em maior escala o nitrito, são extensivamente empregados na aditivação de alimentos, especialmente na carne vermelha, com a finalidade de fixar-lhe a cor.

Os nitratos e nitritos são empregados também para curar o pescado, como peixes e mariscos enlatados, e também na conservação de queijos. São comumente utilizados sob a forma de sais sódicos ou potássicos. A concentração permitida nos alimentos nunca deve ultrapassar 500 ppm para o nitrato e 200 ppm para o nitrito.

Os nitratos (NO_3), também presentes como conservantes ou contaminantes em alimentos, podem ser reduzidos por ação microbiana transformando-se em nitritos (NO_2) — transformação que pode ser feita por microorganismos da própria microflora bucal. A partir deste, a nitrosação de aminas torna-se então possível. Esse processo de nitrosação dá-se especialmente sobre as alquilaminas secundárias por um mecanismo de reação de substituição, ou seja, um radical nitroso (-NO) é inserido ao nitrogênio amínico no lugar de um hidrogênio. Tem-se então, como produto final, uma nitrosamina.

$$NO_3^- \xrightarrow{\text{redução microbiana}} NO_2^-$$

ion nitrato → íon nitrito

$$NO_2^- + HCL \text{ (do estômago)} \longrightarrow HNO_2 + NaCL \text{ (ou KCL)}$$

nitrito   ac.clorídrico ac. nitroso

$$HNO_2 + HN\begin{smallmatrix}R\\R\end{smallmatrix} \longrightarrow \begin{smallmatrix}R\\R\end{smallmatrix}N\text{-}N{=}O + H_2O$$

ác. nitroso   alquilamina nitrosamina

O número dessas espécies nitrosamínicas é bastante grande, incluindo, por exemplo, a dimetilnitrosamina, dietilnitrosamina, metilfenilnitrosamina, diamilnitrosamina e muitas outras. As nitrosaminas exibem um organotropismo específico, isto é, elas são formadas no estômago, podendo mesmo atuar no nível deste ou sistemicamente, provocando câncer em outros órgãos, como pulmão, bexiga, fígado ou esôfago.

Como o mecanismo da N-nitrosação envolve um processo de oxidação de uma alquilamina secundária, as substâncias redutoras têm a capacidade de inibir essa reação. *In vivo*, essa atividade pode ser exercida pelos antioxidantes biológicos, e, dentre estes, a vitamina C (ácido ascórbico), pelo seu caráter ácido e hidrossolúvel, tem maior ação no meio gástrico.

nitrosamina

$$R \quad N\text{-}NO$$
$$R$$
$$H$$

ác. ascórbico $\rightleftharpoons$ ác. dehidroascórbico

Estudos atuais sugerem que a atividade protetora antinitrosamínica do ácido ascórbico possa dar-se não somente no nível do estômago, por inibição da formação, mas também em nível sistêmico, degradando, por redução, as nitrosaminas já formadas e anulando, assim, em segunda instância, o potencial carcinogênico destas.

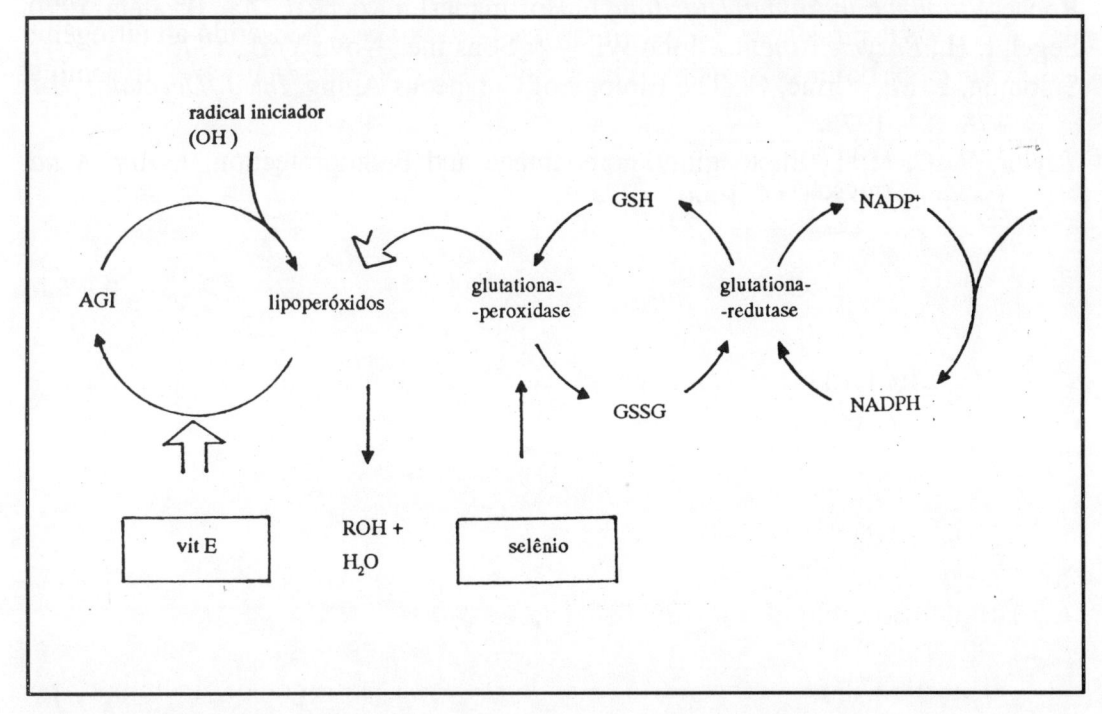

Figura 8.7 — *Mecanismo bioquímico da inter-relação vitamina E/Selênio. A vitamina E bloqueia a seqüência de reações em cadeia que perpetuam a lipoperoxidação sobre os ácidos graxos insaturados (AGI) das membranas. O selênio, compondo parte fundamental da glutationa-peroxidase, possibilita a atuação enzimática desta na inativação dos peróxidos, alquóxidos ou hidroperóxidos já formados, convertendo-os em álcoois primários ou secundários inócuos. O efeito global conseguido por este sistema é devido, assim, à combinação do poder redutor enzimático e vitamínico (ação sinérgica).*

Referências

Arias, M. I., Jakoby, W. B., *Glutathione: Metabolism and Function,* Nova York, 1976.

Gin, N. K., The Effect of Corticosteroids on Monocyte and Neutrophil Activation in Bronchial Asthma, *J. Allerg. Clin. Immunolog., 76:* 675, 1985.

Green, J., Bunyan, J., Vitamin E and the Biological Antioxidant Theory, *Nutr. Abstr. and Rev., 39*: 321-345, 1969.

Grimes, A. J., *Human Red Cell Metabolism,* Blackwell Scientific Publications, Londres, 1980.

Kaidbey, K. H., The Photoprotective Potential of the New Superpotent Sunscreem, *J. Am. Acad. Dermatol., 22:* 449-452, 1990.

Michelson, A. M., McCord, J. M., Fridovich, I., *Superoxide and Superoxide Dismutases,* Academic Press Inc., Nova York, 1977.

Roche, *Vitamin E in Animal Nutrition,* F. Hoffmann-La Roche & Cia., Basiléia, 1970.

Segel, I. H., *Enzyme Kinetics,* John Wiley & Sons Inc., Nova York, 1975.

Solomon, L. M., Virtue, C., The Biology of Cutaneous Aging, *Int. J. Dermatol., 14:* 178-181, 1975.

Taylor, R. C. et al., Photoaging/Photodamage and Photoprotection, *J. Am. Acad. Dermatol., 22:* 1-15, 1990.

9

Características Químicas dos Varredores Exógenos Naturais

Os agentes varredores exógenos naturais de RLO compreendem um importante grupo de substâncias, pertencendo a famílias químicas diversas. Apesar de suas identidades químicas serem diferentes, eles têm uma identidade de ação em comum, agindo por isso de forma integrada e altamente cooperativa. Aqui, discutiremos os aspectos químicos especialmente dos *scavengers* vitamínicos (vitaminas C, E, A, carotenóides, flavonóides). A visualização das relações estruturais de tais substâncias é muito importante para se compreender o seu modo de ação.

Basicamente, esses varredores são sistemas redox reversíveis ou então estruturas isomerizáveis (passíveis de alterações na sua conformação molecular). No primeiro caso, estão as vitaminas C, E e o flavonóides; no segundo, a vitamina A, seus precursores, os carotenos e outras moléculas aparentadas. O caráter essencial dos mesmos — não sintetizáveis pelo organismo — faz com que sua suplência seja feita através da dieta.

Felizmente, tais nutrientes são ubíquos na natureza, ou seja, são largamente encontrados nos alimentos vegetais, especialmente nos frutos e partes folhosas verdes. A síntese química propicia atualmente a disponibilidade de todos eles em grande quantidade, facultando o seu uso terapêutico sem problemas.

A síntese química é na maioria das vezes um procedimento mais vantajoso do que a obtenção natural do composto, tanto no aspecto econômico como no farmacológico. No aspecto farmacológico, vale citar, por exemplo, o caso da vitamina C (ácido ascórbico), obtida industrialmente através de um processo combinado, de síntese química e biossíntese microbiana.

O ácido ascórbico é encontrado em abundância em muitas frutas. As mais ricas são, na ordem, a acerola (cereja-das-antilhas), com até 3,5 gramas da vitamina por 100 gramas de polpa, o araçá com 320 mg%, o kiwi com 260 mg%, o caju com 220 mg%, a goiaba, 80 mg%. Os cítricos, tão celebrados como rica fonte de vitamina C, não são contudo os mais abonados; o limão, por exemplo, participa com cerca de 60 mg%, a laranja, em torno de 40 mg%.

Nos frutos, o ácido ascórbico encontra-se, em partes iguais, sob a forma de dois isômeros ópticos: a forma dextrógira e a forma levógira. Mistura em partes iguais dessas duas formas isoméricas configuram a espécie racêmica (sem atividade óptica). Biologicamente, apenas a forma levógira do ácido ascórbico (ácido L-ascórbico) é ativa. Desse modo, na acerola, por exemplo, o expressivo conteúdo de 3,5 gramas%, compreende, na verdade, em termos de atividade vitamínica, tão-somente a metade daquela quantidade, ou seja, 1,25 gramas%. Na laranja, com seu teor de 40 mg%, a atividade vitamínica corresponde tão-somente a 20 mg% de ácido ascórbico.

A obtenção industrial do ácido ascórbico pelo processamento de frutas seria muito onerosa, tanto pela necessidade de um grande volume de frutas frescas e a sua extrema labilidade (o ácido ascórbico é facilmente oxidável em contato com ar, luz, calor) como pelo fato de ser necessário, para se obter a substância com atividade pura, o isolamento e a separação dos isômeros. Pela síntese química aliada ao processo fermentativo, cuja matéria-prima é a α-D-glicose, obtém-se o isômero L já purificado.

A argumentação que se tece em favor da vitamina C natural (pela ingestão de frutas), como tendo ela atividade vitamínica superior e melhor aproveitamento pelo organismo é, por isso, um grande equívoco. A síntese química, seja total ou parcial, dá à substância fabricada todas as características atômicas, configuracionais (distribuição dos átomos na molécula) e conformacionais (disposição espacial da molécula) de sua congênere natural, não existindo absolutamente diferença ou impureza alguma.

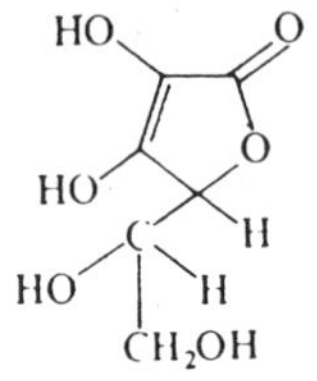

Figura 9.1 — Molécula do ácido ascórbico. A vitamina C ou ácido L-ascórbico é um derivado carboidratado, isto é, formado a partir da glicose. Quimicamente, trata-se de uma estrutura furanolactônica, cujo anel é que é responsável pelas propriedades redox da molécula.

A atividade vitamínica e o aproveitamento pelo organismo são, isto sim, muito maiores no caso da substância sintética, pois em termos biológicos o organismo recebe tão-somente o isômero ativo, e, no seu reconhecimento pelos tecidos, não há distinção de origem: sintético ou natural, a identidade é absoluta. Em terapêutica isso representa uma grande vantagem, pois podem-se padronizar dosagens eficazes tão-somente da substância ativa, com maior economia e menor volume empregado.

A síntese química total não é, todavia, um processo genérico. A obtenção de certas vitaminas dá-se mesmo por extração vegetal, através do isolamento e purificação da substância ativa, como é o caso da vitamina E, abundante nos óleos vegetais, (germe de trigo, milho, soja) e dos flavonóides. Outras são obtidas por biossíntese microbiana total ou parcial, como é o caso da riboflavina (vitamina B_2), da cianocobalamina (vitamina B_{12}) e do próprio ácido ascórbico (vitamina C).

O beta-caroteno pode ser obtido por síntese química e também pelo processo fermentativo microbiano, cuja matéria-prima básica é a molécula da beta-ionona. A vitamina A, por sua vez, pode ser obtida de fontes naturais, como o óleo de fígado de peixes (juntamente com a vitamina D_2) ou por processo sintético, através da clivagem da molécula de beta-caroteno.

Quimicamente, o ácido L-ascórbico é um sistema redox gulono-lactônico, possuindo um núcleo anelar pentagonal lactônico que é o responsável pela sua grande capacidade redutora. Esse comportamento redox é igualmente observado no caso da vitamina E, que possui também um núcleo anelar oriundo do cromanol.

A facilidade com que doa hidrogênios torna o ácido L-ascórbico um redutor muito eficaz em praticamente todos os tecidos. Como cofator enzimático, o ácido ascórbico está envolvido especialmente em reações de hidroxilação, como, por exemplo, a conversão da prolina em hidroxiprolina, um aminoácido essencial à síntese do colágeno. Tais reações são tributárias exatamente da capacidade redutora da vitamina C.

Nas reações de inativação de radicais livres, onde tais compostos têm elevada eletronegatividade, essa incrível capacidade de ceder rapidamente elétrons e/ou hidrogênios é que torna a vitamina C um varredor eficiente e um agente altamente cooperativo na regeneraçào da vitamina E. As reações de oxidação que sofrem o ácido ascórbico e a vitamina E (cedendo hidrogênios para reduzir um substrato) são sempre espontâneas; sua regneração, contudo, é sempre cooperativa.

Pelo caráter vitamínico (essencial) que possui e pelo perfil farmacocinético de substância hidrossolúvel (rapidamente excretada), a vitamina C necessita ser suprida de forma constante pela dieta, a fim de satisfazer as concentrações tissulares adequadas em sua forma reduzida. A importância de seu suprimento regular reside não só na atividade vitamínica, mas, como visto, também no mecanismo *scavenger* direto e pela via cooperativa.

A vitamina E ocorre em larga escala nos vegetais, sendo abundante em folhas, frutos e sementes oleaginosas; destas, se pode extrair o óleo, com grande quantidade do composto. A atividade vitamínica E é caracterizada em sua maior parte (95% ou mais) pelo alfa-tocoferol, existindo, porém, grande número de homólogos estruturais, abrangendo o grupo dos tocoferóis. O termo tocoferol pode ser empregado como sinonímia usual de vitamina E.

O sistema químico do alfa-tocoferol corresponde ao 5, 7, 8-trimetiltocol. Constitui-se de um núcleo bianelar derivado do cromano, com uma longa cadeia carbônica completamente hidrogenada (saturada) de 16 carbonos, responsável pela lipofilia da molécula. Comercialmente, é utilizada a forma racêmica (DL - α - tocoferol) esterificada — comumente o éster acetato ou succinato —, pois dessa maneira se consegue uma boa estabilidade do produto frente ao oxigênio do ar.

A esterificação da hidroxila apensa ao carbono 6 do anel aromático promove uma estabilização em todo o núcleo cromanólico. *In vivo,* após ser ingerida, ocorre, antes de ser absorvida, a desesterificação. Junto com a fração lipoprotéica dos quilomícrons é absorvida e seu armazenamento dá-se especialmente no fígado e tecido adiposo. Contrariamente às outras vitaminas lipossolúveis, que em administração prolongada e em altas doses podem determinar efeitos cumulativos tóxicos, a vitamina E não apresenta essa periculosidade, sendo, portanto, bastante segura.

A presença da longa cadeia carbônica na molécula do alfa-tocoferol propicia-lhe o passaporte da lipofilia. É por este motivo que a vitamina E pode integrar-se às estruturas membranárias fosfolipídicas, exercendo aí sua decisiva ação antilipoperoxidativa. Sua molécula, à semelhança dos próprios fosfolipídeos, exibe o caráter anfipático, isto é, com dupla afinidade quanto à solubilidade. O comportamento de solubilidade na membrana fosfolipídica assume, assim, os contornos do arranjo em micelas, dado pela parte lipófoba (hidrófila) do núcleo cromanol e pela parte lipófila (hidrófoba) da longa cadeia carbônica.

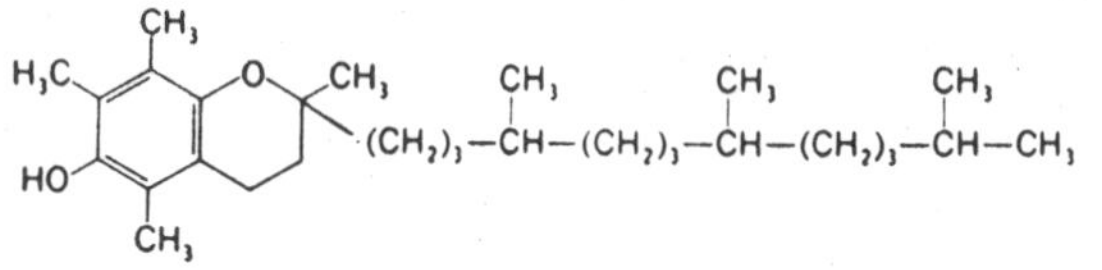

Figura 9.2 —Molécula da vitamina E. Trata-se de um derivado do cromanol, uma estrutura de natureza benzopirônica. Esse núcleo cromanólico sofre oxidação, transformando-se numa quinona (α-tocoferilquinona), cedendo seus hidrogênios para os processos redutivos. A reversibilidade da reação é possível pela ação redutora do ácido ascórbico.

A conhecida inter-relação vitamina E/selênio origina-se da estreita participação que ambos detêm no sistema antilipoperoxidativo. O selênio é cofator da enzima glutationa-peroxidase, que inativa os peróxidos lipídicos, e a vitamina E, também um agente redutor, atua complementando esse mecanismo, inativando os radicais peróxido, pela pronta cessão de hidrogênios a estes.

Se, por um lado, a vitamina E é praticamente destituída de toxicidade, o mesmo não acontece, no entanto, com o selênio, tendo o organismo dos animais uma tolerância pequena a esse mineral. Um teor de 5 ppm nas plantas de pastagem já é capaz de provocar efeitos tóxicos no gado. Vegetais como o trigo, milho e soja, por exemplo, possuem uma capacidade muito grande de armazenar selênio, haja vista a riqueza do mineral em seus óleos.

Em solos alcalinos, há maior absorção de selênio pelas plantas; já em solos muito ácidos quase não há absorção. No primeiro caso, existe o perigo de intoxicação dos animais; no segundo, há episódios de deficiência, que atingem igualmente o homem. Esse é o caso da região de Keshan, interior da China, onde se faz necessário adotar a suplementação do selênio à população.

O selênio tem importante participação não somente no sistema enzimático da glutationa-peroxidase como também influi na atividade de outros grupos enzimáticos. O seu efeito tóxico, quando em concentrações elevadas, é resultado do bloqueio da atividade enzimática — ele atua, portanto, como um inibidor enzimático, inclusive para a própria GSH-peroxidase.

O selênio parece bloquear os grupos tiol (-SH) do centro ativo das enzimas, inativando-as. Em regiões do sudeste dos EUA, o solo altamente selenífero constitui um grande problema à pecuária e à Saúde Pública, uma condição bastante oposta, portanto, àquela que ocorre em Keshan, na China. A suplementação deste elemento, quando necessária, pode ser feita através do selenito de sódio (Na_2O_3Se), não sendo todavia recomendáveis doses acima de 200 microgramas (mcg) diários de selênio.

Os flavonóides, outro grupo vitamínico também varredor de radicais livres, integram uma família bastante numerosa, de mais de 200 compostos. Constituem pigmentos vegetais, sendo também bastante ubíquos na natureza. Ao contrário de outros pigmentos, como os carotenos e carotenóides, que se acham confinados nos plastídeos, os flavonóides se distribuem nos vacúolos da célula vegetal.

Esses compostos vitamínicos são denominados de vitamina P, vitamina C_2, complexo C ou fatores P (o P é de permeabilidade, pelo fato de atuarem tonificando a parede dos capilares e das vênulas). Essa proteção que tais compostos exercem às paredes dos vasos talvez se deva às suas ações anti-histamínica e anti-hialuronidásica.

São exemplos de flavonóides a rutina, quercitrina, hesperidina, diosmina, flava-pentol, folesculetol etc. As antocianinas e antoxantinas, comumente descritas como pigmentos em plantas, têm todas a estrutura básica da fenilbenzopirona. Nos vegetais, esses pimentos encontram-se comumente unidos a moléculas de açúcares, constituindo estruturas denominadas *glicosídeos*.

Todas as variações estruturais podem ser englobadas, no entanto, sob o termo flavonóides. Além do vasto número de integrantes naturais, existem igualmente estruturas sintéticas que apresentam equivalente atividade vasotrópica. Assim, para fins de diferenciação de origem, é comum referir-se aos compostos naturais como *bioflavonóides*.

A atividade vitamínica destes compostos pode ser padronizada ou como mistura de vários componentes, sob a forma de extratos vegetais concentrados, ou isoladamente, compondo especialidades farmacêuticas na forma de monossubstância. Como os flavonóides são sinergísticos com a vitamina C, o ideal é tomá-los juntos, numa proporção de 1:3. Por exemplo, 100 mg de bioflavonóides para 300 mg de vitamina C.

naringina

hesperidina

Figura 9.3 — Estrutura de dois flavonóides. São glicosídeos, pois R refere-se a um açúcar. Na naringina, o açúcar é a hesperidose (β-D-ramnosil-(1⇒2)-D-glicose). Na hesperidina, o açúcar é a rutinose (β-D-ramnosil-(1⇒6)-D-glicose).

Profilaticamente, 200 mg ao dia de bioflavonóides é uma dose boa. No tratamento de distúrbios vasculares, as doses podem ser bem mais elevadas, sem problemas. Doses altas devem ser tomadas às refeições, prevenindo, assim, possíveis desconfortos gástricos.

Os bioflavonóides e a vitamina C apresentam um sinergismo recíproco: tanto a vitamina C pode regenerar (reduzir) os bioflavonóides, como estes podem também regenerá-la. Tanto na atividade vitamínica como na atividade *scavenger* de ambos, esse mecanismo cooperativo recíproco potencializa seus efeitos. Os bioflavonóides são, assim, agentes adjuvantes também à ação da glutationa-redutase, um dos sistemas redutores mais importantes do organismo.

Por fim, tem-se o grupo dos chamados retinóides, que engloba a vitamina A, os carotenos e carotenóides (xantofilas) e os derivados sintéticos da vitamina A, como os ácidos *trans*-retinóico, *cis*-retinóico, o etretinato etc. Apesar da diversidade química entre tais espécies, todas elas congregam contudo alguma semelhança estrutural que, no conjunto, bem se assentam sob a denominação de retinóides (literalmente, aparentados ao retinol = vitamina A).

Química e basicamente, tais compostos exibem um núcleo anelar, monoinsaturado ou aromático, com uma cadeia lateral terpênica. Essa cadeia apresenta duplas ligações (insaturações) alternadas ou conjugadas, constituindo, por isso, uma estrutura terpênica. Vale dizer que uma unidade terpênica equivale a dois resíduos isoprenos (2-metilbutadieno-1,3). Várias unidades terpênicas constituem uma cadeia poliênica. Esse tipo de cadeia hidrocarbônica pertence à série olefínica; sendo assim, esses compostos são poliolefinas.

A cadeia poliênica da vitamina A, por exemplo, possui duas unidades terpênicas (4 insaturações). Nessa cadeia terpênica, aparece no carbono terminal uma hidroxila (função álcool); por isso, a vitamina A é considerada um álcool isoprenóide primário. Biologicamente, contudo, parece que a vitamina A não exerce suas funções como álcool, mas sim na forma da função ácida (ácido retinóico) e aldeídica (retinal ou retineno).

A vitamina A existe como tal somente em tecidos animais e pode exibir duas formas distintas: a da vitamina A_1 (retinol) e a da vitamina A_2 (3-deidroretinol). A forma A_2 ocorre especialmente na gordura de peixes de água doce, e sua atividade vitamínica é de apenas cerca de 40% da atividade do retinol. Na natureza, ambas as formas se encontram sob a forma de ésteres graxos, especialmente o palmitato. Comercialmente, a vitamina A também é apresentada na forma de ésteres (acetado ou palmitato).

Devido às carcterísticas de sua cadeia poliênica, a vitamina A pode exibir o fenômeno da isomeria geométrica, com 2 isômeros, *cis* e *trans*. Neste tipo de isomeria a disposição espacial dos grupos acha-se separada por distâncias interatômicas diferentes nos pares de isômeros.

No isômero *trans*, a disposição da cadeia carbônica da vitamina A acha-se totalmente distendida, de modo uniforme, num mesmo plano. Por isso, esse isômero é denominado *all-trans* (todo *trans*). No caso do isômero *cis*, a cadeia terpênica sofre um dobramento, reorientando seu plano espacial. Essa reorientação espacial inicia-se no carbono 11 da molécula. Para o retinol, esse isômero denomina-se neo-vitamina A; sua atividade vitamínica é de cerca de 75% em relação ao isômero *trans*.

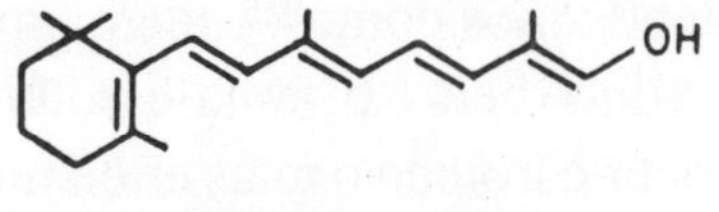

trans-vitamina A

Figura 9.4 —Estrutura da vitamina A. A vitamina A e demais retinóides podem ser classificados como lipídeos isoprenóides; mais precisamente, são compostos da série olefínica. A vitamina A (retinol, axeroftol), como exibe função alcoólica, é designada como um álcool isoprenóide primário. Vários retinóides, como carotenos e carotenóides, são hidrocarbonetos puros: (-CH-)n.

No mecanismo de fotorrecepção da visão, o processo de isomerização do aldeído da vitamina A (retinal) é realizado ciclicamente. O estímulo fótico desencadeia a dissociação do 11-*cis*-retinal do complexo com a opsina (rodopsina) e se transforma no isômero *trans*. A regeneração do pigmento retiniano dá-se pela isomerização do retinal à forma *cis* novamente, que é capaz, então, da refazer a ligação com a opsina.

O derivado de função ácida da vitamina A — ácido retinóico — também apresenta o fenômeno da isomeria *cis-trans*. Ambos os isômeros acham-se disponíveis comercialmente, em especialidades farmacêuticas de grande interesse na Dermatologia. O isômero *trans* (ácido *trans*-retinóico, tretinoína) é empregado topicamente no tratamento da acne, dermoabrasão, cicatrização hipertrófica etc. O isômero *cis* (isotretinoína) tem sido empregado no tratamento sistêmico da acne grave e rebelde.

Dos derivados sintéticos do retinol, o etretinado é o que se acha atualmente disponível em apresentações comerciais. O etretinato apresenta um núcleo anelar aromático, ao contrário das formas naturais onde é monoinsatuado. Apresenta, ainda, a função ácida esterificada por um álcool etílico — é um éster estílico. A sua forma ativa é representada pelo isômero *trans*.

O etretinato constitui o princípio ativo de uma especialidade farmacêutica de uso restrito ao receituário dermatológico. Pelo grande potencial teratogênico que apresenta, seu uso exige cuidados e acompanhamento médico rigorosos nas mulheres em idade fértil. Suas indicações abrangem a psoríase, genodermatoses (ictiose, doença de Darier) e outras disceratoses.

Dentro da grande família dos retinóides há ainda o numeroso grupo dos carotenos e carotenóides, que são uma categoria bastante difundida de pigmentos vegetais. Uma característica notável destes compostos é o colorido que emprestam especialmente aos frutos maduros e às folhas senescentes.

O seu espectro colorimétrico estende-se do amarelo-pálido ao alaranjado e vermelho-vivo. Os matizes apresentados são resultado da longa cadeia insaturada e dos grupos hidroxílicos e cetônicos apensos aos anéis da extremidade. Os derivados oxigenados dos carotenos são denominados *carotenóides* ou *xantofilas*.

Os carotenos propriamente ditos compreendem um grupo de 3 hidrocarbonetos isoprenóides isômeros: são o alfa, o beta e o gama-carotenos. Todos os três são precursores da vitamina A, sendo o beta-caroteno o mais eficiente, originando duas moléculas de vitamina A; o alfa e o gama-carotenos podem originar apenas uma molécula. Nos vegetais, os isômeros alfa e beta são os mais abundantes. No estado puro, os carotenos são sólidos cristalinos de coloração alaranjada ou roxa. Caroteno é uma palavra oriunda do nome científico da cenoura (*Daucus carota* L.), pelo fato de o pigmento ter sido isolado primeiramente dessa raiz tuberosa.

Os carotenóides, por sua vez, compreendem todos os demais pigmentos isoprenóides que guardam relação com os carotenos. Quimicamente, eles podem apresentar cadeia hidrocarbônica alifática (ex., licopeno), apresentar anéis oxigenados, constituindo as xantofilas (ex., cantaxantina, equinenona, zeaxantina, luteína etc.) ou ainda exibir função ácida (ex., bixina) ou aldeídica (ex., apocarotenal).

As xantofilas são bastante abundantes no reino animal, emprestando seus matizes à coloração de peixes, crustáceos e plumagens de aves, especialmente. Os matizes predominantes das xantofilas tendem mais ao alaranjado e vermelho intenso, como verificado na plumagem de araras, tiês-sangue, flamingos e outras aves. Comumente, existe associação de vários carotenóides ou destes com pigmentos de outra natureza.

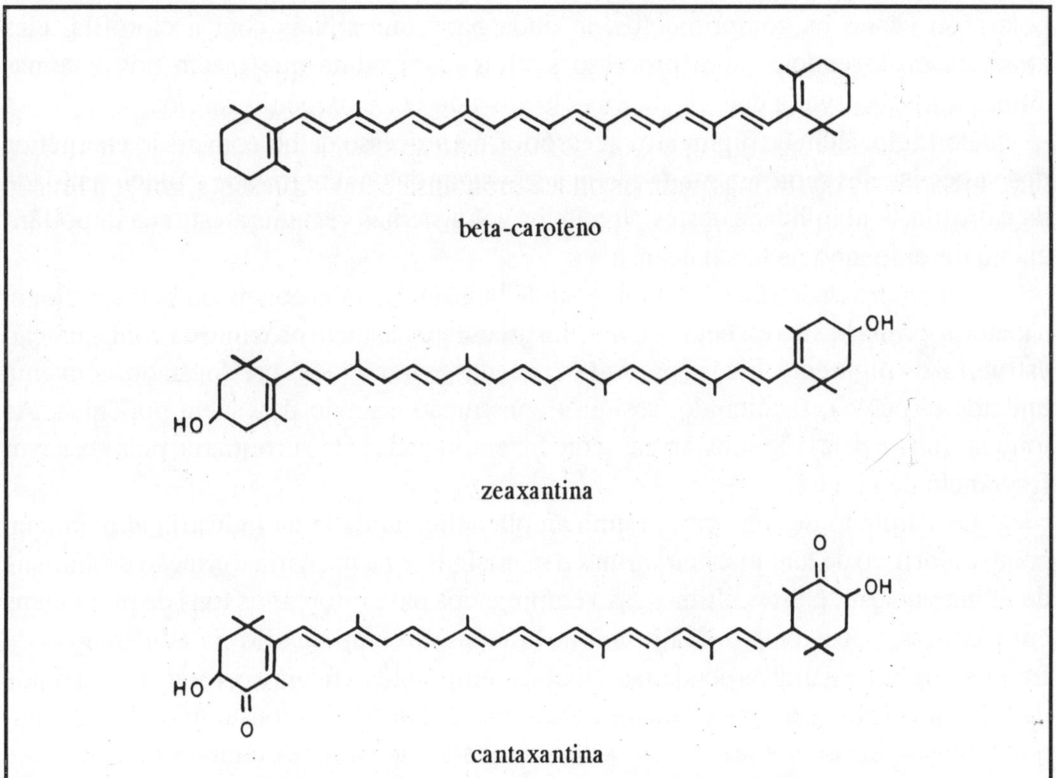

beta-caroteno

zeaxantina

cantaxantina

Figura 9.5 — Estrutura do beta-caroteno e de duas xantofilas, a zeaxantina (presente no milho) e a cantaxantina (presente na plumagem de flamingos, araras).

Nos tecidos vegetais, os carotenóides encontram-se presentes nos grana dos cloroplastos juntamente com a clorofila. Eles são tidos como pigmentos acessórios da fotossíntese, pois auxiliam a clorofila no processo da transdução de energia a partir da energia luminosa do sol. Os carotenóides respondem a comprimentos de onda não abrangidos pela clorofila, tornando, assim, mais eficiente o processo de bioconversão da energia solar: transformação da energia radiante em energia química potencial (processo conservativo).

Mas o papel reservado aos carotenóides nessa organela da célula vegetal parece ir um pouco além. Na qualidade de eficientes *scavengers* que são, os carotenóides desempenhariam ainda um papel protetor para a clorofila e as demais estruturas do cloroplasto, impedindo processos de fotossensibilização indesejada.

Pelo modo como agem, desenvolvendo um mecanismo não estequiométrico de varredura, sua funcionalidade é bem apropriada ao sistema clorofiliano do cloroplasto, pois absorvendo os comprimentos de onda não compatíveis com a clorofila, eles atuariam protegendo-a, num processo similar à varredura que fazem nos sistemas animais, ao absorver a energia da espécie ativa do O_2, o oxigênio *singlet*.

Portanto, além de pigmentos acessórios no processo de bioconversão energética dos vegetais, eles representam também a salvaguarda da integridade e funcionalidade da clorofila. A ubiqüidade destes pigmentos nos sistemas vegetais atesta sua importância no desempenho de tais mecanismos.

No processo de síntese química ou de biossíntese microbiana do beta-caroteno, a matéria-prima básica é a beta-ionona, um precursor bastante próximo da configuração estrutural do pigmento. Ela já apresenta o anel das extremidades pré-formado, com uma unidade terpênica, facilitando, assim, a construção e união da cadeia poliênica. As iononas (alfa e beta) são substâncias também empregadas em perfumaria, pois possuem fragrância de violeta.

Os carotenóides encontram uma ampla aplicabilidade na indústria alimentícia, como colorífico de queijos, margarinas e manteigas, e na pecuária e criação de animais de ornamentação. Nestes últimos, são empregados para reforçar os tons de plumagens em pássaros, por exemplo. Na pecuária avícola, são empregados na alimentação de frangos de corte e galinhas poedeiras. Nos primeiros, intensificam a coloração alaranjada da pele e propiciam, por isso, características mais palatáveis ao consumidor. Nas segundas, intensificam a coloração da gema do ovo, qualidade esta que é também mais atraente ao consumidor.

Os pigmentos comumente empregados para tais finalidades são o beta-caroteno (que tem apreciável valor alimentício), o beta-apo-8'-carotenal (uma forma aldeídica), o éster etílico do ácido beta-apo-8'-carotenóico e a cantaxantina. Os três primeiros conferem tonalidade amarelo-alaranjada; a cantaxantina, por sua vez, propicia tons de vermelho-vivo. São pigmentos inócuos, podendo ser empregados com absoluta segurança, tanto em alimentos industrializados como na alimentação dos animais domésticos.

No *beta*-caroteno, as duas extremidades anelares contêm uma dupla ligação conjugada com as ligações da própria cadeia terpênica (estrutura de beta-ionona). No *alfa*-caroteno, o anel de uma das extremidades possui a dupla ligação afastada de um carbono (não conjugada), constituindo uma estrutura de alfa-ionona. No *gama*-caroteno, por sua vez, uma das extremidades é acíclica, não sendo estrutura de ionona.

126

Estas configurações têm grande importância fisiológica, uma vez que somente o anel de beta-ionona pode originar a vitamina A, na cisão da molécula do caroteno ou carotenóide.

Mas, como se sabe, a importância biológica destes compostos não se restringe apenas ao seu potencial alimentício, ao originar a vitamina A, mas também pela atividade *scavenger* que apresenta uma característica ligada à cadeia poliênica. Desse modo, todos os carotenóides possuem importância fisiológica, pois são capazes de desempenhar a função *scavenger* com similar desenvoltura, mesmo exibindo outros comportamentos físicos e/ou químicos diferentes.

Como apresentam uma toxicidade quase nula, em contraposição à vitamina A, que não pode ser empregada livremente, os carotenóides assumem um papel até mais relevante que o do próprio retinol na atividade de varredura de radicais livres, pois podem ser empregados em grande quantidade, sem riscos.

Referências

Boyer, P. D., *The Enzymes*, 3ª ed., Academic Press Inc., Nova York, 1970.

Draper, H. H., Csallary, A. S., Metabolism and Function of Vitamin E, *Fed. Proced.*, 28(5): 1690, 1969.

Geissman, T. A., *The Chemistry of the Flavonoid Compounds*, The MacMillan Co., Nova York, 1962.

Harborne, J. B., *et al.*, *The Flavonoids*, Chapman and Hall Ltd., Londres, 1975.

Isler, O., *Carotenoids*, Kirkhauser Verlag, Basiléia, 1971.

Paul, A. A., *The Composition of Foods*, Elsevier/North-Holland Inc., Nova York, 1978.

Sebrell Jr., W. H., Harris, R. S., *The Vitamins*, Academic Press Inc., Nova York, 1971.

Stuckey, B. N., Antioxidants, *In:* Schultz, H. W. *et al.*, *Symposium on Food: Lipids and Their Oxidation*, The Avi Publ. Co., Connecticut, 1962.

Tappel, A. L., Free Radical Lipid Peroxidation Damage and its Inhibition by Vitamin E and Selenium, *Fed., Proced.*, 25 (1): 73, 1965.

Wagner, A. F., *Vitamins and Coenzymes*, Interscience Publishers, Nova York, 1964.

10

Considerações sobre Íons e Radicais Livres

Até aqui tecemos explanações acerca da química e fisiopatologia das espécies radicais livres, notadamente aquelas oriundas do O_2. Biologicamente, a importância maior recai sobre os radicais livres do oxigênio (RLO) por ser o O_2 um gás que está em permanente contato com células e tecidos de todo o organismo, sendo, pois, um fato inerente à bioquímica respiratória a geração de suas espécies instáveis.

As espécies ativas do oxigênio (EAO) são todas de natureza molecular, pois originam-se de reduções monoeletrônicas seqüenciais da molécula do O_2. Entretanto, átomos isolados também podem constituir radicais livres, quando estão em seu estado elementar (neutro). Esse é o caso, por exemplo, do próprio oxigênio atômico (O), que exibe dois elétrons desemparelhados (de mesmo *spin*) em sua camada de valência. Outros elementos, que exibem 1 elétron desemparelhado, são o hidrogênio (H·), cloro (CL), lítio (Li·), flúor (F), iodo (I) etc.

Dependendo do arranjo eletrônico, ganhando ou perdendo elétrons (não necessariamente no estado isolado), alguns átomos podem formar *íons*: pelo *ganho* adicional de elétrons, formam os *ânions*; pela *perda*, formam os *cátions*. Além dos íons simples (Cl^-, Na^+, K^+ etc.), existem também os íons complexos, tais como o íon nitrato (NO_3^-), nitrito (NO_2^-), sulfato (SO_4^{2-}), fosfato (PO_4^{3-}) etc., todos eles com importantíssimas implicações biológicas.

Assim, outro aspecto fundamental, que vale a pena ser discutido, são as diferenças conceituais e químicas entre radicais livres e íons (ânions e cátions), pois não são a mesma coisa. Um íon, como sabemos, é uma espécie química, átomo ou molécula, carregada eletricamente. Consideremos, por exemplo, o átomo de hidrogênio comum (prótio), constituído por 1 próton e 1 elétron. O próton, que forma o núcleo, possui carga positiva (+), e o elétron, negativa (·); assim, o átomo normal do hidrogênio é neutro, pois as cargas se anulam (ele é neutro em termos de carga, sendo, porém, bastante reativo).

Com a remoção desse elétron, o hidrogênio ficará com a carga líquida +1, ou seja, com somente a carga de seu núcleo, passando então a constituir um cátion, que é o próprio *próton* do átomo, sendo representado por H^+. Se, por outro lado, o átomo de hidrogênio adquirir mais um elétron, em seu orbital 1s, constituirá um ânion, denominado *hidreto* e representado por H⁻. Nesse caso, sua carga líquida será negativa, pois o átomo possui mais elétrons do que prótons.

Assim, na forma de ânion, o hidrogênio passa a exibir a configuração semelhante a do gás nobre ($1s^2$), com referência ao átomo de hélio, tendo, contudo, o saldo de uma carga negativa líquida excedente, pelo ganho de 1 elétron. O seu orbital de valência (1s), possui, desse modo, elétrons *parificados*. Em sua configuração elementar, o hidrogênio constitui um radical livre, pois o elétron está desemparelhado, sendo representado por $^1_1$ H ou H•.

O caso do cloro é outro exemplo interessante. Este, na forma de seu íon cloreto (Cl^-), constitui o principal ânion do plasma. O íon cloreto é sobremodo importante para o bioquimismo das células oxínticas do estômago, onde participa na formação do ácido clorídrico (HCl).

Na forma gasosa (Cl-Cl), cada cloro possui uma configuração com 8 elétrons, pelo compartilhamento de um par eletrônico, em ligação covalente simples, pois o cloro elementar possui 7 elétrons na camada de valência. Pelo diagrama de Lewis (:Cl•) vemos que esse átomo configura um radical livre pela presença de um elétron ímpar, desemparelhado, em seu orbital externo.

Tal configuração torna-o possuidor de grande reatividade, sendo, pois, um forte agente oxidante. Se houver somente o ganho de um elétron, esse átomo adquire uma configuração de 8 elétrons na camada de valência, ficando assim estável (em solução) e exibindo uma carga líquida, oriunda do elétron excedente. A reação descrita é formadora, então, do íon cloreto:

$$:\overset{\cdot\cdot}{\underset{\cdot\cdot}{Cl}}\cdot + \quad 1\ e^- \quad \longrightarrow \quad :\overset{\cdot\cdot}{\underset{\cdot\cdot}{Cl}}^-$$

radical livre   íon cloreto

(7 e⁻)   (octeto completo)

Na atmosfera, o efeito destruidor de ozônio pelos gases carbonofluoroclorados (CFCs) está implicado justamente pela formação dessa espécie radical. O cloro liberado da molécula do CFC pela radiação ultravioleta constitui, assim, um radical livre (Cl•), o qual, com sua reatividade elevada, promove a chamada "cadeia catalisadora do cloro" (ligações covalentes com o oxigênio):

$$Cl• + O_3 \longrightarrow ClO + O_2$$
$$ClO + O \longrightarrow Cl• + O_2$$

O átomo de cloro é facilmente regenerado, podendo repetir o ciclo de reações milhares de vezes. Desse modo, sua ação impede a regeneração do ozônio, pois o oxigênio elementar não fica mais disponível para a reação triatômica ($O_2 + O \Rightarrow O_3$).

Seja pelo ganho ou pela perda de elétrons, os átomos constituídos em íons apresentam elétrons *parificados* na camada de valência, tendendo sempre a adquirir a configuração estável de 8 elétrons — regra do octeto. Diferem, assim, dos radicais livres, que exibem elétron ímpar em seu orbital externo; radicais livres são, portanto, espécies não-iônicas. Uma exceção se faz, contudo, no caso do radical superóxido.

Essa espécie radical constitui, na verdade, um íon: é o ânion radical superóxido, possuidor de carga líquida negativa. A sua geração dá-se pela entrada de 1 elétron na molécula do O_2. Em seu estado fundamental, o O_2 possui número de oxidação igual a zero (nox = 0); com o ganho de 1 elétron, o nox da molécula fica igual a -1, sendo que cada oxigênio possui nox = -1/2. Advém desse fato o modo de sua notação, representada por um traço e um ponto ($O_2^{\overline{\cdot}}$). O superóxido, pela carga negativa que apresenta, oriunda de um elétron extra, torna-se, assim, um agente mais redutor do que oxidante, contrariando a índole comum aos radicais livres.

Afora o caso particular do superóxido, a configuração eletrônica mais estável dos íons assume relevante papel nos sistemas biológicos, tendo muitos deles importância capital nas reações celulares: constituem as chamadas substâncias eletrolíticas ou eletrólitos. Têm-se, assim, os íons sódio (Na^+) e potássio (K^+), imprescindíveis à condutividade do impulso nervoso; o cálcio (Ca^{2+}), necessário à contratilidade muscular, coagulabilidade sangüínea (fator IV) etc.; o cloreto (Cl^-), para a síntese do ácido clorídrico, no estômago, juntamente com o próton H^+; o fosfato (PO_4^{3-}), necessário à síntese do ATP, e na constituição dos ácidos nucléicos etc.; o íon bicarbonato (HCO_3^-), que, conjugado ao seu ácido (H_2CO_3), numa relação de 20:1, constitui o principal sistema-tampão do sangue; e outros.

No caso da hidroxila, duas possibilidades químicas podem acontecer quando do seu surgimento, originando, assim, duas espécies próximas, mas distintas: uma é o íon *hidróxido* e a outra o radical livre *hidroxila*. Pelo mecanismo da reação de Fenton:

$$Fe^{2+} + H_2O_2 \longrightarrow Fe^{3+} + OH^- + OH^\cdot,$$

$$\text{água} \qquad\qquad\qquad\qquad \text{íon} \qquad \text{radical}$$

$$\text{oxigenada}$$

podemos visualizar que a entrada de 1 elétron (cedido pelo íon ferroso) na molécula da água oxigenada promove uma ruptura simétrica desta (dois grupos OH), sendo que a configuração de um dos produtos da reação fica com 1 elétron a mais.

O elétron catalisador da reação irá, num dos OH, completar o nível de valência do oxigênio, que, juntamente com o elétron do hidrogênio, ficará completo, com 8 elétrons, e portanto estável (e com carga); esta espécie constitui o *íon* hidróxido. O oxigênio do outro OH ficará, contudo, com apenas o elétron do seu hidrogênio, num total de 7 elétrons, e, desse modo, com um deles desemparelhado, tornando a molécula muito instável e reativa (e sem carga); esta espécie constitui, assim, o *radical* hidroxila. Quimicamente, a terminologia é mesmo distinta: hidróxido é o ânion; hidroxila é a espécie radical livre ou o grupamento substituinte em uma molécula.

O íon hidróxido assim formado pode ainda originar a espécie radical pela catálise de radiações ionizantes (raios X, raios gama). Estas, como o próprio nome diz, são agentes que promovem a geração de íons, desencadeando a ionização de átomos ou moléculas. No caso do íon hidróxido já formado, a ação que essas radiações desenvolvem poderia ser chamada de "desionizante", pois o que ocorre é a remoção de um elétron do íon OH^-, transformando-o na espécie radical $OH^\bullet$; esse mecanismo constitui, portanto, uma via adicional, complementar, na geração desta perigosa espécie ativa do oxigênio, conduzida normalmente pela catálise de metais de transição (Cu^{2+} e Fe^{2+}, especialmente).

Dos extensos efeitos deletérios que a radiação ionizante provoca na matéria viva, afigura-se também a geração de radicais livres. Vê-se, pois, que não somente a ionização propriamente é desencadeada, mas tendo ela o poder de promover a geração de outras espécies ativas, como as oriundas do O_2.

A ação "desionizante" que tais radiações também promovem, pela subtração de um elétron de uma espécie iônica, pode gerar igualmente outras espécies radicais. O íon cloreto, por exemplo, que, quantitativamente, constitui o principal ânion do plasma, pela perda de 1 elétron transforma-se no radical livre Cl^+, podendo, assim, reagir facilmente com as biomoléculas, alterando o comportamento bioquímico de muitas proteínas solúveis do meio sangüíneo e também os constituintes membranários de células: hemácias, leucócitos, plaquetas. O comportamento de outros íons pode ser igualmente alterado.

Nos sistemas biológicos, a ação ionizante das radiações alfa, beta, gama e X tem uma conotação singular, não necessariamente relacionada à formação de íons. "Ionização" implica, nesse caso, um significado mais amplo, que é a mobilização de um elétron para fora de um átomo ou molécula, o qual irá, por sua vez, ser capturado por uma outra espécie química; isso é diferente da excitação, onde ocorre apenas a promoção do elétron a níveis mais energéticos.

Assim, em relação aos constituintes orgânicos, a mobilização — pela entrada ou saída — de um elétron pode sim gerar íons. Se a mobilização implicar a saída de 1 elétron de um próprio íon, ter-se-á, então, a formação de um radical livre. Nesse caso, o que ocorre é uma ação oposta à ionização. Radiações ionizantes são, portanto, aquelas que promovem, indistintamente, uma alteração numérica na estrutura eletrônica de uma espécie química. Nem sempre, porém, o efeito dessas radiações dá-se nesses moldes, sendo a excitação um fenômeno igualmente vigente.

Tanto as radiações ionizantes como as não-ionizantes (raios ultravioleta) têm a propriedade de aumentar a reatividade da matéria viva, não mantendo porém padrões orientados, ou seja, os seus efeitos tendem a acelerar a desorganização dos componentes orgânicos — em outras palavras, promovem um aumento da entropia.

Os raios UV, especificamente, de maior interesse dentro da Fotobiologia, não são ionizantes; eles promovem tão-somente o fenômeno da *excitação*. Esse fenômeno é o responsável pela geração de uma espécie bastante reativa do O_2: o oxigênio *singlet* (ΔGO_2). As radiações ionizantes também podem provocar a excitação; átomos no estado excitado são muito reativos e passam então a efetuar reações químicas não previsíveis dentro do padrão a que são submetidos no seu estado fundamental.

No mundo em que habitamos não há como não conviver com os efeitos de radiações ionizantes, pois seja por meios artificiais e/ou naturais, ela está sempre presente, nos atingindo de modo constante. As fontes naturais de radiação ionizante compreendem, por exemplo, a radiação cósmica, a terrestre (solo e água), a atmosférica e a interna, pela presença de traços de isótopos radioativos, como o carbono-14 (^{14}C), o potássio-40 (^{40}K), o polônio-210 (^{210}Po), o estrôncio-90 (^{90}Sr) e outros, incorporados nos tecidos através da respiração e alimentação.

A quantificação dos efeitos das radiações X e gama, as mais importantes dentro do campo da Radiobiologia, é dada pela unidade específica *roentgen* (r). A irradiação de um roentgen (1r) corresponde, no corpo humano, a cerca de duas ionizações por micrômetro cúbico (μm^3); considerando-se o volume corpóreo total de um indivíduo adulto, a dose de 1r pode desencadear cerca de 100 quatrilhões de ionizações! O equivalente energético de 1 rad (unidade que abrange também as radiações alfa e beta), em tecidos moles, é de 93 ergs; essa é a energia absorvida por grama de tecido irradiado.

As implicações oriundas das radiações ionizantes podem ser qualificadas como "genéticas"(em nível gênico e cromossômico) e "somáticas". Os efeitos genéticos envolvem as mutações nas células gaméticas, passíveis de transmissibilidade a futuras gerações. Os efeitos somáticos compreendem as transformações da celularidade que não são transmissíveis pelos caracteres hereditários; estas compreendem, por exemplo, a anemia aplástica, a leucemia e outras formas de câncer.

Em termos de profilaxia, é muito difícil estabelecer um limiar de segurança absoluta, abaixo do qual as radiações ionizantes não apresentariam efeito danoso algum. Para as estruturas biológicas, praticamente não existem níveis de radiação onde o risco seja nulo. Atualmente, o limite aceitável, definido como "dose máxima permissível", situa-se em 0,3 r/semana.

Mesmo níveis baixos de radiação, como as fontes naturais às quais estamos constantemente expostos, desencadeiam infinitas ionizações no organismo. Se essas radiações não promovem danos maiores é porque existe certa capacidade de recomposição imediata dos tecidos, especialmente pela atuação de substâncias redutoras. A ação eficaz destas possibilita, desse modo, a prevenção dos efeitos de radicais livres formados, inibe sua geração e reverte, igualmente, alguns efeitos iônicos que redundam em avarias nas reações bioquímicas (por alteração de cargas elétricas), por serem eles também promotores da geração de radicais livres.

Nos procedimentos de radiodiagnóstico e radioterapia, embora modernamente se racionalize melhor a quantidade de radiação aplicada, é inevitável o aumento dos efeitos ionizantes sobre os tecidos sãos. As técnicas radioisotópicas de diagnóstico e também a radioterapia metabólica (por exemplo, o tratamento do câncer tireoidiano com iodo-131), que empregam isótopos radioativos por via sistêmica (tecnécio-99, iodo-131, tálio-201, gálio-67), são também capazes de elevar em muito o número de ionizações e a geração de radicais livres, dado que muitos deles têm uma meia-vida de algumas horas a vários dias, mantendo nesse tempo sua radioatividade no organismo.

Tais procedimentos são considerados seguros, pois, do ponto de vista clínico, não existe evidenciação imediata de danos somáticos e/ou genéticos. Isso não implica, contudo, a não-existência de efeitos ionizantes aumentados. A fundamentação do tratamento de tumores malignos por radiações ionizantes relaciona-se precisamente com os efeitos que provocam sobre a célula cancerosa no tocante à geração de íons, que desestruturam os ácidos nucléicos, interrompendo sua reprodução, e de radicais livres, que igualmente ajudam a intensificar os efeitos citotóxicos sobre a mesma. Além disso, a própria absorção de energia pela célula faz com que haja grande produção de calor e conseqüente desnaturação de proteínas (inativação enzimática, especialmente) e do material nucléico.

Utilizando-se de procedimentos de braquirradioterapia (de contato ou a curta distância), como, por exemplo, a radioterapia *endocavitária* (feita através de projetores tubulares, quando o tumor se situa numa cavidade natural — ex.: câncer do colo uterino) ou *intersticial* (quando feita no interior do próprio tumor), a quantidade de radiação total absorvida é bastante diminuída, facultando melhor controle sobre os tecidos sãos.

As complicações da radioterapia podem ter uma expressividade bastante extensa, podendo ser de caráter *local* (depilação, estomatite etc.), *loco-regional* (hemorragias, fibrose, especialmente no tecido pulmonar etc.) e *geral* (fadiga, anorexia, diarréia etc.). Todos esses efeitos refletem uma citotoxicidade colateral mesmo em tecidos não envolvidos diretamente com o procedimento radioterápico.

Tais complicações podem ser minimizadas ou mesmo abolidas, se uma terapia antioxidante for instituída como medida de apoio. Tanto a curto como a longo prazo, tais medidas se refletirão num menor envolvimento orgânico geral, pela proteção antiionizante e anti-radicais livres nos tecidos sãos.

Halogênios e Halogenóforos

Os compostos halogenados com propriedades germicidas têm vasta aplicação tanto terapêutica quanto profilaticamente, como antissépticos tópicos ou desinfetantes em procedimentos de Saúde Pública. Os halogênios mais empregados são o iodo e o cloro; os agentes clorados são usados especialmente no tratamento da água; os iodados são empregados como antissépticos, em ferimentos superficiais e na preparação do campo cirúrgico.

Os halogênios, propriamente, incluem o elemento sob formas inorgânicas, puras ou na forma de sais, incluindo o gás cloro, (Cl_2), o hipoclorito de sódio (NaClO), hipoclorito de cálcio ou cal clorada, $Ca(ClO)_2$, solução concentrada de iodo, tintura de iodo. Já os halogenóforos (*foros* = transporte) são comumente moléculas orgânicas, que agem como transportadoras do átomo de halogênio, liberando-o de forma gradativa em contato com os tecidos. São exemplos o iodofórmio, a povidona-iodo, a halozona e outros.

Esses agentes halogênicos (halogênios e halogenóforos) atuam principalmente pela inativação enzimática e oxidações orgânicas em outros níveis. Tanto o cloro quanto o iodo, que são liberados na forma atômica, constituem radicais livres, reagindo, então, prontamente com os componentes dos microorganismos e assim promovendo ações ou microbicidas, ou microbiostáticas.

O uso do cloro no tratamento da água de abastecimento público constitui uma medida altamente eficaz no controle de sua potabilidade. O mecanismo da ação germicida dá-se pela liberação de espécies radicais, que atacam os germes, provocando-lhes oxidações destrutivas. Tais espécies radicais podem ser o átomo de cloro (Cl•), o oxigênio nascente (O) ou a oxidrila (OH•). Em meio aquoso, há, primeiramente, a dissociação do sal hipoclorito (sódico ou cálcico), formando o íon hipoclorito, que pode originar, então, radicais livres.

$$\underset{\substack{\text{hipoclorito} \\ \text{de sódio}}}{\text{NaOC}l} \xrightarrow{\text{ionização}} Na^+ + \underset{\text{íon hipoclorito}}{ClO}$$

$$ClO^- + H_2O \longrightarrow \underset{\substack{\text{OH}^- \quad \text{ácido hipocloroso}}}{\text{HC10}} \left\{ \begin{array}{ll} HCl + \dot{O}\cdot & \text{radicais} \\ OH^• + Cl^• & \text{livres} \end{array} \right.$$

Para o cloro gasoso, tem-se a seguinte reação:

$$Cl_2 + H_2O \longrightarrow \underset{\substack{\text{ácido hi-} \\ \text{pocloroso}}}{\text{HC}l\text{O}} + \underset{\substack{\text{ac. clo-} \\ \text{rídrico}}}{\text{HC}l}$$

$$HClO \longrightarrow OH^•/\dot{O}•/Cl^{•} \text{(radicais livres)}.$$

Na via endógena da "explosão respiratória" dos fagócitos, os halogênios cloro e iodo têm igualmente participação na atividade lítica sobre patógenos. Pela ação da enzima mieloperoxidase, e em presença de H_2O_2, o íon cloreto (Cl^-) é transformado em hipoclorito (ClO^-). Reagindo com uma molécula de água, forma-se o ácido hipocloroso (HClO). Este, por sua vez, origina as espécies radicais, que atacam o patógeno fagocitado (v. cap. 4). O íon iodeto (I^-) pode participar no lugar do cloro, formando, na mesma seqüência de reações, hipoiodito $\Rightarrow$ ácido hipoiodoso $\Rightarrow$ radicais livres (OH$^\cdot$/ $\dot{O} \cdot I^\cdot$).

Existem outros compostos possuidores de átomos de halogênios cuja ação não se relaciona, contudo, à atividade livre dos mesmos. Tem-se, por exemplo, o caso dos antissépticos quinoleínicos (clioquinol, iodoquinol) e inúmeros derivados corticóides.

Em tais fármacos, a halogenação tem por finalidade modificar as características da própria molécula, conferindo-lhe desejáveis propriedades físicas e/ou químicas, pelos efeitos estéricos e eletrônicos dos átomos halogênicos.

A introdução de átomos de flúor e cloro nas moléculas dos corticóides, por exemplo, aumenta-lhes enormemente sua potência terapêutica, por imprimir-lhes características estéricas (de conformação espacial) diferentes, não devendo sua ação a nenhum mecanismo que envolva átomos livres dos halogênios.

Entre as biomoléculas, há igualmente o exemplo dos hormônios iodofenólicos da tireóide (T_3 e T_4). A presença dos átomos de iodo apensos aos núcleos aromáticos configura o mesmo caso de efeito estérico, condicionando à molécula, como um todo, propriedades específicas na modulação hormonal.

Propriedades Paramagnéticas

Átomos ou moléculas que têm elétrons desemparelhados constituem espécies magnéticas. Assim, nos radicais livres, como um elétron está desemparelhado, o seu momento magnético não é contrabalançado pelo momento magnético de outro elétron de *spin* contrário, o que confere às espécies radicais propriedades *paramagnéticas*.

Certos íons complexos (compostos de coordenação) de metais de transição são igualmente paramagnéticos, dado possuírem *spins* de elétrons desemparelhados no subnível *d*. Nos metais de transição, o subnível *d*, mais interno e com orbitais semipreenchidos, também está envolvido em ligações químicas, sendo seus elétrons considerados como "elétrons de valência *d*".

São exemplos de íons paramagnéticos o ferricianeto $[Fe(CN)_6]^{3-}$, o hexa-aquocromato (III) $[Cr(H_2O)_6]^{3-}$, o hexafluorocobaltato (III) $[Co(F)_6]^{3-}$ etc. Semelhantemente, os complexos hexacoordenados metalo-porfirínicos de algumas biomoléculas (hemoglobina, citocromos, catalase, vitamina B_{12}) também exibem paramagnetismo.

O elétron é uma partícula que apresenta um movimento de rotação, e tal propriedade constitui o seu *spin*. Como o elétron tem carga, esse seu movimento giratório cria nas imediações um campo magnético, tornando-o, assim, uma partícula magnética, um imã.

Pelo Princípio da Exclusão de Pauli, um orbital pode ser ocupado por um ou, no máximo, dois elétrons. Quando dois elétrons preenchem o orbital, eles devem, obrigatoriamente, ter *spins* contrários. O *spin* no orbital é usualmente representado por uma seta dentro de um círculo ou de um quadrado: 1 para 1 elétron, para elétrons parificados. A configuração eletrônica do oxigênio, por exemplo, ficaria representada da seguinte maneira:

$$1s^2 \qquad 2s^2 \qquad 2p^4$$

O (Z=8) (↑↓)   (↑↓)   (↑↓)(↑)(↑)

Dois elétrons, num mesmo orbital, estão emparelhados, parificados ou em antiparalelo; quanto ao orbital diz-se que ele está cheio, completo. Como as cargas são iguais, os elétrons se repelem eletrostaticamente, mas se atraem magneticamente. Desse modo, para elétrons parificados, o momento magnético total é nulo, denominando-se estado diamagnético. Espécies químicas assim constituídas (com todos os elétrons parificados) são, portanto, diamagnéticas.

A propriedade paramagnética de uma espécie química é manifestada quando da presença de um campo magnético, o que promove uma atração a este; esse magnetismo é do tipo transitório, diferente, portanto, do ferromagnetismo, que é permanente. Assim, orbitais com elétron desemparelhado possuem um momento magnético, o qual atrairá outro elétron, de *spin* oposto, pela interação de seus campos magnéticos.

Na molécula do oxigênio, os dois orbitais antiligantes π^* possuem elétrons desemparelhados com *spins* paralelos. O O_2 constitui, portanto, uma molécula paramagnética. No caso das biomoléculas, estas comumente apresentam orbitais completos, com dois elétrons de *spins* contrários, o que as torna relativamente estáveis na presença do O_2 em seu estado fundamental. Tal situação advém justamente da restrição do *spin* do O_2.

Nas oxidações biológicas, o processo reativo inicial é facilitado pela ação de enzimas, que atuam desdobrando os substratos, promovendo uma partição em seus constituintes básicos e remetendo-os a reações oxidativas mais completas. Assim, tem-se por exemplo a obtenção dos hidrogênios, que são os equivalentes energéticos na cadeia respiratória mitocondrial. A transferência destes, pela ubiquinona (coenzima Q) e flavoproteína, aos citocromos, fornece já os elétrons na forma totalmente aproveitável (sem restrição de *spin*); pela ação enzimática da citocromo-oxidase torna-se possível, assim, a redução tetraeletrônica do O_2.

Com as espécies radicais, a reatividade com a matéria viva é muito grande, dada a existência de tão-somente 1 elétron desemparelhado. A restrição por *spin* torna-se menor, havendo, então, facilmente captura de um elétron de *spin* contrário, para o preenchimento do orbital incompleto do radical livre.

O oxigênio *singlet* ($^1O_2$), por exemplo, apresenta uma elevada reatividade, pois a entrada de energia na molécula do O_2 move um dos elétrons desemparelhados, alterando o seu *spin* — esse é um fenômeno de excitação eletrônica. Assim sendo, com um orbital vago, o oxigênio *singlet* reage com as biomoléculas, aceitando facilmente dois elétrons de *spins* contrários.

No total, estão envolvidos precisamente 4 elétrons na redução completa de uma molécula de oxigênio (O_2), uma vez que a partição desta origina dois radicais livres, cada um com dois elétrons desemparelhados. Entretanto, diferentemente do que acontece com o O_2, esses elétrons do oxigênio atômico não são estabilizados pela estrutura *triplet* e têm *spins* opostos, tornando essa espécie, por isso, bastante reativa.

Além do caráter reativo, que confere ao oxigênio papel imprescindível nas combustões orgânicas, as propriedades paramagnéticas do O_2 têm igualmente um significado bioquímico extremamente importante no próprio transporte desse gás até os tecidos.

A molécula da hemoglobina possui no seu grupamento *heme* um átomo de ferro ferroso (Fe^{2+}), constituindo o ferro-heme. Na ligação reversível com o O_2, o ferro ficará sempre disponível em sua forma divalente. Certos agentes oxidantes (como os nitritos) transformam, contudo, o *ferro*-heme (Fe^{2+}) em *ferri*-heme (Fe^{3+}); essa condição constitui a metemoglobina, a qual perde a capacidade de se ligar ao O_2.

Tanto a molécula do O_2 quanto a do ferro-heme ($Fe^{2+} — N_5$) possuem momentos magnéticos e a sua combinação forma um complexo ferroso hexacoordenado de fácil dissociação. Na forma combinada, o complexo formado é diamagnético, sugerindo que a sexta coordenação do ferro Fe^{2+} esteja envolvida num processo de emparelhamento de elétrons com o O_2.

Como o átomo de ferro constitui o centro de coordenação do complexo, onde o número de ligantes é bem superior ao seu número de oxidação, em relação ao O_2 o momento magnético tão-somente propicia a atração e pareamento eletrônico (com os dois elétrons desemparelhados dos orbitais antiligantes do O_2) sem alteração das valências, formando-se um complexo diamagnético reversível (HbO_2).

Os citocromos, contrariamente, exibem verdadeiro mecanismo redox, onde o Fe^{3+} é reduzido a Fe^{2+} pelo recebimento de um elétron e em seguida reoxidado pela transferência deste ao citocromo seguinte. Pelos citocromos, porém, só elétrons transitam, interagindo com estes pelo "crescente de eletronegatividade", não havendo combinação com átomos ou moléculas. O complexo coordenado citocrômico ($Fe^{3+} \rightleftharpoons Fe^{2+} — N_5$) constitui, assim, um sistema paramagnético permanente, compatível com a necessidade de um fluxo eletrônico ininterrupto pela cadeia respiratória da mitocôndria.

As características de coloração que tais moléculas exibem são, a exemplo do paramagnetismo, devidas ao fenômeno de cisão das energias dos orbitais d do metal de transição (processo de excitação eletrônica nos orbitais d, pela absorção de determinada banda de luz). Dependendo da banda do espectro luminoso onde se dá o pico de absorção, os íons dos metais de transição exibem sua coloração típica.

Os íons simples Fe^{2+} e Fe^{3+}, em solução, apresentam coloração verde e vermelha, respectivamente. As biomoléculas que possuem estruturas hexacoordenadas de metais de transição (íons complexos), como os pigmentos respiratórios (hemoglobina, mioglobina, citocromos), enzimas (catalase, peroxidases) e a bitamina B_{12}, exibem, todas elas, matizes do vermelho.

Referências

Blois, M. S. *et al.* (Eds.), *Free Radicals in Biological Systems*, Academic Press Inc., Nova York, 1961.

Casareth, G. W., Radiobiologic Effects at Low Radiation Levels, *Simp. Intern. Sobre Áreas de Elevada Radioatividade Natural*, Acad. Bras. de Ciências (RJ), pp. 159-165, 1977.

Freire-Maia, A., Estudos de Genética Humana em Áreas de Alta Radiação Natural. IV. Pesquisas em Áreas Radioativas, *An. Acad. Bras. Ciências*, 46(2): 333-347, 1974.

Freire-Maia, N., Abortions, Chromossomal Aberrations and Radiation. *Social Biology*, 17: 102-106, 1970.

Hanna, M. W., *Quantum Mechanics in Chemistry*, 2ª ed., W. A. Benjamin Inc., Nova York, 1969.

Hayaishi, O., Asada, K. (Eds.), *Biochemical and Medical Aspects of Active Oxygen*, Univ. Tokyo Press, 1977.

Lüning, K. G., Searle, A. G., Estimates of the Genetic Risks From Ionizing Irradiation, *Mutation Res., 12:* 291-304, 1971.

Pullman, B., Pullman, A., *Quantum Biochemistry*, Interscience Publishers, Nova York, 1963.

Singer, T. P., *Biological Oxidations*, Interscience Publishers, Nova York, 1967.

Vaeth, J. M. (Ed.), *Frontiers of Radiation Therapy and Oncology*, 6 vols., Karger, Basiléia, 1968-1972.

11

ADENDA

O Fenômeno da Despigmentação Capilar

Uma das evidências da idade senil, e que não configura exatamente um quadro patológico, é, sem dúvida, o embranquecimento dos cabelos (ou canície). Não é, entretanto, um apanágio exclusivo da idade avançada, podendo aparecer até na adolescência. O que caracteriza essa condição é o seu surgimento gradual, por perda progressiva da capacidade de pigmentação melânica do cabelo. Em princípio, há poucos fios despigmentados, que, entremeados aos ainda normais, dão a tonalidade cinza aos cabelos (um efeito de ilusão ótica), tornando-os grisalhos (*gris*= cinza).

Esse fenômeno segue duas tendências básicas: a racial e a hereditária. Na população branca, o aparecimento dos primeiros fios de cabelo despigmentados dá-se, em média, por volta dos 30 anos. Nos indivíduos da raça negra, isso se dá, em média, aos 40 anos. O motivo é que nestes a capacidade de síntese do melanócito é, obviamente, maior, sendo que a característica de pigmentação do fânero se mantém por tempo mais prolongado.

O fator hereditário, no entanto, tem uma contribuição maior e a ele podem ser adicionados os fatores ambientais. Quando a tendência é verificada com intensidade nos ascendentes, há grande probabilidade de o indivíduo se tornar também grisalho em circunstâncias muito próximas das de seus pais ou avós. Assim, os primeiros fios brancos podem aparecer em idade correspondente e ter um ritmo de progressão muito semelhante; por exemplo, pouco ou muito grisalho aos 40 ou 50 anos. Na pangeria (síndrome de Werner) a canície pode ter início antes mesmo dos 20 anos, e com uma progressão bastante rápida.

Para se entender melhor o mecanismo de base implicado no fenômeno do embranquecimento capilar (canície), convém detalharmos a histofisiologia do cabelo e suas modificações com o decorrer da idade. O número de folículos capilares que cada um de nós possui — 120 mil, em média — já é determinado em definitivo ao nascermos. Os cabelos, como os demais pêlos, são estruturas dérmicas, constituindo os fâneros pilosos.

A implantação do cabelo na derme dá-se por meio de um processo de invaginação da epiderme, constituindo o folículo capilar, tendo ele uma dilatação terminal, o bulbo capilar, contendo em seu centro a papila dérmica. Recobrindo a papila, estão as células que formam a raiz do cabelo. O crescimento do cabelo é feito pela proliferação basal, ou seja, existe aposição de queratina (uma escleroproteína) na base do fio e conseqüente extrusão deste para fora do folículo. Portanto, a parte externa do fio, que apresenta um crescimento aparente, não se modifica em toda sua elongação.

Esse crescimento segue, contudo, um ritmo peculiar, descontínuo, alternando fases de atividade com fases de repouso. O ciclo natural de crescimento do cabelo humano é constituído de 3 fases: a *anagênese,* a *catagênese* e a *telogênese.* A anagênese, que é a fase de crescimento, é uma fase bastante longa, durando de 3 a 6 anos. O ritmo de crescimento do fio é de cerca de 0,4 mm por dia.

Após completar essa fase, advém a catagênese, que é uma fase de repouso, com duração de poucas semanas. Nesse tempo, dá-se a sua separação da papila, iniciando-se, então, a terceira fase do ciclo, a telogênese; a duração total do período de repouso, compreendendo a catagênese e a telogênese, dura cerca de 3 meses. O ciclo é fechado com o início de uma nova fase anagenética, quando então a proliferação e crescimento do novo cabelo empurra o fio velho para fora. Esse é o processo normal de renovação capilar.

A pigmentação do cabelo é conferida pela atividade dos melanócitos. Estas células, que se acham dispostas entre a papila dérmica e o epitélio da raiz pilosa, sintetizam a melanina e a fornecem às células da raiz e córtex do cabelo. Os matizes do cabelo humano são proporcionados por combinações pigmentares, em diferentes proporções, entre a eumelanina e a feomelanina.

A eumelanina (*eu* = verdadeiro) constitui a melanina que confere tons negros intensos; já a feomelanina (*phaeos* = pardo) proporciona tons loiros e ruivos. Essa variação nas propriedades físicas do pigmento é dada por alterações no seu estado polimérico. A mistura desses dois tipos de melanina produzidos pelo melanócito, em proporções variadas, é que proporciona as incontáveis tonalidades observadas no cabelo humano.

O melanócito sintetiza a melanina a partir do aminoácido tirosina, através de alguns poucos passos enzimáticos. O primeiro deles é catalisado pela tirosinase, uma enzima cobre-dependente; ela promove a hidroxilação em C_3 do núcleo fenólico da tirosina, transformando-a em DOPA. A ausência congênita de tirosinase (um distúrbio autossômico recessivo) provoca o albinismo. O indivíduo assim acometido não apresenta pigmentação em território algum (cabelo, pele, íris).

Após a conversão em DOPA (3,4-diidroxifenilalanina = *DiidrOxiPhenilAlanine*), esta sofre oxidação, originando a DOPA-quinona. Alguns passos de reação mais e ocorre a formação da indol-5,6-quinona, resultante de um processo de ciclização. Muitas moléculas da indol-5,6-quinona então se condensam, formando um polímero, que é a melanina. Pela estrutura de seu precursor imediato, a melanina pode ser designada como um "pigmento polimérico quinóide".

Todos os passos de reação da melanogênese são efetuados no interior do melanócito. A tirosinase é sintetizada no retículo endoplasmático rugoso e armazenada em vesículas do aparelho de Golgi. Tais vesículas são liberadas no citoplasma e recebem então a denominação de pré-melanossomos; é nelas que a melanogênese tem início, pela ação da tirosinase sobre a tirosina. A ação enzimática prossegue até a vesícula ficar repleta de pigmento, quando então se transforma em melanossomo. Este, quando maduro, constitui-se num corpúsculo eletrodenso onde não se evidencia estrutura interna.

Quando a síntese de melanina se completa no melanossomo, não havendo mais atividade enzimática, esta organela constitui o chamado grão de melanina. Este passa aos prolongamentos do melanócito, de onde pode ser transferido ao citoplasma das células da raiz e do córtex capilar ou das células epiteliais da camada basal e espinhosa.

A perda do poder melanogênico parece dar-se por mecanismos intrínsecos aos melanócitos do bulbo piloso, não havendo alteração nos melanócitos da epiderme. Essa constatação é corroborada pelo fato de indivíduos da raça negra, nos quais a impregnação melânica é intensa, sofrerem o mesmo processo de despigmentação capilar, porém não-dérmica.

O ponto crucial desse mecanismo talvez se situe na fase da catagênese, onde a atividade da papila dérmica cessa, entrando o processo de fabrico do cabelo em estado de repouso fisiológico. A cessação das atividades fisiológicas condiciona também a paralisação do processo transcritivo da codificação para a síntese da tirosinase. Uma vez que a atividade celular no bulbo capilar é cíclica e não-contínua, toda a demanda bioquímica é paralisada, como a síntese de pigmento pelo melanócito.

Após os 30 anos, é possível que essa fase de quiescência melanocitária vá tendo impedimentos maiores para sua reativação, muito provavelmente por avarias no material genético do melanócito, causadas por radicais livres, o que torna impraticável a codificação das informações em RNA para a síntese da tirosinase, e isto, por sua vez, provoca cada vez mais maior lentidão e insuficiência no fabrico da melanina. O processo de quiescência por que passa o melanócito na catagênese pode não mais ser revertido espontaneamente, progredindo, assim, para uma degeneração irreversível.

Algumas condições são particularmente propensas a intensificar o embranquecimento capilar, tais como doenças infecciosas, distúrbios metabólicos, como o diabetes e hipertireoidismo e também a anemia, a subnutrição, o estresse prolongado. A tirosinase é uma enzima cobre-dependente, e é possível que um excesso deste metal, por acúmulo no organismo — e não por deficiência — esteja envolvido com uma inativação de sua ação. Por outro lado, uma deficiência de cobre é muito difícil de existir. Algum bloqueio na resposta ao estímulo do α-MSH (hormônio estimulante dos melanócitos) pode também ser o fator determinante da inatividade melanogênica no bulbo capilar.

O cobre, um metal de transição, pode, como se sabe, atuar catalisando a formação de espécies radicais (a hidroxila), pelo mecanismo da reação de Haber-Weiss (v. cap. 4). A síntese de melanina — que é também um varredor de RLO — estando paralisada, possibilita que tais espécies formadas no melanócito ataquem com maior intensidade as estruturas da célula, provocando danos ao material nucléico e ações citotóxicas.

A geração de outras espécies ativas do O_2, como o O_2^{-} e H_2O_2, pode ser também desencadeada pela reação de oxidação da DOPA, catalisada pela própria tirosinase, resultando a DOPA-quinona. Em condições normais, no entanto, tais espécies são satisfatoriamente varridas, tanto pelos *scavengers* usuais como também pela própria melanina.

O fenômeno da inatividade melanocítica era um processo tido como irreversível, ou seja, o cabelo uma vez despigmentado não mais poderia readquirir sua coloração original. Evidências recentes, no entanto, têm comprovado que em muitos casos a repigmentação capilar pode voltar às condições normais. Para que isso aconteça, os melanócitos devem ter ainda sua integridade preservada, isto é, que eles estejam apenas quiescentes, como no início do processo de embranquecimento, e não degenerados.

Diversas substâncias têm demonstrado serem capazes de reativar a melanogênese no bulbo capilar, repigmentando o fio de cabelo, que volta à coloração original. Dentre as vitaminas, o ácido fólico, o ácido pantotênico e a vitamina B_{12}, administrados em doses suplementares mais elevadas, são as que apresentam uma atividade mais evidente. Os antiinflamatórios não-esteroidais (DAINEs), quando empregados em tratamentos prolongados de manutenção nas doenças reumáticas, parecem exercer igual efeito de indução melanocítica.

O ácido fólico e a vitamina B_{12} estão especialmente implicados na biossíntese das bases purínicas e pirimidínicas, essenciais à restauração dos ácidos nucléicos. O ácido pantotênico, por sua vez, atua na forma biologicamente ativa da coenzima A (CoA), molécula que ocupa um papel central no metabolismo intermediário e é essencial para a utilização de proteínas, carboidratos e gorduras e na síntese do ATP. Em animais domésticos, a deficiência em ácido pantotênico provoca sintomas cutâneos evidentes, dentre os quais queda e despigmentação acentuada dos pêlos.

O mecanismo pelo qual atuam as DAINEs no processo de repigmentação ainda não se acha elucidado, produzindo talvez, direta ou indiretamente, um simples estímulo à quebra da dormência do melanócito, tornando-o ativo novamente na fase anagenética do crescimento capilar. O ácido fólico, vitamina B_{12} e ácido pantotênico atuam na recomposição do bioquimismo do melanócito, corrigindo déficits enzimáticos (síntese da tirosinase) e reparando danos na estrutura dos ácidos nucléicos.

A contribuição dos radicais livres no fenômeno do embranquecimento capilar dá-se com maior intensidade a partir da terceira década de vida, quando os melanócitos são mais dificilmente reativados; a partir daí, passam a sofrer um gradual processo de degeneração, por citoesqueletólise e acúmulo de defeitos no material genético. Assim, a incapacidade do melanócito em sintetizar melanina no bulbo capilar parece ser devida à combinação de um déficit metabólico primário, pela depleção da enzima tirosinase, e, ulteriormente, pela maior intensidade de ação dos radicais livres, que decretam, irreversivelmente, a falência do poder biossintético desta célula.

Esse fenômeno parece estar em concordância com diversas outras condições, onde os mecanismos patogenéticos têm forte relação com a ação cumulativa dos radicais livres. A partir dos 30 anos, um déficit metabólico principia a se instalar, oriundo, dentre outras causas, de processos defectivos na energética aeróbica, com maior produção de radicais livres. Outras expressividades patológicas das espécies ativas do O_2, que têm sua iniciação por volta de tal época, compreendem também a aterosclerose, rugas, câncer de pele, enfisema, mal de Alzheimer etc.

A Velocidade Metabólica e Sua Relação com a Longevidade

Entre os seres vivos, o problema do dimensionamento estrutural do organismo e a eficiência de seu metabolismo constitui uma relação crucial para a viabilidade existencial dos mesmos, uma vez que estes precisam lidar constantemente com um delicado fator, de natureza físico-química, para prover a sua manutenção: a *entropia*. A entropia expressa o grau de desordem em um sistema, ou seja, quanto mais desorganizado for o sistema, tanto maior será a sua entropia.

Nos sistemas biológicos, a noção de entropia tem desdobramentos muito interessantes e implicações fundamentais para a manutenção da vida. A vida, em si, como fenômeno universal, constitui, na verdade, uma mobilização contínua de forças antientrópicas, que visam, em última análise, vencer a todo custo a tendência entrópica do sistema, isto é, a desorganização, o caos orgânico, expressados pelas doenças, o envelhecimento e o próprio *tanatos* (autodestruição intencional). Pode-se dizer que os seres vivos nutrem-se de "entropia negativa", e essa condição só é mantida quando existe um perfeito equilíbrio entre as vias do catabolismo e do anabolismo.

A velocidade com que uma célula metaboliza é um fator determinante do dimensionamento desta, ou seja, da relação existente entre núcleo e citoplasma. Tal relação é notavelmente importante, pois o controle metabólico é exercido pelo núcleo, cujo poder de ação se restringe a uma quantidade limitada de citoplasma. O tamanho da célula deve, pois, sempre obedecer a uma relação núcleo-citoplasma adequada.

Um metabolismo elevado requer não somente um elevado aporte de substratos plásticos e energéticos, como também um suprimento ágil de enzimas, ribossomos e RNA (determinados por codificação genética do núcleo), para compatibilizar as necessidades da maior demanda biossintética. O dimensionamento da célula pode ser entendido, igualmente, como uma relação volume-superfície, pois é através da área externa da célula, no seu meio interativo dos tecidos, que o fluxo de nutrientes alcança o sítio citoplasmático, onde dão-se grande parte das reações metabólicas.

Se o volume interno da célula fosse desproporcionalmente maior que sua superfície, ou seja, se a célula fosse muito grande, o suprimento de nutrientes e especialmente a modulação nuclear não poderiam ser feitos de forma suficientemente ágil para atender a sua alta demanda metabólica. Nas células musculares esqueléticas, contudo, que possuem a capacidade de se hipertrofiarem, isto é, de modular o crescimento de seu citoplasma, o que se observa é a presença de vários núcleos por célula (arranjo sincicial), em disposição periférica na miofibra. A razão de ser desse arranjo é justamente manter um controle adequado sobre a alta demanda metabólica nesta célula com potencial à expansão, especialmente no tocante à síntese de proteínas. Assim, é possível um grande aumento de seu volume interno sem que haja aumento correspondente de sua superfície.

Transportando esse raciocínio para a escala zoológica, temos que o metabolismo de um animal é tanto mais veloz quanto menor for seu volume corporal. Entre os mamíferos, a baleia e o elefante, cujo volume interno é imensamente maior que a superfície exposta, possuem um metabolismo extremamente baixo, enquanto o mussaranho, um roedor, que é o menor mamífero existente, possui um metabolismo tão elevado que ele necessita ingerir, diariamente, cerca de 3 vezes o equivalente ao seu próprio peso em nutrientes para satisfazer plenamente tão elevada demanda.

Outros animais, como o beija-flor e demais pequenas aves, e insetos como abelhas e moscas, têm uma necessidade calórica bastante elevada devido a seus metabolismos serem tão ativos. Se um animal de grande porte, como o próprio homem, o cavalo ou o elefante, tivesse um metabolismo assim tão veloz, o calor resultante das reações químicas acabaria assando-o por completo, pois a sua dissipação conveniente não seria possível; se, por outro lado, fosse exeqüível, a quantidade de nutrientes requerida seria assombrosa.

Na Clínica Pediátrica esse problema tem grande importância prática. Nos bebês, a superfície corporal exposta é substancialmente maior que seu volume interno, o que favorece as perdas de umidade e calor para o meio — a dissipação de energia e evaporação de água são muito maiores que para um adulto. Decorre daí a facilidade com que tais indivíduos se desidratam e a sua necessidade de se alimentar com mais freqüência, pois a demanda calórica nestes é proporcionalmente maior. O crescimento do homem, e outros animais, dá-se, portanto, muito mais em função do ganho volumétrico do que de superfície.

No tocante à longevidade dos animais, é sabido que os de grande porte possuem período de vida maior do que os de pequeno porte. Entre os mamíferos, isso também é válido, porém com uma exceção: o homem, apesar de não ser o maior deles, ultrapassa a todos; é o mais longevo dentre estes. Com a melhoria do padrão de vida que se vem observando em muitas regiões do globo, a expectativa de vida do homem tem avançado progressivamente em até mais de uma década, quando comparada com os índices de 30 ou 50 anos atrás.

A longevidade dos animais guarda uma relação mais ou menos inversa com a taxa metabólica basal destes, isto é, quanto mais velozmente metabolizam menor é o período de vida e vice-versa. Com uma velocidade metabólica bastante alta faz-se necessária, além de grande quantidade de nutrientes, uma taxa de oxigênio também alta, para que o nível de oxidações na célula seja compatível. O consumo relativo de O_2 é, desse modo, muito maior num animal pequeno do que nos de grande porte, uma vez que sua taxa metabólica alta assim o exige.

Esse fato tem implicações previsíveis quanto ao bioquimismo do oxigênio. Como se sabe, este gás tem uma reatividade bastante elevada e na intimidade celular os escapes para fora da rota oxidativa normal são inevitáveis. A parcela do O_2 que não é reduzido tetraeletronicamente, em um só passo de reação, sofre reduções monoeletrônicas gradativas, originando as espécies ativas do oxigênio (EAO). Pode-se inferir, desse modo, que num animal onde a velocidade metabólica é alta também o é a produção de EAO, pois o consumo de oxigênio pela célula é grande e a porcentagem relativa de escape também aumenta.

Assim sendo, as ações deletérias oriundas dessas espécies têm o poder de limitar dramaticamente o período de vida do animal, condicionando todo um complexo de fatores fisiopatológicos que decreta a morte do indivíduo. Desse modo, pode-se compreender que a tendência entrópica nos animais de pequeno porte é maior do que nos de grande porte.

O alto conteúdo energético da dieta tem, por si mesmo, a capacidade de influenciar a geração de radicais livres no organismo. A categoria de alimentos capaz de fornecer o maior número de calorias/unidade é, sem dúvida, a dos lipídios. Estes podem fornecer, em cada grama metabolizado, 9,3 quilocalorias (Kcal); em confronto com os carboidratos e as proteínas (que fornecem 4,2 Kcal/g e 5,6 Kcal/g, respectivamente), os lipídios são quase duas vezes e meia mais calóricos.

O fato de os lipídios possuírem um mais elevado calor de combustão ocorre pela quantidade maior de hidrogênios que existe em suas moléculas (possuem cadeias carbônicas altamente reduzidas); os esqueletos hidrocarbônicos de proteínas e carboidratos, por seu lado, já são parcialmente oxidados. Os hidrogênios, como sabemos, são os equivalentes energéticos utilizados na transdução eletrônica da cadeia respiratória (formação de ATPs e redução de O_2).

Uma dieta altamente calórica, como se tem nas sociedades ocidentais ricas, com alto teor de gorduras e açúcares, pode, pois, determinar uma limitação do potencial de longevidade, pelo aumento da taxa metabólica e conseqüentemente maior formação de radicais livres. O aumento da taxa metabólica é dado pelo estímulo a um consumo aumentado de oxigênio pela célula, uma vez que há maior disponibilidade de hidrogênios e, assim, a demanda oxidativa torna-se maior. Um maior consumo de oxigênio pela célula implica, inevitavelmente, maiores desvios deste da rota oxidativa na cadeia respiratória, originando as reduções monoeletrônicas do O_2; a geração de EAO será sempre proporcionalmente maior quanto mais O_2 adentrar à intimidade celular.

Além disso, a nocividade que o consumo elevado de gorduras e açúcar traz para a saúde tem outras expressividades metabólicas. O fenômeno da peroxidação lipídica, por exemplo, tem maiores implicações justamente pela sobrecarga de ácidos graxos *insaturados* na dieta. Já a sobrecarga em ácidos graxos *saturados* influi negativamente no perfil lipídico sangüíneo, elevando as frações lipoprotéicas de baixa densidade (LDL e VLDL); estas constituem-se em eficientes carreadoras do colesterol, do sangue para a camada intimal das artérias (formação do ateroma).

O consumo de açúcar concentrado (o do tipo refinado), por sua vez, também condiciona anomalias metabólicas, que contribuem para o desenvolvimento das doenças degenerativas. Assim, propiciam a obesidade, o hiperinsulinismo (eleva a sensibilidade do pâncreas, provocando, ulteriormente, exaustão secretória das células beta) e favorecem igualmente o desequilíbrio nos lípides sangüíneos. Concentrações elevadas de açúcar no sangue, mesmo em indivíduos não-diabéticos, podem provocar, com o tempo, a glicosilação de proteínas, fenômeno este devido, muito provavelmente, a uma carência das vitaminas B_1 e B_6, que se acham implicadas ao metabolismo intracelular dos glícides.

O nível de glicosilação da hemoglobina, por exemplo, constitui mesmo um teste confiável para se verificar os picos glicêmicos acumulados por determinado tempo, podendo-se através dele monitorar melhor o paciente diabético. No entanto, outras estruturas também sofrem esse processo, como o endotélio vascular, o cristalino, o colágeno, em toda a sua distribuição conjuntiva, e também as proteínas séricas, como a albumina e as lipoproteínas. Esse processo é suspeito de provocar, em parte, os acometimentos degenerativos multifuncionais não só no paciente diabético como também em indivíduos normais com consumo crônico elevado de açúcar.

A mitocôndria é uma organela cuja atividade mostra-se responsiva às ações hormonais dos produtos tireoidianos: liotironina (T_3) e tiroxina (T_4). O estado funcional normal da tireóide é que determina o ponto termostático ideal da taxa metabólica basal do organismo; isso se reflete no consumo adequado de oxigênio pelas celúlas, mais especificamente no processo de fosforilação oxidativa realizado na mitocôndria. Nos vertebrados homeotérmicos, tais hormônios têm, dentre outras funções, o importante papel de regulação da termogênese, aumentando ou diminuindo a produção de calor pela atividade mitocondrial.

No hipertireoidismo, por exemplo, há extensas manifestações clínicas e bioquímicas oriundas de uma superprodução dos hormônios tireoidianos, onde se verifica um aumento da termogênese e do consumo de O_2 pela maior parte dos tecidos; tal condição é produzida por um aumento do metabolismo basal, promovendo em muitos sítios orgânicos um acentuado catabolismo. As ações superestimuladas que se exercem ao nível mitocondrial promovem especialmente um desacoplamento do processo fosforilativo na cadeia respiratória, traduzido pelo aumento da calorigênese, isto é, há simplesmente maior dissipação da energia dos elétrons na forma de calor, com menor síntese de ATP.

Como o metabolismo basal encontra-se aumentado, há conseqüentemente um consumo de O_2 também elevado, o que configura, como já vimos, uma possibilidade maior de desvios redutivos de O_2 para fora da cadeia respiratória. O hipertireoidismo é, assim, uma condição na qual a produção de radicais livres está grandemente aumentada, sendo lícito, portanto, o apoio antioxidante à sua terapêutica de base.

Às medidas higieno-dietéticas básicas, instituídas em complementação ao tratamento medicamentoso inicial (repouso, djeta livre de excitantes como café e álcool), pode ser acrescida uma dieta hipocalórica, com o intuito de não se elevar ainda mais o metabolismo basal e com isso minimizar o consumo de O_2 e a geração de radicais livres. Este preceito é condizente com atualíssimos fundamentos acerca do bioquimismo do oxigênio, que tem também na patologia hipertireóidea grandes repercussões metabólicas.

Cromossomo X: A Possível Chave da Longevidade

No homem e nos demais mamíferos a determinação cromossômica do sexo é dada pela herança do tipo XY. Assim, além dos 44 autossomos, presentes igualmente nos dois sexos, a diferenciação genotípica é feita por dois outros cromossomos, ditos cromossomos sexuais ou alossomos. No homem um deles é X e o outro é Y (sexo heterogamético); na mulher está presente um duplo X (sexo homogamético). A designação por tais letras advém da própria forma desses cromossomos, que assumem a configuração de um *xis* ou de um *ípsilon*.

O sexo masculino é dito heterogamético porque o homem pode produzir dois tipos distintos de gametas, ou seja, o espermatozóide pode ser X (22 A + X) ou Y (22 A + Y); a mulher, por sua vez, é homogamética, pois produz sempre o mesmo tipo de óvulo, o X (22 A + X). O sexo do filho é determinado, portanto, pelo espermatozóide na união dos pronúcleos: se for ele do tipo X, o concepto será menina; se do tipo Y, será um menino.

O padrão genotípico do homem será, portanto, 44 A + XY; já na mulher, como se dispõe de dois cromossomos X iguais, um dos alelos será inativado, ficando a célula somática com apenas um X funcionante; o outro cromossomo X, inativo, constituirá uma forma condensada e localizada, heterocromática à microscopia, denominada *cromatina sexual* ou *corpúsculo de Barr*. Esse grânulo de cromatina fica habitualmente junto à membrana do núcleo celular e não se apresenta em células de homens normais. O mecanismo pelo qual um dos X é inativado pode ser explicado pela chamada "hipótese de Mary Lyon".

Segundo essa hipótese, num estágio inicial do desenvolvimento embrionário, cada célula feminina elege, independentemente das demais, o cromossomo X que será inativado, por um processo aleatório. Assim sendo, em cerca de 50% da população celular, há inativação do X oriundo do pai, e nas outras 50% há inativação do X oriundo da mãe. Pelo padrão de divisão das células somáticas (a mitose), essa determinação imposta a cada X, inativo ou funcionante, será seguida também pelas células-filhas.

Essa disposição cariotípica confere à mulher algumas expressividades genéticas particulares. A expressividade dos genes encerrados no segmento não homólogo do cromossomo X é denominada herança ligada ao cromossomo X ou então herança ligada ao sexo. Assim, algumas anomalias hereditárias que se expressam por esse mecanismo são prevalentes nos homens, poupando as mulheres. Dentre elas, pode-se citar o daltonismo, a hemofilia e a deficiência de glicose-6-fosfato-desidrogenase (G_6-PD); são todas elas anomalias de caráter recessivo ligadas ao cromossomo X.

O daltonismo (discromatopsia) é um distúrbio visual, onde existe uma incapacidade para se distinguir as cores vermelha e verde, que aparecem como cinza ou amarelo. Sua incidência em mulheres é de cerca de 4% menor do que em homens, pois o gen Xd (recessivo) nestes é unicamente herdado da mãe (daltônica ou portadora). Nas mulheres, a recessividade deve ser sempre combinada (XdXd), ou seja, para elas serem daltônicas, além do pai também o ser, a mãe deverá ser portadora ou daltônica, o que, obviamente, contribui para sua freqüência menor nas mulheres.

A hemofilia, por sua vez, constitui uma genopatia hemorrágica, isto é, um distúrbio da coagulação sangüínea, por deficiência do fator VIII (globulina anti-hemofílica) ou do fator IX (fator de Christmas). No primeiro caso, tem-se a hemofilia do tipo A ou hemofilia clássica; no segundo, a do tipo B ou doença de Christmas, sendo a do tipo A a mais freqüente, numa razão de 10:1 — as duas formas são idênticas do ponto de vista clínico. Existe ainda a doença de von Willebrand, uma afecção hemorrágica também hereditária, mas de caráter autossômico dominante (não ligado ao cromossomo X).

Um homem hemofílico nunca irá gerar filhos homens também hemofílicos, pois legará a estes o cromossomo Y; suas filhas, entretanto, serão obrigatoriamente portadoras. Os filhos destas terão assim 50% de probabilidade de serem hemofílicos, pois sendo o pai normal e a mãe portadora de dois cromossomos X, um gen será normal e outro anormal para a hemofilia. Há ainda a possibilidade, de 1:2, de que as filhas sejam também portadoras do gen anormal.

Para a mulher ser hemofílica o pai teria de ser hemofílico e a mãe portadora — a recessividade combinada mais uma vez diminui a probabilidade do evento. Contudo, acredita-se que a combinação de dois genes recessivos (XhXh) seria, nesse caso, letal, provocando a morte do concepto intrauterinamente ou logo após o nascimento.

A mulher portadora do gen alelo hemofílico (alelo recessivo Xh) pode ser considerada fenotipicamente normal. Contudo, a concentração dos fatores da coagulação implicados (VIII ou IX) pode, em alguns casos, estar em níveis subnormais (25 a 50%). Em situações de traumatismos leves, tais concentrações são suficientes para assegurar uma hemostasia satisfatória; porém, podem ser insuficientes nos casos de intervenção cirúrgica ou traumatismos graves. A menorragia em mulheres portadoras do alelo anormal pode ser mais abundante, com maiores repercussões para o lado hematológico, pela grande espoliação de ferro. Contudo, as mulheres são isentas dos riscos maiores a que estão sujeitos os homens hemofílicos, dado o caráter severo da incoagulabilidade sangüínea nestes.

Enfim, há o caso da deficiência de glicose-6-fosfato-desidrogenase (G_6-PD), uma enzimopenia que constitui um problema médico importante, tanto no aspecto farmacoterapêutico como metabólico. A glicose-6-fosfato-desidrogenase é, como se sabe, uma enzima-chave da Via das Pentoses (ou *Shunt* das Pentoses), importante mecanismo formador da coenzima NADPH. No sistema redox da glutationa esta coenzima tem papel decisivo na regeneração (redução) da glutationa oxidada, pois atua como fonte de hidrogênios adjunta à catálise da glutationa-redutase.

A disponibilidade contínua de glutationa reduzida é crucial ao mecanismo redutor da glutationa-peroxidase, enzima esta que inativa os peróxidos lipídicos e os hidroperóxidos, oriundos da ação de radicais livres. A anomalia no gen que codifica a síntese da glicose-6-fosfato-desidrogenase irá assim comprometer esse importante sistema redox, ficando deficitário o mecanismo protetor contra a lipoperoxidação das membranas biológicas.

Desse modo, pela baixa freqüência desta enzimopenia nas mulheres, estariam elas melhor protegidas das ações de radicais livres durante a vida. Os danos membranários, por peroxidação lipídica, seriam então menos comuns em mulheres. Esse fato é pertinente, pois grande parte das moléstias crônico-degenerativas tem a base de seu desenvolvimento na peroxidação lipídica das membranas celulares. Assim, desde o acometimento aterosclerótico, com todas as repercussões cardiovasculares que apresenta, até os problemas degenerativos articulares, pulmonares e outros quadros sintomáticos da senescência têm todos menor prevalência nas mulheres.

O segmento não homólogo do cromossomo X pode ainda encerrar vários genes imunorreguladores. A mulher estaria, assim, melhor protegida contra anomalias que afetam tais genes, uma vez que possuem os alelos normais em outro cromossomo. É sabido que a mulher possui mesmo uma capacidade maior de formação de anticorpos e um mecanismo mais elaborado que rege a auto-regulação do sistema imunitário — elas são menos acometidas por doenças infecciosas e pelo câncer. Assim, tanto os envolvimentos por déficits imunológicos (imunodeficiências) como os processos de auto-imunidade (reações de auto-agressão), são fenômenos melhor controlados na mulher.

Algumas deficiências enzimáticas do leucócito são capazes de comprometer sua atividade na destruição de microorganismos fagocitados. Tem-se, por exemplo, a deficiência de glicose-6-fosfato-desidrogenase (G_6-PD) leucocitária, de mieloperoxidase ou de NADPH-oxidase, sendo esta última a causa da *granulomatose crônica familiar*. Esta é uma moléstia ligada ao sexo, de caráter recessivo, incidindo, portanto, nos homens.

Na deficiência de G_6-PD não há fornecimento de NADPH (reduzido), que atua como substrato à NADPH-oxidase. Na deficiência de mieloperoxidase, ficam comprometidos os mecanismos de formação do hipoclorito (ou hipoiodito), descritos no capítulo 4. O déficit de NADPH-oxidase, enzima esta presente na membrana citoplasmática do fagócito, não permite a formação, em primeiro passo, do ânion radical superóxido, comprometendo, desse modo, o processo de lise na fagocitose. Pacientes assim acometidos têm um quadro clínico caracterizado por uma série de infecções: candidíase crônica, furunculose, osteomielites, infecções respiratórias e outras.

Do mesmo modo, há a síndrome de Wiscott-Aldrich e a doença de Bruton, moléstias também transmitidas por herança recessiva ligada ao cromossomo X, acometendo os meninos. A SWA manifesta-se já desde o nascimento, com quadros de hemorragia (de origem trombocitopênica), infecções de repetição e eczema, sendo estas últimas de ocorrência mais tardia. A sua evolução tem, contudo, um desfecho precocemente letal — por volta dos 5 anos. Nesta síndrome existe linfocitopenia e hipogamaglobulinemias do tipo A e M. Nos quadros infecciosos recorrentes predominam as otites e infecções respiratórias.

A doença de Bruton apresenta processos infecciosos precoces, pois há baixa acentuada de todas as classes de imunoglobulinas (imunidade humoral); a imunidade celular, contudo, mantém-se normal. A exemplo do que acontece na síndrome de Wiscott-Aldrich, também na doença de Bruton existe a possibilidade de ulteriores complicações malignas, especialmente hematossarcomas.

Um fato adicional relacionado à fisiologia feminina são as regras mensais que dão-se até a instalação da menopausa. Essa perda periódica de sangue conduz igualmente a uma espoliação de ferro, elemento este constituinte da molécula da hemoglobina. Quando a perda sangüínea é abundante ou a reposição de ferro pela dieta é insuficiente pode-se mesmo instalar uma anemia ferropriva, pois a carência deste elemento não permite a síntese normal da hemoglobina.

Antes da menopausa, e por causa das regras mensais, a mulher é comumente mais ferropênica que o homem, isto é, o nível de ferro no organismo tende a ser mais baixo nelas. Existe, pois, uma estreita correlação entre os níveis de ferro (e outros metais de transição) e a geração de radicais livres, sobre a qual comentamos no capítulo 4, pelos mecanismos explicitados na reação de Fenton ou na de Haber-Weiss.

Da menarca à menopausa, as necessidades femininas em ferro são de cerca de 60% maiores do que nos homens, à exceção do período de máximo crescimento nestes, entre o 15° e 18° ano de vida. Com uma perda sangüínea mensal de, em média, 35 ml, as necessidades de ferro situam-se nos 0,6 mg/dia para suprir tão-somente essa perda, ou seja, um teor correspondente a 50% do requerimento fisiológico total de ferro, que será alocado especialmente para a síntese de hemoglobina e reposição das hemácias. A dieta, por si só, dificilmente supre tal demanda, originando, assim, em maior ou menor grau, uma condição ferropênica crônica.

Essa condição ferropênica, salvo pela anemia hipocrômica que pode acarretar, pode ter suas vantagens fisiológicas, pois seria responsável por condicionar uma menor geração de radicais livres, ao menos até a menopausa. Após essa transição fisiológica por que passa o organismo feminino, muitos envolvimentos degenerativos principiam a se instalar, o que pode ser explicado pelo acentuado déficit estrogênico que a partir de então se verifica. Mesmo com esse desbalanço hormonal drástico (ao contrário dos homens, cujo perfil androgênico é estável), o declínio da higidez orgânica na mulher dá-se de modo mais lento, muito provavelmente pelas condições de melhor modulação imunológica e a proteção antioxidante.

No homem, grande parte da modulação anabólica é exercida pelos andrógenos, cujas ações se fazem pelo estímulo a uma maior atividade de síntese protéica. A quantidade de massa muscular é, pois, maior no homem, tendo-se, conseqüentemente, um *turn over* de proteínas também mais elevado. Isso implica uma atividade de síntese ribossômica mais ativa, onde energia (ATPs) e substratos adequados (aminoácidos) são requeridos em maiores quantidades.

As atividades biossintéticas da célula são desenvolvidas às expensas do ATP, o qual deve, por isso, ser produzido com compatível agilidade quando a demanda torna-se maior. É evidente, então, que qualquer processo biossintético estimulado eleva o consumo de O_2 pela célula, o que é imprescindível para o funcionamento da cadeia respiratória, com produção energética na forma de ATPs.

A ação androgênica tem a característica de elevar a taxa metabólica basal, sendo ela, portanto, maior no homem do que na mulher, cuja modulação anabólica cabe, por sua vez, aos hormônios estrógenos. As ações anabólicas exercidas pelos estrógenos têm influências menos intensas sobre a velocidade do metabolismo.

Assim, as necessidades de oxigênio pela célula, na mulher, situam-se em níveis mais baixos. O volume globular (hematócrito) e a capacidade do sistema cardiovascular mais reduzidos do que no homem constituem mesmo indicativos da menor demanda energética no organismo feminino. Com uma velocidade metabólica mais baixa e um menor consumo de O_2, a geração de radicais livres fica, portanto, em níveis bem mais controláveis pelo aparato antioxidante.

Todas essas características, imputadas à herança do cromossomo X, dão assim às mulheres a possibilidade de viver, em média, oito anos a mais que os homens.

A Proteção Antioxidante nos Procedimentos Transfusionais

As transfusões sangüíneas constituem procedimentos freqüentes na prática médica, representando um valioso recurso terapêutico em inúmeras circunstâncias clínico-cirúrgicas. A transfusão pode compreender a substituição total ou parcial do sangue do paciente por sangue completo ou por alguma de suas frações. Quando a substituição é total, ou melhor, quando a transfusão compreende a substituição da maior parte do sangue do paciente por sangue transfundido completo, é o caso da exsangüino-transfusão.

Na rotina médica, o tipo mais freqüente de transfusão é a chamada transfusão *homóloga* ou *isotransfusão*, onde o sangue transfundido é obtido de doadores ABO e Rh compatíveis (isogrupo). Atualmente, porém, se vem dando grande atenção à técnica da transfusão *autóloga* ou *autotransfusão*, onde o sangue do próprio paciente é que é venosamente reintroduzido. Num ato emergencial, tal procedimento configura a *reinfusão,* pelo aproveitamento do sangue derramado durante o ato cirúrgico, por exemplo; quando o sangue é coletado com antecedência, numa cirurgia programada, tem-se o caso da autotransfusão de *pré-depósito.*

As vantagens clínicas da autotransfusão são evidentes, pois nesse caso inexistem as reações pós-transfusionais do tipo imunológico e a transmissibilidade de moléstias infecciosas (hepatite B, Aids, sífilis, doença de Chagas) pode ser confiavelmente evitada. Esse tipo de transfusão tem ainda encontrado uma aplicação extramédica, que é o seu uso em atletas sadios, fundistas e meio-fundistas, configurando uma modalidade de *doping*; é chamada dopagem sangüínea ou "vampirismo".

Nesse caso, executa-se a autotransfusão de pré-depósito, onde o sangue do atleta é coletado e estocado com boa antecedência ao evento competitivo, sendo, nas proximidades deste, reintroduzido com a simples finalidade de aumentar o volume globular e desse modo incrementar a capacidade de transporte de O_2 pelo sangue.

Esse procedimento é discutível para a finalidade que se apresenta, pois os efeitos fisiológicos que acarreta podem ser contraproducentes ao próprio desempenho aeróbico numa competição de resistência. No indivíduo treinado, a massa sangüínea, e obviamente o valor do hematócrito, já se encontra em sua expansão plena ou muito próxima desta, pois trata-se de uma resposta adaptativa a uma maior solicitação perfusional dos tecidos.

Assim, um incremento no volume globular, por mínimo que seja, oriundo da reintrodução do sangue anteriormente coletado — que agora configura um volume acrescido —, promove um estado de poliglobulia ou estado policitêmico, com repercussões reológicas e bioquímicas expressivas. A infusão de uma unidade de sangue (450 ml) promove, após 24 horas, um acréscimo de 3% a 4% no hematócrito.

As poliglobulias, de um modo geral, tanto a de caráter primitivo (doença de Vaquez) quanto as de caráter secundário (oriundas de autotransfusão, tabagismo, doenças pulmonares, renais etc.), exibem uma certa tipicidade quanto aos sinais e sintomas apresentados, como por exemplo cefaléias, parestesias, prurido após banho quente ou morno, cansaço, emagrecimento, rubor facial (fácies pletórica), distúrbios digestivos e hepatoesplenomegalia.

Os distúrbios funcionais da microvasculatura se caracterizam pela compactação de hemácias nos capilares, resultando em lentidão de fluxo (aumento da viscosidade sangüínea) e, portanto, baixa perfusão. Parece bastante paradoxal, mas o que se busca com o aumento da massa globular, que é o suposto incremento da reserva aeróbica, configura, na verdade, um rol de efeitos opostos, que só irão comprometer o rendimento do atleta.

Nessas circunstâncias, os danos membranários na hemácia, pelo elevado estresse mecânico a que são submetidas tais células, tanto no procedimento de coleta e armazenamento como no trânsito intravascular congestionado, torna sua expectativa de vida útil muito mais reduzida do que a média normal e esperada de 120 dias.

Com a hemácia já fragilizada pelo estresse mecânico, a sua membrana torna-se mais vulnerável à peroxidação lipídica, especialmente se houver um déficit de vitamina E e selênio. A maior degradação de hemácias pode propiciar um acúmulo de ferro nessas circunstâncias, configurando, assim, um fator favorecedor à maior geração de radicais livres no organismo, desfavorável que é à própria funcionalidade eritrocitária e mitocondrial, repercutindo, pois, globalmente, nos mecanismos da via aeróbica.

Como já discutimos no capítulo 7, a maior solicitação aeróbica, que conduz a fenômenos adaptativos especiais, aumenta bastante os requerimentos em agentes antioxidantes, pois a dinâmica do oxigênio no organismo torna-se muito mais intensa e os seus efeitos dispersivos também são maiores. A poliglobulia, seja patológica ou fisiológica e transitória (como a transfusional), acarreta envolvimentos dessa natureza, sendo pois valiosa a suplementação antioxidante, como medida preventiva ou terapia de apoio.

Em qualquer modalidade de transfusão há sempre uma maior exigência antioxidante, notadamente as vitaminas E, C, o selênio e substratos sulfurados (cisteína) que propiciem a síntese da glutationa ou esta em sua própria forma molecular. Desse modo, se consegue resguardar a funcionalidade da hemácia, evitando-se a peroxidação membranária com lise precoce.

Cabe salientar, ainda, a utilidade da vitamina E e do selênio na anemia fisiológica do lactente. Esse quadro hematológico reflete, na verdade, uma reordenação da massa sangüínea às novas exigências, extra-útero, de oxigênio, pois todo recém-nascido, ao parto, seja de termo ou pré-termo, apresenta-se hipervolêmico, policitêmico (com um hematócrito alto) e hipersiderêmico. Tais valores têm uma queda progressiva de ajuste nos primeiros 3 meses, caracterizando a "anemia fisiológica do lactente".

Até essa época, as reservas de ferro no organismo do bebê são altas, o que exclui o envolvimento ferropênico nessa condição oligoêmica. Assim, a administração de ferro não altera a queda da taxa de hemoglobina (Hb), podendo, isto sim, ocasionar um agravamento da anemia, dado haver maior geração de radicais livres, com peroxidação lipídica da membrana da hemácia e conseqüente hemólise.

Recém-nascidos de pré-termo (RNPT) e os de baixo peso (RNBP) — peso inferior a 1.500 g — apresentam invariavelmente déficits acentuados em vitamina E e selênio. A dieta destes pacientes, como é freqüentemente ofertada por fórmulas lácteas ricas em ácidos graxos insaturados (AGI), irá refletir de modo apreciável na composição lipídica da membrana eritrocitária. Esta ficará, desse modo, muito mais suscetível de sofrer o fenômeno da lipoperoxidação, provocando hemólise.

Simples artifícios dietéticos podem prevenir de modo eficaz tal ocorrência. Embora pouca influência possa ser exercida sobre a anemia fisiológica desses pacientes, o evento hemolítico do RN pré-termo pode ser controlado satisfatoriamente, evitando-se o quadro sintomático grave da anemia.

O aleitamento materno ou fórmulas artificiais que contenham teores mais elevados em ácidos graxos saturados (AGS) podem modificar o conteúdo lipídico da membrana da hemácia, tornando-a menos passível de peroxidação. A suplementação com vitamina E (cerca de 15 mg/dia) é medida essencial, pois assegura igualmente a integridade retiniana e do epitélio broncoalveolar, se houver necessidade da administração do O_2.

Também a exclusão de qualquer suplementação de ferro até a 8ª semana constitui medida justificável, não condicionando, assim, um aumento de radicais livres no organismo. O leite materno deve conter selênio suficiente para suprir as necessidades do RN; contudo, se a mãe tiver carência deste mineral, é preferível administrá-lo a ela e não diretamente ao bebê, em doses baixas, que não ultrapassem 50 microgramas (mcg) diários. O óleo de germe de trigo é, naturalmente, boa fonte tanto de vitamina E como de selênio.

Na Doença Hemolítica Perinatal (DHPN, Eritroblastose Fetal), por sua vez, o tratamento do recém-nascido requer obrigatoriamente a exsangüinotransfusão precoce, com sangue fresco (4° C, 12-24 hrs) isogrupo ABO e Rh. Utilizando-se uma unidade de sangue (450 ml) para um RN de 3 Kg, é possível efetuar uma substituição ágil de mais de 80% do sangue circulante, com correção satisfatória da anemia e depuração da bilirrubina indireta (não-conjugada), evitando-se o *kernicterus* e a hipóxia grave. Valores séricos de bilirrubina livre em torno de 20 mg/dl impõem novo procedimento, o que comumente acontece durante a primeira semana de vida.

Após a transfusão, seguem-se os cuidados em incubadora, sob antibioticoterapia e oxigênio. A alimentação mais adequada é o leite materno ou então as fórmulas com predomínio de ácidos graxos saturados (AGS), visando não alterar desfavoravelmente o perfil lipídico da membrana eritrocitária. Além disso, o emprego da vitamina E propicia adequada proteção às estruturas membranárias, amenizando o fenômeno hemolítico. Com a oxigenoterapia, é indispensável o emprego da vitamina E, sob risco de se provocar graves iatrogenias no RN, como a fibroplasia retrolenticular, a displasia broncopulmonar e, ironicamente, hemólise.

No feto, quando o grau de hemólise sugerir risco de morte e o período gestatório estiver aquém dos 7 meses e meio, indica-se a transfusão transaminiótica com colocação de um cateter na cavidade peritonial do feto. O sangue transfundido, nesse caso, deve ser do tipo O e Rh negativo, num volume de cerca de 100 ml. Desse modo, se viabiliza o prosseguimento da gestação por algumas semanas.

Os tocoferóis (vitamina E) são armazenados também na placenta e passíveis de transferência ao feto. Embora essa transferência não se mostre muito eficiente (passagem pouco favorecida pela barreira placentária), quantidades mais elevadas presentes na dieta materna podem suprir adequadamente os tecidos fetais. A vitamina E não possui embriotoxicidade nem teratogenicidade, podendo ser empregada com segurança em gestantes e nutrizes. Vale lembrar que, em muitos animais e aves, é a própria deficiência de vitamina E e selênio que pode mesmo inviabilizar a gestação, a eclosão de ovos ou originar crias com múltiplos envolvimentos orgânicos (distrofia muscular, encefalomalacia, anemia etc.).

Em suínos, por exemplo, é prática comum a administração suplementar de ferro (100 a 200 mg, IM) às leitegadas, do 3º ao 5º dia de vida, pelo fato de nascerem com reservas muito baixas do elemento e o leite materno não oferecer as quantidades exigidas. Quando os animais apresentam déficits acentuados de vitamina E, passam a desenvolver uma intolerância muito grande ao suplemento de ferro, uma verdadeira intoxicação, pois pode haver hemólise grave com morte do animal lactente.

Tal fenômeno deve-se à geração muito aumentada de radicais livres (pela catálise do íon ferroso), e que por falta de proteção antioxidante causam lesões orgânicas apreciáveis. Uma maneira de se evitar tal ocorrência é suplementar a ração da porca lactante com uma boa fonte de vitamina E e selênio (misturas tipo Premix), que, pelo aumento do seu teor no leite, proporciona uma transferência satisfatória às crias. A terapêutica marcial das anemias impõe, assim, tanto em animais como em seres humanos, um reforço antioxidante, que possibilita a prevenção das ocorrências citotóxicas exacerbadas oriundas das ações de radicais livres.

Os procedimentos de coleta e conservação do sangue total envolvem a adição de um anticoagulante (solução de citrato de sódio ou EDTA sódico, p. ex. — 100 ml para uma unidade de sangue) e manutenção à temperatura de 4°C. Mantido assim por um período de 12 a 24 horas, o sangue é dito fresco; até 21 dias, tem-se o sangue conservado. Algumas frações do sangue, como plasma e plaquetas, por exemplo, podem ser mantidas congeladas, podendo assim ficar por vários meses.

Embora as condições de conservação mantenham-no sem muito contato com o ar, o própio poder oxifórico da hemoglobina faz do sangue estocado uma fonte oxidante, pelo possível escape de O_2 de sua ligação hêmica e interação com a membrana da hemácia.

O estresse físico já sofrido pela hemácia e os baixos níveis de antioxidantes no sangue estocado propiciam a peroxidação lipídica da membrana eritrocitária, diminuindo a potencialidade funcional e expectativa de vida útil desta célula.

Assim, a adição de agentes redutores imediatamente à coleta, em especial a vitamina E em sua forma livre, não-esterificada, tem a capacidade de desempenhar uma boa proteção à estrutura membranária da hemácia, especialmente, oferecendo, portanto, melhores condições de estocagem e melhor viabilidade pós-transfusional à fração eritrocítica.

O Método PUVA

O tratamento dermatológico pelo PUVA ou Puvaterapia consiste no aproveitamento do sinergismo entre a radiação ultravioleta longa (UVA) e drogas com ação sistêmica, do grupo dos psoralenos (fotoquimioterapia). Esse método de tratamento, introduzido por Parrish e cols. (1974), é indicado sobretudo na terapia da psoríase e do vitiligo. Outras indicações incluem, por exemplo, a micose fungóide, erupção polimorfa à luz solar, dermatite atópica e líquen plano.

As drogas psoralênicas são, quimicamente, derivados furocumarínicos, e incluem o 8-metoxi-psoraleno (8-MPO), o trisoraleno (trimetil-psoraleno), o 5-metoxi-psoraleno e a khellina (esta, empregada originalmente como espasmolítico e coronariodilatador). São substâncias que reagem quimicamente à luz (substâncias fotossensíveis), sendo este fenômeno interativo denominado *actinismo*.

Na psoríase, onde há uma hiperatividade mitótica, a ação da Puvaterapia parece dar-se pela amplificação dos efeitos dos raios ultravioleta sobre o DNA da célula epidérmica, refreando, assim, sua reprodução. No vitiligo, os efeitos ficam por conta da ativação melanocítica, além do que o próprio psoraleno promove o escurecimento da pele, camuflando as áreas despigmentadas.

No tratamento da psoríase, especificamente, uma variação mais complexa deste é o método REPUVA, isto é, associado ao PUVA administra-se ainda um retinóide, comumente o etretinato, um derivado aromático da tretinoína (vitamina A ácida). O surgimento deste retinóide veio mesmo a revolucionar o tratamento desta patologia, bem como de outras disceratoses graves.

Na Puvaterapia, os psoralenos são administrados oralmente cerca de duas horas antes da exposição ao UVA. A quantidade de radiação aplicada baseia-se na determinação da dose fototóxica mínima (DFM), ou na sensibilidade da pele, já determinada pela classificação de Fitzpatrick. Essa pigmentação induzida pelo PUVA adquire o seu grau máximo no fim de uma semana, perdurando por vários meses.

Os cuidados exigidos no curso do tratamento referem-se à proteção ocular dentro da câmara de UVA e igualmente a exposição solar, pois a ação fotoquímica no olho pode comprometer seriamente a retina. O emprego simultâneo de medicamentos, tópicos ou sistêmicos, que possam desenvolver fotossensibilidade adicional, precisa ser igualmente cuidadoso.

Os efeitos colaterais implicados a esse procedimento são vários, incluindo, por exemplo, as ceratoses actínicas, alterações pigmentares, envelhecimento cutâneo, catarata e maior freqüência de oncogenicidade, entre outras. A oncogenicidade é oriunda ou da ação primária da fototoxicidade do PUVA (ação oncoiniciadora) ou da ação secundária em indivíduos pré-expostos a fatores oncogênicos (ação oncopromotora), como certos produtos químicos e radiações ionizantes.

Dentre os epiteliomas, o tipo basocelular é, habitualmente, mais freqüente que o tipo espinocelular, tendo este último um caráter mais maligno que aquele — o basocelular, embora possa recidivar e invadir tecidos sãos, praticamente não se metastatiza. Com a Puvaterapia, entretanto, esta freqüência se inverte, ou seja, a incidência torna-se maior para o epitelioma espinocelular.

O câncer induzido pela Puvaterapia, especialmente o cutâneo, tem seu surgimento iniciado cerca de 10 a 20 anos após o tratamento. Baseando-se nesse fato, a Academia Americana de Pediatria desaconselha a sua aplicação em crianças. Com o surgimento do etretinato, esse dilema no tratamento da psoríase em pacientes de baixa idade foi minimizado, uma vez que isoladamente, em monoterapia, ele consegue promover um controle satisfatório das manifestações, tendo ainda boa tolerabilidade em crianças.

Quando o tratamento pelo PUVA se impõe, em suas indicações maiores (psoríase e vitiligo), os envolvimentos colaterais pela fototoxicidade cutânea poderão ser minimizados pelo uso simultâneo dos *scavengers* vitamínicos (A, E, C, beta-caroteno etc.), que desempenham um efeito protetor significativo não somente ao nível cutâneo, mas também no terreno ocular.

No caso de emprego do método REPUVA, deve-se evitar o uso da vitamina A em sua forma pura, conjuntamente, pela possibilidade de se desencadear sintomas de hipervitaminose. O uso do beta-caroteno não apresenta problemas, tampouco a vitamina C e a E. O reforço na ação antioxidante oferece a possibilidade de uma melhor tolerância do organismo ao tratamento pelo PUVA.

Por todos esses envolvimentos apresentados, é óbvio que o método PUVA deve ser restrito tão-somente ao manuseio médico, por dermatologista, e nunca com finalidades estéticas meramente, como para obter bronzeamento rápido. Nesse caso, os "benefícios" obtidos nunca suplantam a magnitude dos riscos inerentes, a curto e a longo prazos.

Outra modalidade de fototerapia, empregada na psoríase, é o chamado método de Goeckermann, que consiste na associação dos raios ultravioleta B (UVB) com a pasta de coaltar (tópica), em concentração de 3% a 5%. Apesar de este método não envolver ações sistêmicas, ele pode apresentar igualmente repercussões cutâneas de monta, uma vez que o procedimento é comumente feito com exposições fóticas em câmaras de UVB.

Referências

Beiguelman, B., *Farmacogenética e Sistemas Sangüíneos Eritrocitários,* Guanabara Koogan S.A., Rio de Janeiro, 1983.

Bennett, H., Coagulation Pathways: Interrelationships and Control Mechanisms, *Sem. Haematol., 14:* 301-318, 1977.

Busch, H. (Ed.), *The Nucleous,* 3 vols., Academic Press Inc., Nova York, 1974.

Goodenough, U., Levine, R. P., *Genetics,* Holt, Rinehart and Wiston, Nova York, 1974.

Gupta, M. D., Anderson, T. F., Psoralen Photochemoterapy, *J. Am. Acad. Dermatol., 17:* 703-734, 1987.

Oncley, J. L. *et al.* (Eds.), *Biophysical Science —A Study Program,* John Wiley & Sons Inc., Nova York, 1959.

Ramalho, A. S., Beiguelman, B., Deficiência de Glicose-6-fosfato-desidrogenase (G_6-PD) em Doadores de Sangue Brasileiros, *F. Médica, 73:* 281, 1976.

Sterns, R. S. *et al.,* Cutaneous Squamous Cell Carcinoma in Patients Treated with PUVA, *N. Engl. J. Med., 310:* 1.156-1.161, 1984.

Tedeschi, H., *Cell Physiology: Molecular Dynamics,* Academic Press Inc., Nova York, 1974.

Wolfe, S.L., *Biology of the Cell,* Belmont, Califórnia, 1972.

12

A abordagem Anti-Radicais Livres na Doença de Parkinson

A doença de Parkinson propriamente dita ou *parkinsonismo idiopático* (para diferenciá-la das diversas síndromes parkinsonianas sintomáticas) representa a mais importante e melhor conhecida doença crônico-degenerativa do sistema extrapiramidal, que atinge de modo intenso os gânglios da base. Os aspectos anatomopatológicos dominantes desta doença compreendem alterações degenerativas da parte compacta da substância negra (*locus niger*), constituída por células dopaminérgicas. Deste modo, ao "despovoamento" neuronal nesse sítio associa-se uma drástica redução na produção da dopamina, o principal neurotransmissor do sistema extrapiramidal, com aumento da atividade da enzima monoamino-oxidase (MAO) associada à proliferação glial.

O sistema extrapiramidal tem por função regular a motricidade automática, contribuindo para a harmonia dos movimentos, como a coordenação alternada de braços durante a marcha (sincinesias pendulares da marcha). O funcionamento normal desse sistema está subordinado às ações *facilitadoras* de mediadores agonistas (acetilcolina) e *inibidoras* de mediadores antagonistas (dopamina). Uma alteração localizada em um ponto desse sistema resulta num desequilíbrio da regulação extrapiramidal. A acetilcolina, abundante no *estriado* (estrutura mesencefálica) não tem suas concentrações alteradas na doença de Parkinson. Nesta, a acentuada redução da atividade dopaminérgica é que rompe o equilíbrio entre as ações facilitadoras inibidoras, havendo, assim, o predomínio da atividade colinérgica. Atualmente, discute-se a possibilidade do envolvimento de outros neurotransmissores também, como a serotonina, a noradrenalina e o GABA.

Foi nos idos de 1959 que Carlsson e cols. determinaram o envolvimento da dopamina no sistema extrapiramidal, sendo o principal neurotransmissor neste sítio, sugerindo, então, o seu papel determinante na patogênese da doença de Parkinson. Concebe-se, portanto, como válido imputar à carência de dopamina os principais sintomas do parkinsonismo, compreendidos pela tríade: tremor, rigidez e acinesia.

Do ponto de vista terapêutico, a melhora dos sintomas na doença de Parkinson pode ser obtida por uma intervenção que reequilibre os sistemas dopaminérgico e colinérgico, seja pelo aumento da influência do primeiro como pela diminuição da do segundo. As drogas anticolinérgicas foram durante muito tempo o único recurso farmacológico possível para o mal de Parkinson. Na atualidade, numerosos membros desse grupo acham-se disponíveis comercialmente, sendo, porém, menos empregados desde o surgimento da levodopa, na década de 60: os anticolinérgicos são úteis sobretudo nas formas da doença em que prevalecem os tremores e principalmente no controle da sialorréia (salivação excessiva).

Os efeitos colaterais relacionados a tais fármacos é que limitam seu uso na prática clínica (secura da boca, borramento da visão, retenção urinária, constipação e alterações psíquicas, levando estas últimas a quadros demenciais iatrogênicos). Os membros desse grupo mais comumente empregados: o triexifenidil, o biperideno e a difenidramina. Esta última é uma droga anti-histamínica clássica, exibindo atividade antiparkinsoniana por possuir propriedades anticolinérgicas.

Além destes, a amantadina (um agente empregado inicialmente como antiviral) e os agonistas dopaminérgicos exibem também boa atividade antiparkinsoniana. Os chamados agonistas diretos dos receptores dopaminérgicos compreendem a bromocriptina, a pergolida e a lisurida, e agem através da estimulação direta dos receptores de dopamina pós-sinápticos, compensando, de certo modo, a deficiência de dopamina nos gânglios basais. Bons resultados são obtidos em combinação com a levodopa, possibilitando uma menor concentração de ambas as drogas e conseqüentemente a diminuição dos efeitos secundários indesejáveis.

Com o advento da levodopa, nos anos 60, notável mudança ocorreu no âmbito da terapia farmacológica da doença de Parkinson. A levodopa, que é a precursora imediata da dopamina, pode atravessar a barreira hematoencefálica, sendo transformada no cérebro em dopamina (pela ação enzimática da dopa-descarboxilase) e restabelecendo os níveis deste mediador nas áreas afetadas. A administração direta da dopamina não surte resultados, pois nesta forma ela não consegue transpor a barreira hematoencefálica.

A associação da levodopa aos inibidores periféricos da dopa-descarboxilase (benserazida e carbidopa) resultou numa ação mais eficaz, melhorando a disponibilidade da levodopa ao nível cerebral (podendo-se empregar doses menores), com uma nítida redução dos efeitos colaterais. A benserazida e a carbidopa evitam a descarboxilação periférica da levodopa, sendo que elas mesmas não atravessam a barreira hematoencefálica, não afetando, portanto, a ação da dopa-descarboxilase cerebral. É à formação da dopamina nos tecidos periféricos que se atribuem os efeitos colaterais na terapia pela levodopa.

Após os primeiros resultados espetaculares com o emprego da levodopa, melhorando em muito a qualidade de vida dos pacientes parkinsonianos, sobreveio a constatação da existência de uma série de fenômenos peculiares no curso do tratamento crônico. Após 4 a 5 anos de uso, observa-se perda da eficácia das doses normalmente administradas de levodopa, presença de oscilações no quadro clínico (fenômeno *on-off*), reaparecimento das discinesias, além de fenômenos tipo demenciais. Esta condição clínica foi denominada "long-term levodopa treatment syndrome" (LTLS), uma entidade patológica que veio ser acrescida à fenomenologia clínica parkinsoniana.

As causas desse quadro específico se devem, possivelmente, a condições próprias da evolução progressiva do processo patológico parkinsoniano, o qual a dopamina exógena, por si só, não consegue deter. Aliás, pode-se atribuir à própria dopamina exógena parte desse agravamento da doença, pois, sabe-se que mecanismos oxidativos acham-se exacerbados nessa condição para fins de catabolismo neuronal da dopamina exógena. A via enzimática responsável por essa degradação oxidativa é a catalisada pelo monoamino-oxidase tipo B (MAO-B). No Sistema Nervoso Central, o desempenho das moléculas mediadoras na neurotransmissão é mantido por mecanismos enzimáticos de síntese e degradação acoplados.

No caso da via dopaminérgica, os sistemas enzimáticos de síntese (tirosina-hidroxilase e dopa-descarboxilase) encontram-se deprimidos nas estruturas nigro-estriadas. Por outro lado, não se verifica uma redução na atividade da monoamino-oxidase, responsável pela degradação oxidativa da dopamina. Isto redunda em duas situações agravantes para a atividade dopaminérgica no sistema extrapiramidal: de um lado, a diminuição da síntese, e, de outro, um aumento da degradação da molécula de dopamina.

Corroborando com essas bases bioquímicas existem evidências recentes que indicam que a maior parte da atividade da monoamino-oxidase ao nível das estruturas nigro-estriadas é de origem glial, em conformidade com dados bioquímicos que demonstram, em pacientes com doença de Parkinson, na fase avançada da doença, um aumento da atividade monoamino-oxidásica em tais estruturas, ligada à proliferação substitutiva de células gliais, conseqüente ao despovoamento neuronal.

O aumento da atividade degradadora da monoamino-oxidase (MAO) determina, assim, um rápido catabolismo da dopamina nas estruturas nigro-estriadas antes mesmo de sua liberação na fenda sináptica. A atividade oxidativa da MAO, sem a contrapartida do processo enzimático de síntese da dopamina, constitui-se no fator determinante na patogênese da doença de Parkinson, sendo igualmente importante na influência da própria evolução da doença. Esses fatos conseguem explicar, assim, a razão da perda da eficácia da levodopa no tratamento crônico e da evolução progressiva do processo patológico.

Uma melhor compreensão da atividade das monoamino-oxidases, tanto no que cabe aos aspectos relacionados à doença de Parkinson como na doença depressiva, deveu-se à descoberta de Johnston (1968), caracterizando a existência de dois tipos de enzima (isoenzimas), às quais denominou monoamino-oxidase tipo A (MAO-A) e monoamino-oxidase tipo B (MAO-B). A MAO-A tem como substratos preferenciais a serotonina, noradrenalina e adrenalina; já a MAO-B atua preferencialmente sobre a feniletilamina e a dopamina. Essa descoberta trouxe importantes subsídios também para o desenvolvimento de medicamentos contra a depressão, possibilitando o emprego de moléculas com propriedades mais específicas, e, portanto, melhor toleradas.

No Sistema Nervoso Central, parte das informações interneuronais é veiculada por neurotransmissores do tipo monoamina, como, por exemplo, a serotonina, acetilcolina, noradrenalina e dopamina. No estado de repouso, esses neurotransmissores ficam armazenados nas vesículas pré-sinápticas, sendo liberados quando um potencial de ação invade o terminal nervoso. Desse modo, tais moléculas mediadoras transitam pela fenda sináptica e combinam-se com os receptores na membrana oposta (receptores póssinápticos), induzindo excitação ou inibição, conforme seja a índole efetuadora nessa célula.

Tão logo a neurotransmissão seja efetuada, processa-se a inativação de tais moléculas para se evitar um acúmulo demasiado na fenda sináptica, o que redundaria em transtornos à propagação de novas mensagens. A inativação dos neuromediadores pode ser feita ou pela reabsorção nas vesículas pré-sinápticas ou pela degradação enzimática. As enzimas mais importantes envolvidas no metabolismo das monoaminas são a monoamino-oxidase (MAO) e a catecol-o-metiltransferase (COMT). A MAO, de maior importância na dinâmica da neurotransmissão, é uma enzima intraneuronal; a COMT é plasmática.

A biossíntese da dopamina tem como precursor primário a tirosina, que, por hidroxilação, transforma-se na levodopa (levo-isômero da diidroxi-fenilalanina). Esta, por descarboxilação, transforma-se na dopamina. Fora do Sistema Nervoso Central, a dopamina serve ainda de precursora a outras sínteses, como na formação da noradrenalina (gânglios simpáticos) e da adrenalina (medula supra-renal). Tanto os mecanismos da síntese como de catabolismo dos neurotransmissores catecolaminérgicos envolvem reações oxidativas, que propiciam, nos estados fisiológicos alterados, uma produção aumentada de radicais livres. Por estados fisiológicos alterados entende-se, nesse caso, a resposta aguda ou crônica ao estresse e a própria condição histológica peculiar vigente na doença de Parkinson.

Como sabemos, a atividade estimulada de quaisquer enzimas oxidásicas no organismo expõe o meio interno a uma quantidade aumentada de radicais livres, pois a ação catalítica desta envolve a participação do oxigênio molecular na oxidação dos substratos. Assim sendo, os desvios oxidativos do O_2 ocorrem de modo mais acentuado também no catabolismo da dopamina, pela ação da MAO-B, gerando mais espécies radicais livres que o normal.

O envolvimento de radicais livres em enfermidades neuronais possui atualmente bases convincentes em apoio e não apenas conjecturas, tendo-se provado a ação eficaz de substâncias antioxidantes em que admitia-se uma patogênese por radicais livres. A própria atividade das monoamino-oxidases (MAO-A e MAO-B) é um bom exemplo, visto serem elas enzimas oxidantes e cuja atividade exacerbada promove problemas extensos à funcionalidade neuronal, tanto pela degradação aumentada das moléculas neuromediadoras, interferindo, portanto, na transmissão sináptica, como pela geração explosiva de radicais livres, colateral à essa mesma ação oxidativa (estresse oxidativo patológico), e que promove lesões progressivas à célula nervosa, como é o caso da doença de Parkinson.

Experimentos realizados com o extrato padronizado das folhas da planta *Ginkgo biloba*, sabidamente rico em bioflavonóides (eficientes varredores de RL), têm demonstrado efeitos surpreendentes em pacientes com depressão refratária aos tratamentos convencionais. Como a ação da MAO-A está implicada com o metabolismo da serotonina e adrenalina (mediadores em déficit na doença depressiva), fica bastante sugestivo um mecanismo de proteção conferido pela *Ginkgo biloba* à atividade neuronal, varrendo o excesso de radicais livres formados pela atividade monoamino-oxidásica, propiciando maior tempo de ação aos neurotransmissores e preservando a integridade da sinapse. Assim, com a ação adjuvante do extrato de *Ginkgo biloba*, tanto os depressivos da classe dos tricíclicos como os inibidores da MAO podem atuar melhor, tendo-se uma resposta terapêutica mais evidente.

Mesmo isoladamente, o extrato de *Ginkgo biloba* tem demonstrado efeitos antidepressivos surpreendentes, sugerindo que a proteção metabólica ao neurônio, pela varredura de radicais livres, consiga restabelecer, em parte, o equilíbrio da neurotrans-missão. De modo semelhantes ao L-de-prenil, o extrato de *Ginkgo biloba* pode oferecer notável subsídio à terapêutica da doença de Parkinson, não por bloqueio enzimático à MAO-B (como atua o L-deprenil), mas sim por um mecanismo de ação de varredura, neutralizando espécies radicais livres produzidas no metabolismo da dopamina, e protegendo, assim, a funcionalidade do neurônio. Em associação com o L-deprenil, a *Ginkgo biloba* propicia uma ação sinérgica altamente desejável para, a longo tempo, conter a evolução do parkinsonismo. Os mecanismos de ação destas duas drogas são diferentes, mas convergidos a um mesmo ponto: a inativação de radicais livres.

Com um melhor conhecimento sobre a atividade das monoamino-oxidases (A e B) ao nível cerebral postulou-se a utilidade de fármacos inibidores enzimáticos (IMAOs) também na doença de Parkinson, visto que a levodopa perde sua eficácia com o tratamento crônico e não é capaz de deter a progressão da doença. Assim, em 1964, pesquisas puseram em evidência um novo e promissor inibidor da MAO — seletivo para a MAO-B —, denominado L-deprenil (atualmente, selegilina). Por ser seletivo para a MAO-B, este IMAO não determina os graves efeitos colaterais dos IMAOs não-seletivos, devido ao acúmulo de aminas exógenas, como a tiramina, por exemplo, presente em maior quantidade especialmente nos alimentos preparados por fermentação (queijo, vinho, cerveja, etc.). Como a tiramina é uma amina pressora (vasoconstritora), seu acúmulo no organismo provoca uma elevação perigosa da pressão arterial, fenômeno este denominado de "efeito queijo".

Um grande número de trabalhos clínicos com o uso da selegilina no tratamento da doença de Parkinson indica sua real eficácia, especialmente quando utilizada em associação com a levodopa. Esse esquema combinado possibilita um controle da sintomatologia parkinsoniana mesmo naqueles pacientes que respondem mal à levodopa isoladamente. Tem-se comprovado, portanto, que o uso da selegilina resulta numa melhora de vida considerável ao paciente parkinsoniano e num prolongamento da própria vida, pelo fato desta droga deter a progressão da doença.

Com o uso da selegilina, bons resultados terapêuticos são obtidos mesmo com a redução da dose diária da levodopa em cerca de 30%. Isso deve-se ao fato da maior "poupança" de dopamina ao nível central (aumentando a concentração da mesma no sistema extrapiramidal), que comumente sofre grande catabolismo pela atividade exagerada da MAO-B. Do mesmo modo, pode-se evitar o aparecimento dos fenômenos clínicos típicos da "long-term treatment syndrome" no uso crônico da levodopa.

No catabolismo das catecolaminas, seja o mediado pela MAO-A ou MAO-B, há sempre geração de radicais livres, originados com a formação primária do ânion superóxido (O_2^-). Este é originado pela entrada de um elétron na molécula de O_2. Contudo, como o ânion superóxido é uma espécie redutora e não oxidante como os demais radicais, ele não exerce influência maléfica direta sobre as biomoléculas circundantes.

O radical superóxido, em presença de mais um elétron e dois prótons de hidrogênio, origina a água oxigenada (H_2O_2), uma espécie intermediária, que não é radical. Nem ela propriamente apresenta caráter lesivo direto, sendo, porém, precursora da perigosa espécie radical hidroxila (OH·): com a entrada de um elétron (oriundo de um metal de transição) na molécula de H_2O_2, há partição desta, formando o íon *hidróxido* (OH^-) e o radical *hidroxila* (OH·). O ataque empreendido pelos radicais livres assim formados não se restringe às estruturas neuronais (peroxidação lipídica de membranas, especialmente), mas atuam também sobre a própria molécula da dopamina. Assim, além da ação catabólica aumentada na condição anormal da doença de Parkinson, a dopamina remanescente ficaria com sua ação neuromediadora comprometida, visto haver modificações moleculares que alteram a interação desta com os receptores pós-sinápticos.

A selegilina (L-deprenil) utilizada em regime de monoterapia na fase inicial da doença de Parkinson tem demonstrado resultados consistentes, confirmando na prática a validade de seu mecanismo de ação. Normalizando o bioquimismo neuronal da dopamina, a neuromediação desta se restabelece satisfatoriamente e previne-se a progressão da doença, que é, como vimos, mediada em grande parte pela ação descontrolada de radicais livres.

O mecanismo *scavenger* empreendido pela selegilina é do tipo *anticatalítico*, com ação antienzimática, pela inibição da monoamino-oxidase B — como vimos no Capítulo 8, existem mecanismos anticatalíticos que não são antienzimáticos, visto atuarem na inativação de íons metálicos (catalisadores químicos). Ao melhorar a funcionalidade dos neurônios dopaminérgicos, há uma necessidade menor de dopamina para que seja efetuada a transmissão sináptica, e, conseqüentemente, existe menor *turnover* da mesma, pela oferta exógena de levodopa e degradação pela MAO-B. Ambos esses processos (de síntese e catabolismo), que envolvem reações oxidativas e, portanto, com elevado potencial gerador de radicais livres, são atenuados, traduzindo-se em nítida proteção ao cérebro senil.

A selegilina, com seu mecanismo de ação anti-radicais livres, representa hoje o tratamento mais eficaz da doença de Parkinson; o único medicamento que efetivamente detém a progressão inexorável da doença, melhorando a qualidade de vida e proporcionando um prolongamento da própria vida do parkinsoniano.

As bases teóricas então vigentes acerca do envolvimento dos radicais livres na patogênese desta e de outras moléstias ganham, pois, um subsídio bastante consistente. Já num futuro próximo, novas concepções de tratamento sem dúvida surgirão, sendo que o enfoque antioxidante ganha cada vez maior impulso frente à busca incessante de terapias mais seguras e eficazes.

A propósito da doença de Parkinson, é lícito inferir que uma prevenção anti-radicais livres, empreendida pelos antioxidantes usuais (beta-caroteno, selênio, vitaminas E, C, A, bioflavonóides, etc.), durante a juventude, possa assegurar uma velhice livre desta e de outras moléstias neurológicas degenerativas. O cérebro senil, como outros órgãos, na maturidade encontra-se, sem dúvida, mais predisposto aos ataques de radicais livres, por falha dos mecanismos protetores. E o que até há bem pouco tempo era somente "prevenção teórica", hoje traduz-se em concepções de inestimável valor na prática clínica.

Referências

Ball, M. J., The Morphologycal Basis of Dementia in Parkinson's Disease, *Canad. J. Neurol. Sci., 1*: 180-184, 1984.

Elsworth, J. D. *et al.*, Deprenil Administration in Man: A Seletive Monoamino-oxidase B inhibitor Without the Cheese-effect, *Psychopharmacol., 57*: 33-38, 1978.

Grimes, J. D. *et al.*, Prevention of Progression of Parkinson's Disease with Antioxidative Therapy, *Progr. Neuro. Psychopharmacol. & Biol. Psychiatr., 12* (2-3): 165-172, 1988.

Knoll, J., The Pharmacology of Selegiline (Deprenil): New Aspects, *Acta Neurol. Scand., 126* (Suppl. 80): 83-91, 1989.

Knoll, J., Nigrostriatal Dopaminergic, Deprenil, Treatment and Longevity, *Advances in Neurology, 53*: 425-429, 1990.

Jenner, P., Oxidative Stress as a Cause of Parkinson's Disease, *Acta Neurol. Scand., 34* (Suppl. 36): 6-15, 1991.

Lees, A. J. *et al.*, New Approaches in the Use of Selegiline for the Treatment of Parkinson's Disease, *Acta Neurol. Scand.*, *126*: 139-145, 1989.

MacGeer, E. G. *et al.*, Neurotransmitter in the Basal Ganglia, *Canad. J. Neurol. Sci.*, *11*: 89-99, 1984.

Robin, D. W., Selegiline in the Treatment of Parkinson's Disease. *Am. Journ. Med. Sci.*, *6*: 392-395, 1991.

Slivka, A., Cohen, C., Hidroxyl Radical Attack on Dopamine. *Journ. Biol. Chem.*, *29*: 5466-5472, 1985.

Smith, M. T., *et al.*, Free Radicals, Lipid Peroxidation and Parkinson's Disease, *Lancet*, *1*: 38, 1987.

The Parkinson's Study Group: Effect of Deprenil on the Progression of Disability in Early Parkinson's Disease, *N. Engls. Journ. Med.*, *20*: 1364-1371, 1989.

13

Os Mecanismos Protetores dos Antagonistas do Cálcio

Os 'antagonistas do cálcio' ou 'bloqueadores dos canais do cálcio' são um grupo de drogas de introdução relativamente recente no uso geral em Cardiologia, com um espectro de propriedades que os tornam uma das mais importantes aquisições para o tratamento dos males cardiovasculares, ao lado dos nitratos, beta-bloqueadores, inibidores da ECA, hipolipemiantes, etc.

Os antagonistas do cálcio de primeira geração são a nifedipina, verapamil, prenilamina, perexilina e a fendilina. Compostos de geração mais recente incluem, por exemplo, a nimodipina, diltiazem, isradipina, felodipina e amlodipina; tendo estas duas últimas a característica de um perfil farmacocinético mais conveniente, possibilitando posologias bem simplificadas. A prenilamina, perexilina, fendilina e cinarizina são ainda classificados como antagonistas do cálcio de *baixa* especificidade. As demais, como a nifedipina, o verapamil, diltiazem, amlodipina e outros, exibem *alta* especificidade pelos canais lentos do cálcio. São, portanto, drogas mais potentes, pois possuem uma maior afinidade e uma ação mais direta no bloqueio dos íons Ca.

Pelo seu mecanismo de ação peculiar — redução seletiva do influxo de íons Ca^{++} para o interior da célula muscular durante a fase de despolarização — essa categoria de fármacos possui uma evidente utilidade como agentes protetores da injúria isquêmica, dado atuarem num dos eventos-base que é o grande influxo de cálcio citossólico, com ativação das proteases cálcio-dependentes (calpaína e gelsolina); elas que precipitam danos à morfologia celular (citoesqueletólise) e explosiva geração de espécies radicais livres no momento da reperfusão. Os modernos conhecimentos acerca das enfermidades por espécies ativas do oxigênio (EAO) nos permitem entender o quão úteis podem ser os antagonistas do cálcio como agentes anti-radicais livres, aspecto este que se torna de utilidade adicional no tratamento de moléstias cardiovasculares.

Vimos no Capítulo 4, que na síndrome da isquemia-reperfusão existem inicialmente mecanismos mediados pelo alto influxo de cálcio citossólico, como, por exemplo, a conversão da xantina-desidrogenase (XD) em xantina-oxidase (XO), tendo esta como substrato a hipoxantina, formada pelo catabolismo da ADP. A atuação da XO sobre a hipoxantina, na presença do oxigênio molecular (quando ocorre a reperfusão), gera em grande quantidade as EAO, especialmente o ânion superóxido e o peróxido de hidrogênio. Além das proteases calpaína (ativação da XO) e gelsolina (promoção da citoesqueletólise) tem-se também a ativação da cascata do ácido aracônico, pela ação da enzima fosfolipase A_2 (produção de eicosanóides), via esta igualmente importante na formação de radicais livres.

Os íons Ca^{++} desempenham um papel fundamental para o processo de contração nas células musculares (acoplamento estímulo-contração), ou seja, catalisando a ativação do complexo actina-miosina. Essa catálise do cálcio é efetivamente exercida quando as concentrações do íon Ca^{++} se estabelecem em determinado nível crítico no citossol, determinado pelo influxo do meio extracelular bem como pela mobilização do compartimento de armazenagem interno, o retículo sarcoplasmático. As células de todos os tipos musculares compartilham do mecanismo de ativação pelo íon cálcio, bem como as células cardíacas automáticas e as do tecido de condução.

O influxo de cálcio advindo do meio extracelular, para a contração imediata, é um mecanismo operante nas células musculares lisas dos vasos sanguíneos e células musculares cardíacas (miocárdio) e também para a atividade das células cardíacas automáticas (células do marcapasso) e de condução (sistema His-Purkinje). Contudo, a contração da musculatura estriada esquelética é dependente apenas da liberação do cálcio do depósito intracelular (retículo sarcoplasmático), não sendo ela afetada, portanto, por mecanismos que alterem a captação do compartimento extracelular, como o bloqueio de canal exercido pelos antagonistas do cálcio.

Nas células musculares, tanto o influxo do cálcio como o de sódio processam-se por meio de canais específicos, os chamados "canais de membrana". Sob a ação de um estímulo — seja de natureza elétrica (potencial de ação) ou hormonal —, o estado eletroquímico de repouso da célula (potencial de repouso) sofre uma alteração, com influxo de grande quantidade de íons positivos sódio e cálcio para o meio intracelular. O movimento de íons pelos canais de membrana é controlado pela abertura destes ao ser desencadeado o potencial de ação, e fechamento quando se restabelece o potencial de repouso. Cada cal iônico, do sódio (Na^+), do potássio (K^+) e do cálcio (Ca^{++}) é aberto e fechado por condições específicas do potencial de ação, quando determinada voltagem é atingida.

Ainda, segundo um gradiente de concentração, por um processo de difusão passiva (sem gasto de energia), os íons Na^+ e Ca^{++} tendem a passar espontaneamente do meio mais concentrado (extracelular) para o meio menos concentrado (intracelular). Essa é uma tendência permanente que existe entre os meios intra e extracelular para se estabelecer o equilíbrio iônico entre ambos. Contudo, a essa tendência opõem-se as chamadas bombas de íons ATP-dependentes, que, localizadas na membrana celular e valendo-se da energia do ATP, promovem o transporte desses íons para fora da célula (efluxo), contra o gradiente de concentração, a fim de restabelecer o estado eletrofisiológico inicial (potencial de repouso).

Os chamados canais de membrana constituem estruturas protéicas especializadas da membrana plasmática, isto é, são moléculas facilitadoras da entrada de íons, responsivas a estímulos. Esses canais são operados, como já dito, ou por um estímulo elétrico ou por ação hormonal. Na fase do potencial de repouso, esses canais encontram-se fechados; desencadeado o estímulo, eles se abrem e permitem a passagem (influxo) de grande quantidade de íons sódio (canais do sódio) e íons cálcio (canais do cálcio) do meio extra — para o intracelular. Cada tipo de canal é seletivo para determinado íon; assim, pelos canais do sódio só adentram íons Na^+ e pelos canais do cálcio, só íons Ca^{++}. Como a velocidade do influxo do sódio pelos seus canais de membrana é maior do que o influxo de cálcio, aqueles são denominados de canais rápidos (Na^+) e estes de canais lentos (Ca^{++}).

A ativação dos canais lentos do cálcio — de maior interesse nesse nosso estudo — é precedida pelo componente rápido, do sódio, seguindo-se, então, à despolarização rápida da membrana, a condução do estímulo ao mecanismo contrátil. Os canais do cálcio podem ser do tipo *voltagem-dependente* (quando operados pelo potencial de ação) ou do tipo *mediado por receptores* (quando operados pela ação de um agonista catecolamínico); ambos podem ser bloqueados pelos fármacos antagonistas do cálcio (nifedipina, diltiazem), com redução do influxo intracelular do íon Ca^{++}. Nas células miocárdicas, células do marcapasso e de condução, os canais do cálcio são do tipo voltagem-dependente. Já nas células musculares dos vasos sanguíneos encontram-se canais de ambos os tipos.

Os íons cálcio, como se viu, tanto podem ser originários do meio extracelular (influxo pelos canais lentos) como de seus depósitos no retículo sarcoplasmático (processo de descompartimentalização interna ou efluxo sarcoplasmático), sendo que a contração da célula muscular esquelética é dependente apenas deste último mecanismo. Quando se dá o retorno ao potencial de repouso, as bombas de íons realizam o efluxo do Na^+ e Ca^{++}, processo este realizado contra um gradiente de concentração e demandatório de energia. Os íons Ca^{++} sofrem igualmente um refluxo intravesicular, de modo a restabelecer os níveis normais de depósito no retículo sarcoplasmático.

Pelo mecanismo descrito, percebe-se, então, que no evento isquêmico, no qual cessa a produção de ATPs pela mitocôndria (pois não há oferta de O_2), as bombas de íons paralisam-se, não havendo mais o processo de transporte ativo. Nesse caso, passa a haver um influxo iônico descontrolado do meio externo, além da não recompartimentalização do Ca^{++} ao retículo sarcoplasmático. A partir daí, instala-se uma seqüência de eventos — originados no estado isquêmico e culminados ao ocorrer a reperfusão —, que serão extremamente lesivos à célula. Tais eventos lesivos têm como principal ponto de partida o grande acúmulo de íons Ca^{++} no citossol (sarcoplasma), ativando as proteases cálcio-dependentes (calpaína, gelsolina). Com a ativação da xantina-oxidase pela calpaína, e acúmulo de hipoxantina (catabólito do ADP, formado na fase da isquemia), a reperfusão torna-se uma fase grandemente geradora de radicais livres, exercendo estes ações citotóxicas extensas à célula.

No Capítulo 4, havíamos comentado os mecanismos de proteção desenvolvidos pelo alopurinol (droga uricosúrica) e o ácido fólico contra os danos pós-isquêmicos. Essas duas substâncias têm a propriedade de inibir a xantina-oxidase, o que faculta uma proteção relativa contra as injúrias pós-isquêmicas, uma vez que podem inibir as ações dos radicais livres formados por esta via; porém, não podem impedir os danos enzimáticos oriundos da ativação da gelsolina e da fosfolipase A_2. Desse modo, essas duas substâncias têm seu mecanismo de ação dirigido a uma via colateral final desse processo, atuando num mecanismo conseqüente, e não causal, e, portanto, de modo parcial, e não completo, na prevenção da injúria celular. Essa prevenção de base e completa pode ser conseguida com os fármacos antagonistas do cálcio, pois eles são capazes de agir num evento primário da atividade elétrica da célula muscular, evitando, precisamente, o alto influxo de cálcio no sarcoplasma.

Os antagonistas do cálcio surgiram como classe terapêutica em 1964, sendo melhor definidos por Fleckenstein, em 1969, que cunhou a denominação para o grupo, conforme seu mecanismo de ação. Até o presente, muitas substâncias desse tipo, mais eficazes e melhor toleradas, foram sintetizadas. Atuando especificamente sobre os canais do íon Ca^{++}, os antagonistas do cálcio bloqueiam a entrada (influxo) do íon na célula muscular, reduzindo, assim, a sua concentração intracelular (eles não antagonizam a ação intracelular do íon Ca^{++}). Esta ação repercute decisivamente no processo de contração da célula muscular e, por conseqüência, no seu relaxamento. Sabe-se que quanto maior for a concentração intracelular de íons cálcio, maior será a força contrátil da célula. Esse mecanismo básico é compartilhado tanto pela célula miocárdica quanto pela célula do músculo liso vascular (especialmente das artérias). As células automáticas (do nó sinusal e nó atrioventricular) não dependem do influxo rápido do sódio (Na^+) para a despolarização. A geração do potencial de ação nestas células fica por conta unicamente do influxo lento do cálcio (Ca^{++}).

Atuando na redução do influxo do íon Ca^{++} nas células musculares, os bloqueadores do canal do cálcio promovem importantíssimos efeitos, que os tornam drogas tão valiosas para a terapêutica cardiovascular. Nas células do músculo cardíaco, o bloqueio dos canais do cálcio resulta numa atenuação da força contrátil do miocárdio (inotropismo negativo). Nas células automáticas e de condução, eles deprimem o automatismo sinusal (efeito cronotrópico negativo) e promovem uma redução da velocidade de condução atrioventricular (efeito dromotrópico negativo). Nas células musculares lisas das artérias coronárias, a ação dos bloqueadores do cálcio traduz-se por marcante vasodilatação, melhorando a perfusão ao miocárdio. Quanto à musculatura lisa das artérias e arteríolas sistêmicas, a ação vasodilatadora que promovem resulta na diminuição da resistência vascular periférica e da pós-carga do ventrículo esquerdo e conseqüentemente do consumo miocárdico de oxigênio. Devido à dilatação das artérias e arteríolas coronárias, aumenta-se a perfusão sangüínea ao miocárdio, com maior suprimento de O_2. Desse modo, é mantido o equilíbrio entre a oferta e o consumo de oxigênio, com melhor rendimento do trabalho cardíaco.

O bloqueio seletivo dos canais do cálcio por estes fármacos ocorre tão-somente nos sítios do influxo do íon Ca^{++} nas células musculares lisas dos vasos, do miocárdio e células especializadas cardíacas. As ações dos bloqueadores do cálcio não envolve quaisquer outros antagonismos referentes ao cálcio (única exceção parece ocorrer nas plaquetas, cujo mecanismo será exposto adiante). Assim, não há alteração de sua concentração plasmática, nem interferência na coagulabilidade sangüínea (o cálcio constitui o fator IV da coagulação), na absorção intestinal do íon Ca^{++}, na atividade neural ou no metabolismo ósseo.

Em algumas condições, em que a calcemia encontra-se anormalmente elevada (p. ex., hipervitaminose D, hiperparatireoidismo, metástases ósseas, ingestão de altas doses de cálcio juntamente com a vitamina D), a ação dos antagonistas do cálcio pode ficar reduzida, pois o grande excesso de íons Ca^{++} é capaz de deslocar a molécula do fármaco dos canais de admissão do cálcio. Por esse mecanismo, poder-se-ia intuir que o equilíbrio químico ficaria restabelecido se a concentração plasmática do antagonista do cálcio fosse também elevada. No entanto, no paciente hipercalcêmico em uso de antagonistas do cálcio, o procedimento aceitável será sempre a correção da causa-base da hipercalcemia e não o aumento da dosagem da droga.

A classe dos antagonistas do cálcio é heterogênea tanto no aspecto químico quanto farmacológico. Os efeitos das várias drogas variam de intensidade em relação à musculatura lisa vascular, ao miocárdio e ao tecido de condução cardíaco. Assim, pelo conjunto de suas ações farmacológicas, os bloqueadores do cálcio encontram várias indicações, melhor exercidas por um ou outro integrante do grupo. As indicações mais comuns são a angina de esforço, angina de Prinzmetal (angina por espasmo coronariano), hipertensão arterial (manutenção), tratamento das emergências hipertensivas, taquiarritmias supraventriculares, isquemia miocárdica silenciosa e no suporte pós-infarto do miocárdio.

Neste último caso, os bloqueadores do cálcio são úteis para se prevenir a evolução da necrose do miocárdio. Não são todos os bloqueadores do cálcio que podem ser empregados na fase aguda do infarto do miocárdio, sendo a melhor opção para esta finalidade o verapamil. Por atuarem sobre a dinâmica do cálcio nas células automáticas (células do marcapasso) e do tecido especializado de condução (sistema His-Purkinje), os bloqueadores do cálcio são úteis como drogas antiarrítmicas (antiarrítmicos do grupo IV da classificação de Vaughan-Williams) nas arritmias supraventriculares. O verapamil é a droga que tem também melhor atuação nesse caso.

As ações desenvolvidas pelos bloqueadores dos canais do cálcio propiciam tanto à musculatura cardíaca quanto à musculatura lisa arterial uma menor carga estressora, dado induzirem um menor trabalho contrátil e um melhor aproveitamento do oxigênio e glicose às células desses tecidos. Com um rendimento metabólico e funcional mais adequado, o estresse oxidativo patológico nesses sítios tem muito menor probabilidade de acontecer, pois certos mecanismos injuriosos que conduzem à isquemia bem como os envolvimentos pós-isquêmicos lesivos estão controlados pelo bloqueio do excessivo influxo de cálcio.

Os bloqueadores do cálcio são drogas valiosas no tratamento do infarto agudo do miocárdio (IAM) pois se utilizadas a tempo reduzem a área de necrose e evitam a progressão da mesma. Com isso, a área cicatricial torna-se menor também, e a evolução é boa, sem complicações. Zonas cicatriciais extensas podem originar focos de arritmias, ou a própria evolução da necrose conduzir a um estado crítico da funcionalidade contrátil do miocárdio. Além disso, tais fármacos reduzem as chances da ocorrência de um reinfarto.

Nas doenças coronarianas (angina instável, angina estável, angina de Pinzmetal, isquemia miocárdica silenciosa) e as que afetam artérias e arteríolas sistêmicas (hipertensão essencial, hipertensão secundária, doença de Raynaud, tromboangiíte obliterante etc.), os antagonistas do cálcio constituem medicação muito útil tanto pela eficácia no controle clínico das diversas moléstias como pela ausência de repercussões metabólicas colaterais a longo prazo. Pelo mecanismo de ação que apresentam, os antagonistas do cálcio possuem uma importância adicional como drogas para o tratamento de fundo de tais moléstias, pois a iminência nessas condições é sempre considerável.

As injúrias pós-isquêmicas são, como se sabe, originárias de uma perturbação na regulação dos níveis intracelulares do cálcio, o que propicia a ativação de uma série de eventos mediados pelo excesso de íons Ca^{++}, ultimando na geração de espécies radicais livres conseqüentes danos celulares em larga escala. Um discreto efeito inotrópico negativo (diminuição da força contrátil) propicia ao miocárdio uma redução do estresse oxidativo: a redução do trabalho cardíaco implica num menor consumo de oxigênio pelas células miocárdicas e, portanto, em menores desvios redutivos incompletos do O_2 (formação de espécies radicais). O efeito inotrópico negativo condiciona ainda melhor tolerância ao exercício por portadores de angina estável (angina de esforço). Essa melhor tolerância ao exercício em portadores de doença coronariana, proporcionada pelos antagonistas do cálcio, compatibiliza-se muito adequadamente às atividades físicas de tais pacientes, uma vez que as solicitações comumente exigidas são de esforço submáximos.

Evidências recentes dão conta de que os antagonistas do cálcio são capazes de desenvolver também uma apreciável ação antiagregante plaquetária. A ativação plaquetária, como se sabe, é essencial para a hemostasia primária, com a formação do tampão plaquetário (trombo branco), após a deposição de fibrina. Contudo, existem várias circunstâncias que conduzem as plaquetas a uma participação na patogênese de importantes distúrbios, como a aterogênese, tromboembolismo arterial, angina instável, infarto agudo do miocárdio, etc.

Diferentemente do que ocorre nas células da musculatura lisa vascular e cardíaca e células especializadas do coração, em nível plaquetário os antagonistas do cálcio poderiam atuar intracelularmente, impedindo a mobilização do cálcio armazenado no sistema tubular denso. O efluxo citoplasmático dessa vesícula, aumentando a concentração dos íons Ca^{++} no citoplasma da plaqueta, promove a ativação da tromboastenina (actomiosina plaquetária), desencadeando um mecanismo contrátil. A contração faz a plaqueta passar de uma forma discóide a uma forma esférica com extensos pseudópodes. Essa deformação da plaqueta é o ponto de partida para o processo de adesividade membranária e conseqüente formação do agregado. Pela inibição do mecanismo de liberação do cálcio intraplaquetário, ficaria inibido, também, o estímulo dos indutores habituais da agregação plaquetária (ADP, colágeno, trombina, serotonina, adrenalina).

Para o lado do território arterial, o relaxamento promovido pelo bloqueio ao influxo excessivo de cálcio (menor estresse oxidativo) aliado ao efeito antiplaquetário (menor aderência aos focos de injúria no endotélio) resulta num valioso poder antiaterogênico dos antagonistas do cálcio. Esse fato parece ter particular importância para a artéria coronária e outras de grosso e médio calibre. Na fase de aderência, há descarga pelas plaquetas de componentes ativos na circulação, dentre os quais a serotonina e o tromboxano A_2, sendo estes promotores do vasoespasmo coronariano.

Conforme exposto, fica clara a grande utilidade dos antagonistas do cálcio num vasto número de condições clínicas específicas, envolvendo as moléstias cardiovasculares. Característica adicional importante desta classe terapêutica afigura-se sem mecanismo de ação, que propicia uma prevenção eficaz no evento isquêmico e conseqüente impedimento à formação de espécies radicais livres. Contudo, ao contrário das substâncias *scavengers*, comumente empregadas como antioxidantes, que apresentam poucas precauções de uso, os antagonistas do cálcio são medicações que requerem um acompanhamento clínico criterioso quando utilizados, seja pela própria doença de base em que são indicados, como pelos efeitos adversos que provocam interações com outros fármacos (beta-bloqueadores, digoxina, cimetidina), necessitando-se, assim, de ajustes individuais de doses e cuidados médicos periódicos. Como constituem uma classe terapêutica heterogênea, a melhor indicação de uso de um ou outro dos componentes do grupo cabe ao senso clínico do médico.

A característica da prevenção antiisquêmica, e da formação de radicais livres mediada pelas ações do excesso de cálcio no citossol, é uma propriedade muito significativa no tratamento das doenças cardiovasculares, pois configura um caráter protetor sem igual para a manutenção de condições agudas críticas e as de caráter crônico. Estudos mais específicos poderão trazer aos antagonistas do cálcio, pelas propriedades que apresentam, utilidades adicionais. Assim, no estresse oxidativo superestimulado, como acontece em atletas de fundo e meio-fundo, onde as solicitações cardiovasculares do exercício extenuante tornam-se críticas mesmo em indivíduos altamente treinados, os possíveis danos isquêmicos poderiam ser prevenidos com a administração de doses subterapêuticas de um antagonista do cálcio.

Condições semelhantes afiguram-se também as advindas da própria Síndrome Geral de Adaptação (SGA) ou estresse adaptativo, em que se tem, muitas vezes, repercussões cardiovasculares de monta. Justamente porque esta condição impõe às células da musculatura cardíaca e vascular um estresse oxidativo patológico, gerando hipercontratilidade muscular, maior consumo de O_2, com menor aproveitamento deste (desvios redutivos incompletos), lapsos isquêmicos, com descontrole no influxo intracitossólico dos íons Ca^{++}, e, por fim, formação aumentada de espécies radicais livres.

Referências

Adelstein, R. S., Sellers, J. R., Effects of Calcium on Vascular Smooth Muscle Contraction, *Am. Journ. Cardiol.*, *59*: 4B-10B, 1987.

Fitzsimons, T. J., Calcium Antagonists: A Review of the Recent Comparative Trials, *Journ. Hypertens.*, *5* (Suppl.): S11-S15, 1987.

Johansson, P., A Comparative Study of Hemodynamic Effects of Felodipine and Diltiazem, *Eur. Heart Journ.*, *11* (Abstract Suppl.): 69, 1990.

Koolan, J. *et al.*, Relative Effects of Intracoronary Nifedipine and Felodipine on Myocardial Contractility and Oxygen Consumption, *Circulation*, *84* (Abstract Suppl.): II-683, 1991.

Lund-Johansen, P., Omvik, P., Chronic Hemodynamic Effects of Tiapidal and Felodipine in Essencial Hypertension at Rest and During Exercise, *Journ. Cardiol. Pharmacol.*, *15* (Suppl.): S42-7, 1990.

Majid, P. A., Dejong, J., Actue Hemodynamic Effects of Nifedipine in Patients with Ischemic Heart Disease, *Circulation*, *65*: 1114-8, 1982.

Nayler, W. G., *et al.*, Fundamental Mechanisms of Action of Calcium Antagonists in Myocardial Ischemia, *Am. Journ. Cardiol.*, *59*: 75B-83B, 1987.

Nesto, R. W., Temkin, L., Vetrovec, G. W. (Eds.), *Proceedings of a Recent Symposium: The Ischemic Cascade*, Pfizer Laborats. New York, 1987.

Nicholls, D. G., Intracellular Calcium Homeostasis, *Brit. Med., Bull.*, *42*: 353, 1986.

Nordlander, M., Inhibition of Vascular Myogenic Tone and Reactivity by Calcium Antagonists, *Journ. Hypertens.*, ⁻ (Suppl. 4): S141-6, 1989.

Patel, K. R., Peers, E., Felodipine, A New Calcium Antagonist, Modifies Exercise-Induced Asthma, *Am. Rev. Respirat. Dis.*, *138*: 54-6, 1988.

Reid, J. L., *et al.*, Pharmacokinetics of Calcium Antagonists, *Journ. Cardiovasc. Pharmacol.*, *12* (Suppl.): S22-26, 1988.

Vetrovec, G. *et al.*, Hemodynamic and Electrophysiologic Effects of Amlodipine, A New Long Acting Calcium Antagonist, *Am. Heart Journ.*, *118*: 1105-6, 1989.

Índice Remissivo

A

F

G

Lisil-oxidase, 11
Lisossômico, conteúdo, 11
'Long-term Levodopa Treatment Syndrome' (LTLS), 163
Luteína, 124

M

Macrófagos, 11 e 49ss
'Mal das Montanhas', 62
Malondialdeído, 78
Manganês, 21
Matriz (mitocondrial), 39
Mecisteína, 24
Medicina Ortomolecular, 9s e 19s
Melanina, ação *scavenger*, 111
Melanócito, 142
Melanoma, 10 e 110
Membrana, canais de, 170
Membrana hialina, doença da, 69, *veja também* SARI
Membranas, composição lipoprotéica, 39 e 73
    peroxidação lipídica de, 12
Menopausa, 152
Mercúrio, 21
    intoxicação pelo, 23
Metabolismo basal, 149
Metais de transição, 46, 54, 77 e 132
    pesados, 21 e 54
    representativos, 46
Metaloenzimas, 25
Metionina, 23
Microorganismos, lise de, 21
Mieloperoxidase, 152
Miocárdio, infarto agudo do, 174
Mioglobina, 85
Miosite clostridial, 59
Mitocôndria, 13 e 39
    compartimento membranário da, 13
Mitoxantrona, 68
'Moléstia de Monge', 62
Moléstias degenerativas neurológicas, 167
Monoamino-oxidase (MAO) tipo A, 163
    tipo B, 163
Monóxido de carbono, 59
'Mosaico fluido' (membrana), modelo do, 73
Mucoproteínas, 16

N

NAC, 24
N-acetilcisteína. *veja* NAC
NADPH, 15 e 98s
NADPH-oxidase. 52 e 152
Naringina. 122
Neoglicogênese. 86
Neo-vitamina A. 123
Neurotransmissores. 164
Neutrófilo ativado. 70
Neutrófilos. 11 e 49s
Nifedipina. 169
Nimodipina. 169
Nitratos. 114
Nitritos. 114
Nitrosaminas. 113
Noradrenalina. 161 e 164
Normóxia. 60
Núcleo cromanólico. 120
Nutrologia. 19

O

Octila, galato de. 77
Oncogenicidade. 159
Orbital externo. 14
Orbitais antiligantes. 44s e 137s
Ortomolecular. 19
Osteoartrite. 20
O_2, déficit temporário de. 15
    distribuição eletrônica nas espécies ativas do. 45
    espécies ativas. (EAO). 13
    suplência de. 30
Oxidante scavengers. 10. 14. 19 e 26
Óxido-redução. reação de. 40 e 79
Óxidos, 30
Oxigênio, 29
    desvios bioquímicos do. 13
    espécies instáveis do. 9
    estado fundamental do. 43
    estrutura *triplet* do. 44
    fração inspirada do. (FIO_2). 59
    isótopos do. 31
    molecular, 13 e 29
    nascente, 66 e 135

Progeria, 9 e 20
Propagação, fase da, 77
Propriedades paramagnéticas, 136
Prostaciclina, 22
Prostaciclina-sintetase, 22
Prostaglandinas, 107
Proteção antiionizante, 134
Protetores solares, 110
Psoralenos, 159
Psoríase, 159
Pulmão, 91
Pulmão de Choque, síndrome do. 69, *veja também* SARA
Púrpura retiniana, *veja* Rodopsina
PUVA, 158ss
Puvaterapia, 158

Q

Quelação, 21
   endovenosa, 22
Quelante, 21s
Quelantes orais, 23
   'clássicos', 23
Quelato (complexo), 21
Quelatos (étimo grego), 21
Quercitrina, 121
Quimioluminescência, 109
Quimioterapia, 20

R

Rad, 133
Radiações ionizantes, 132
   letais, 29
   não-ionizantes, 10, 12 e 132
   solares, 29
Radical, 42
   alquílico, 77
   benzil, fenil, metil, 42
   iniciador, 115
   nitroso, 114
   peróxido, 77
Radicais livres, 42
   ação dos, 16
   caráter citotóxico dos, 16
   do oxigênio (RLO), 10

Síndrome da Angústia Respiratória do Adulto, *veja* SARA
    idiopática, *veja* SARI
Síndrome Geral de Adaptação (SGA), 89
Sistema cardiovascular, 16
    enzimático endógeno, 14
    extrapiramidal, 161 e 166
    redutor cooperativo, 103
Sistema-tampão, 86
Slow-Reacting Substance of Anaphylaxis, *veja* SRS-A
Sódio, canais do,
    hipoclorito de, 135
    perborato de, 66
    selenito de, 25
Spin, restrição do, 137
Spins, 44 e 136ss
SRS-A, 75
Substância fundamental amorfa, 16
Substâncias cicladoras de redox, 54
    metaemoglobinizantes, 59
    vitamínicas, 26
    xenobióticas, 19
Sulfidrílico, 22
Superóxido, ânion, 15
    dismutação do, 46 e 54
Superóxido-dismutase (SOD), 15s e 97

T

Taquiarritmias supraventriculares, 173
Tecido conjuntivo, 16
    hematopoiético, 16
Tecidos, 16
Terapêutica toxicológica, 23
Teratogenicidade, 157
Término, fase do, 77
Terry, doença de, 61, *veja também* Fibroplasia retrolenticular
Tetracêmico, ácido, *veja* EDTA
Tiratricol, 41
Tireóide, hormônio da, 41
Tirosina-hidroxilase, *veja* Tirosinase
Tirosinase, 24 e 143
Tocoferóis, *veja* Vitamina E
Transfusão autóloga, 154
    de pré-depósito, 154
    homóloga, 154
Transfusões sanguíneas, 154